La baronne
de la Tronche en Biais
Mémoires

Du même auteur

ELLE EST CHOUETTE, MA GUEULE (Prix Scarron), Flammarion.
POUR L'HUMOUR DE DIEU (roman), Flammarion.
ELLES SONT CHOUETTES, MES FEMMES (Prix Alphonse-Allais) Flammarion.
LE PRÉSIDENT BALTA (roman), Flammarion.
MA MÉDECINE HILARANTE, Flammarion.
ELLE ÉTAIT CHOUETTE, MA FRANCE, Flammarion.
LE PETIT SIMON, Flammarion.
LE PENSEUR (pensées), Cherche-Midi Éditeur.

Sim

La baronne de la Tronche en Biais

Mémoires

Plon

ISBN : 2.259.18486.3

Prologue

Adélaïde de la Tronche en Biais est une femme comme on n'en fait plus. C'est une vraie femme, avec tout ce qu'il faut pour contenter l'aristocrate issu des grands crus bourgeois. Cela ne veut pas dire qu'elle a pris de la bouteille mais qu'elle perpétue une lignée aujourd'hui en voie de disparition.

En effet, les femmes modernes – à part quelques pauvres inconscientes qui s'habillent encore avec goût – ressemblent à des dockers en fin de déchargement. Couvertes par des pulls dont le relâchement laineux témoigne de la déprime des moutons actuels, chaussées de baskets qui tiennent beaucoup plus de la pizza écrasée que du soulier verni, elles ont le triste aspect d'un sexe ayant perdu ses hormones dans les poubelles de la mode.

Regardez bien le portrait de la baronne de la Tronche en Biais en couverture de ce livre. N'est-il pas l'émanation du charme et de la beauté féminine ? Son regard, pétillant comme une eau gazeuse, vous picote agréablement la libido et son sourire mutin promet les plus surprenantes complicités. Que dire des voiles dont elle se pare afin de mieux voguer sur les océans tumultueux de sa vie qui ne l'est pas moins ? Ce sont les soies de son corps et les dentelles de son esprit.

Heureux, l'homme qui possède à sa table et dans son lit une telle femme dont les rides incitent aux découvertes cutanées. Que de surprises, aux détours de ces sillons creusés par l'expérience et que d'étonnements, dans les creux et les vallons d'une peau qui évoque la literie des amours turbulentes.

On se souvient de la baronne de la Tronche en Biais qui fut, au temps de sa resplendissante jeunesse, la star incontestée de la télévision. Les top models d'aujourd'hui peuvent aller se rhabiller chez Plumeau devant son panache encore existant. Elle pourrait faire pâlir de jalousie toutes les Claudia Schiffer du monde qui ne peuvent exhiber que des cuisses de poulets élevés en batterie par les homosexuels du dé à coudre.

Oui, la baronne Adélaïde de la Tronche en Biais sort enfin de sa réserve. Pressentie par les plus grands éditeurs afin de publier l'histoire passionnante de sa vie, elle m'a fait l'honneur de me confier sa plume. C'est donc avec une évidente fierté que je vais tremper celle-ci dans l'encrier de ses souvenirs professionnels et intimes. Rares sont les femmes qui ont connu un tel parcours, à part la comtesse du Barry, la duchesse de Langeais et, plus récemment, la marquise de Piéautrain.

Sans nul doute, cette biographie perpétuera la présence d'une femme exceptionnelle dans les bibliothèques les plus raffinées.

Si bizarre que cela puisse paraître, la baronne de la Tronche en Biais est née dans un restaurant, au moment du dessert. Quelques joyeux drilles, nommés Fernand Raynaud, Johnny Stark, Guy Lux et Sim, plaisantaient de façon fort libre devant les cerises à l'eau-de-vie que le patron venait de leur offrir. Je vous laisse deviner ce que ces petites boules à queues courtes évoquaient à la fin d'un déjeuner largement arrosé de beaujolais nouveau. J'étais, vu ma morphologie discrète, le premier à faire les frais de comparaisons très douteuses. Guy Lux alla jusqu'à mettre en doute mes facultés procréatrices. Piqué dans ce que j'avais de plus vif, je m'entendis répondre :

– J'ai fabriqué deux enfants superbes. C'est parfois dans les petits moules qu'on fait les meilleurs gâteaux ! Et, en plus, j'ai donné naissance à des personnages fictifs qui sont parfois plus vivants que beaucoup de nos contemporains.

Et Fernand Raynaud de surenchérir en évoquant l'héroïne de certains de ses sketches, Mlle Lelonbec.

– On n'a pas besoin de coucher avec une femme pour être le père de quelqu'un.

Je me souviens nettement d'avoir vu Guy Lux reposer doucement sa petite cuiller en me regardant droit dans les yeux. Il y avait, dans son œil, comme un désir flou que j'ai, tout d'abord, pris pour de la buée sur ses lunettes. Il m'a fallu constater mon erreur quand je l'ai entendu dire :

– J'ai envie de faire un enfant avec toi.

J'ai failli m'étrangler avec le noyau de ma cerise en écoutant l'un des plus grands animateurs de télévision me proposer une telle horreur. La fiction et la réalité, mélangées au beaujolais nouveau, m'empêchaient de bien comprendre la volonté guyluxienne. Il apporta, heureusement, de l'eau à mon moulin déréglé.

– Fernand vient de me donner une idée avec sa « Mlle Lelonbec ». Pourquoi ne pas inventer un personnage aristocratique qui viendrait régulièrement se commettre dans une émission populaire du samedi soir ? Je vois très bien Sim, habillé par Chanel, coiffé par Alexandre et maquillé par Dior en baronne farfelue à qui il arriverait des tas d'aventures burlesques.

– Avec ta tronche en biais, ponctua Raynaud, ça mettrait le luxe à la portée du peuple !

C'est ainsi que la baronne de la Tronche en Biais, prénommée spontanément Adélaïde par Johnny Stark, est née à la fin d'un repas entre copains qui ne manquaient pas d'idées. Lorsque nous avons quitté le restaurant, j'avais le cerveau enceint. Guy Lux y avait déposé une petite graine de folie et l'embryon de la baronne commençait à donner des coups de pied dans mon imagination. Je la sentais déjà bouger dans mon cortex cérébral, impatiente d'en sortir pour vivre les aventures relatées dans ce livre.

Quinze jours plus tard, Adélaïde de la Tronche en Biais faisait son entrée dans le monde, un samedi soir au théâtre 102 de la Maison de la Radio et de la Télévision française. Comme tous les enfants de la fiction, elle avait pris corps avec l'âge qu'avaient décidé ses parents. La cinquantaine bien sonnée, un visage ravalé par les plâtriers du cosmétique et des formes à filer le bourdon au moins exigeant des satyres.

Derrière ses caméras, Guy Lux était encore plus anxieux qu'un père espérant son premier rejeton. Il faisait les cent pas en tordant sa pochette de soirée de ses mains moites, attendant les premiers cris de sa fille « spirituelle ».

Moi, j'étais un autre homme. Fondu dans un amalgame où les deux sexes étaient les principaux composants, je ne savais plus si je me nommais Sim ou la baronne de la Tronche en Biais. Je me sentais marcher en ondulant de l'arrière-train et je m'entendais parler avec une voix qui n'était plus la mienne. J'étais, moi-même, l'enfant que j'avais engendré. Curieuse sensation que de vivre dans la peau de son propre bébé ! Mes parents avaient eu tellement de mal pour m'élever, pour m'apprendre le civisme ainsi que les rudiments de la bonne conduite et voilà que j'évoluais devant des millions de spectateurs en talons hauts, jupe à volants et boucles d'oreilles ! Je n'étais plus le digne chef de famille reconnu par les siens, ses voisins de palier et les commerçants de son quartier mais un spécimen de la vieille noblesse qu'un rescapé de la Révolution aurait conservé dans le formol.

C'est à partir de ce jour que la baronne m'a échappé. Son foudroyant succès lui a conféré une autonomie complète et je n'ai jamais pu la rattraper pour la freiner dans ses élans d'extravagances. Une fois encore, l'inventeur était dépassé par sa créature.

A présent, je vous demande de m'accompagner dans cette poursuite en regardant avec moi par le trou de la serrure de ce livre.

Où la baronne est interviewée par Léon Zitrone

Selon ses propres déclarations à la presse, Adélaïde de la Tronche en Biais aurait habité 6, rue Tordu dans le seizième arrondissement de Paris. Extrêmement à cheval sur sa vie privée et, le dimanche matin, au manège hippique de Neuilly, elle n'a – paraît-il – jamais ouvert la porte de son hôtel particulier à aucun journaliste. Le seul qui eut le privilège de l'interviewer à cette adresse fut Léon Zitrone. Après enquête, une polémique s'est installée sur le véritable lieu de cette rencontre historique car certains affirment que l'entretien se serait plutôt déroulé sur le plateau des « Grosses Têtes » de Philippe Bouvard.

Il faut se plaire à la pensée que la rencontre a pris corps dans les appartements privés de la baronne. Le côté confidentiel de la conversation qui va être relatée plus loin sicd beaucoup mieux à l'intérieur ouaté, soyeux, taffetassé et précieusement boisé des gens de la haute. Sans doute, Léon est-il entré sur la pointe de ses « quarante-cinq grosse fillette » déjà usés sur les tapis persans des autres grands de ce monde.

– Excusez-moi, chère baronne, avait-il dit en

s'inclinant dangereusement sur la main d'Adélaïde, je ne prendrai qu'un court moment de votre matinée.

Cela se passait à l'époque où l'emploi du temps de la baronne était encore plus chargé que son maquillage. De son côté, Léon était également pressé par un mariage princier, une retransmission de patinage et un enterrement privé.

– Je vous en prie, prenez place, avait prié la baronne en désignant un fauteuil Louis XV qui louchait des accoudoirs devant l'énorme postérieur zitronesque.

Léon venait à peine d'engager son joufflu entre les bras tremblants du siège arthritique, qu'un léger craquement du dossier lui fit préférer la largeur d'une bergère voisine. La conversation débuta dans un bruit de ressorts que l'adroit journaliste masqua par un raclement de gorge.

– Vous êtes enrhumé, cher monsieur ? s'inquiéta la baronne. Vos cordes vocales font un bruit bizarre.

Léon s'excusa habilement.

– J'ai pris froid, hier, en achetant des tomates surgelées chez Findus.

– Vous faites vos courses vous-même ? s'étonna Adélaïde.

– Sauf celles de Longchamp ! plaisanta Léon.

La baronne – qui avait le sens de l'humour – se tapa sur la cuisse gauche et un peu de poussière s'échappa des volants de sa robe. Léon Zitrone éternua après avoir inhalé le pollen intime qui s'était envolé et la déflagration fit légèrement vibrer les cordes du piano à queue.

La conversation débutait sous les meilleurs hospices de vieillards et, après s'être dégagé les narines dans un grand mouchoir à carreaux, le journaliste entama le dialogue.

– Par galanterie, je ne vous demanderai pas l'année de votre naissance et nous parlerons de votre jeunesse.

La baronne minauda un court instant. Dans ces moments-là, elle était plus que charmante. Toutes les mimiques féminines passaient à l'accéléré sur son visage. Les yeux clignotaient d'abord d'une façon tellement juvénile qu'à côté d'elle, la chanteuse Dorothée avait l'air d'un sémaphore en faisant la même chose. Ensuite, les fines lèvres se rapprochaient l'une de l'autre pour faire apparaître un petit zéro rouge d'où sortait un rire cascadeur qui chatouillait agréablement les oreilles. Enfin, le buste entier s'envoyait en arrière pour revenir en avant plusieurs fois de suite et faire tressauter un collier de perles sur une poitrine à la retraite.

– Ma jeunesse ? rétorqua Adélaïde en caressant le triple boulier qu'elle portait autour de son cou, comme si ses doigts comptaient les années en secret. Ma jeunesse est encore bien présente, monsieur Zitrone !

– Cela se voit, répondit-il galamment. Le temps n'a pas de prise sur les jolies femmes.

Ce genre de compliment faisait fondre la baronne. En ces occasions, elle aurait été capable de jeter au feu sa carte d'identité, de brûler son extrait de naissance, de foutre à la poubelle ses photos de première communiante.

– Oh, monsieur Léon ! remercia-t-elle, rougissante.

– Parler de votre jeunesse, c'est encore parler du présent, continua l'habile journaliste en sortant un calepin sur lequel il notait, à la fois, ses notes d'interview et ses frais de restaurant.

La baronne se cala au fond de son fauteuil, lâcha son boulier de perles et fit redescendre l'ascenseur de sa mémoire jusqu'au sous-sol de ses souvenirs.

– Autant que je puisse me le rappeler, dit-elle dans un moment de franchise involontaire, mon enfance a été bercée dans la tradition due à mes ancêtres. Je suis restée très attachée à la branche de mon arbre généalogique. Un de mes arrière-grands-pères était Grand Charcutier du Roi sous Louis XVI mais le pauvre homme a eu la tête tranchée pendant la Révolution.

– Il est monté sur l'échafaud ?

– Non, il s'est pris la tête dans sa machine à faire le pâté en voulant renifler la mixture. C'est Louis XVI qui s'est aperçu de l'anomalie en trouvant un cheveu dans sa terrine de lièvre.

Toujours friand des anecdotes qui font la petite histoire des grandes familles, Léon Zitrone nota celle-ci sur son calepin et demanda :

– Votre aïeul était déjà anobli, à cette époque ?

– Non, pas encore. Comme le roi adorait la terrine de lièvre, il lui conféra le titre de baron après sa mort afin d'indemniser sa descendance.

La baronne essuya une larme qui provenait plus de sa conjonctivite que de son émotion et continua.

– Pendant les deux siècles qui suivirent cet affreux événement, ma famille ne mangea plus de charcuterie en signe de deuil. Cela m'a permis d'éviter le cholestérol héréditaire et de garder ma ligne de jeune fille.

Elle en profita pour se lever et faire un tour de piste dans le salon avant de s'emparer d'une photo encadrée trônant sur la cheminée.

– C'est mon père et ma mère, le jour de leur mariage, fit-elle en mettant le document sous le nez de Léon.

Aujourd'hui, le flash électronique permet de fixer les expressions de façon très nette mais, là, le magnésium d'antan avait mis du flou dans les positions. Léon essuya ses verres de lunettes pour examiner la grappe d'invités figés dans leur cadre depuis une bonne soixantaine d'années.

Au premier plan, le père d'Adélaïde, le baron Adhémar Gontran de la Tronche en Biais. Un sourire fendu transformait ses lèvres en une sorte de hamac dont les extrémités se dirigeaient vers les oreilles. Un nez, épaté de se trouver là, s'étalait entre deux yeux qui surveillaient l'ensemble avec méfiance.

– Papa..., précisa la baronne, en ayant l'air de s'excuser.

A la gauche de son géniteur, se trouvait une jeune femme presque jolie au front ceint d'une couronne de fleurs d'oranger ayant glissé jusqu'au ras des sourcils. L'air résigné, elle serrait dans ses mains un bouquet posé sur ses genoux.

– Maman..., dit la baronne. Elle était déjà enceinte de moi.

– Ah, des jacinthes d'un mois ? entendit mal Léon en observant les fleurs.

Adélaïde, la pensée prise dans le péché de sa mère, ne releva pas l'erreur et continua la visite de la photo.

– De gauche à droite, en partant du haut, l'oncle Eusèbe, marquis de Mézidon-Sitaltant, éleveur de chevaux arabes en Basse-Normandie. Il a été tué par la ruade d'un percheron raciste. A côté de lui, c'est ma tante Émilienne qui a continué la reproduction avec le garçon d'écuries après la mort de son mari.

Elle posa son doigt sur un gros militaire à moitié caché par sa batterie de médailles.

– Le général Baizurier, ami de mon père et, surtout, de ma mère dit-elle avec un clin d'œil mutin qui lui décolla légèrement sa frange de faux cils. Le général commandait le Premier Train des Équipages. Il est mort à la guerre.

– Il est mort à la gare ? entendit encore Léon par sa mauvaise oreille.

– Non, à la guerre ! rectifia Adélaïde. D'une grippe qu'il avait attrapée en permission. A ses côtés, ce sont les garçons d'honneur. Des jumeaux. On voit mal leur ressemblance car ils ont un peu bougé pendant la prise de vue.

Effectivement, on distinguait deux grands corps émergeant en haut du groupe. Le temps de pose que nécessitaient les premiers objectifs avait sans doute été trop long pour la patience des joyeux lurons. Leurs visages, tournés l'un vers l'autre, étaient comme effacés par un mouvement incompris de l'appareil. Dans une traînée couleur sépia, deux nez se faisaient face en laissant derrière eux une queue de comète carrément nébuleuse.

Aux rangs du dessous, quelques hommes, empesés dans leurs habits, avaient tous des allures de présidents de Troisième République, arborant les barbes sérieuses du pouvoir de la Belle Époque. Les femmes qui les entouraient semblaient coincées de partout. Des bustiers aux talons, en passant par les entrecuisses, on devinait les crochets, les boutons, les lacets et les agrafes destinés à faire tenir debout ces charpentes de mousselines et de tarlatanes.

Enfin, au rang des mariés, protégeant ceux-ci de

leurs yeux revolvers, deux grands-mères ennemies portaient le deuil des mariages de raison. Rondes de corps et pointues du regard, elles se fusillaient mutuellement sur le champ de guerre des grandes familles en dentelles.

– La grand-mère de mon père, indiqua la baronne. Marie-Charlotte de la Turlute. L'autre, c'est Henriette de Crépu-Chauvignard, la grand-mère de ma mère. Elles se haïssaient depuis cinquante ans à cause d'un jeune vicomte de qui elles étaient tombées amoureuses en même temps. Le bourreau des cœurs, étant tombé du lit à baldaquin d'une troisième conquête, fut atteint de troubles de la mémoire et proposa le mariage aux trois prétendantes. Le début de leur haine date de l'instant où elles se sont retrouvées ensemble sur le parvis de l'église.

Léon jeta discrètement un coup d'œil sur sa montre. L'enfance de la baronne risquait de désorganiser son emploi du temps. Il brûla cette étape.

– Donc, chère amie, après votre enfance passée au sein d'une famille exemplaire et de brillantes études qui vous ont conduite avec succès au certificat, vous avez abordé l'ère du secondaire.

– Comment, l'ère du secondaire ? se méprit Adélaïde, l'œil courroucé.

Le journaliste posa la question différemment.

– Je veux dire que vous avez poursuivi vos études dans un lycée de jeunes filles.

– Oui, se calma-t-elle en pensant à cette heureuse époque lointaine. Comme la tradition le voulait, mon éducation fut religieuse jusqu'à l'obtention de mon baccalauréat chez les sœurs de Sainte-Flavie. Je me suis mariée dès ma sortie du couvent. C'est tout juste si j'ai eu le temps de rentrer chez moi !

Léon imagina la cohorte de ces jeunes gens à particules qui font souvent la queue à la porte des châteaux pour épouser leurs situations futures et ne pas être obligés de cotiser à la mutuelle des cadres afin d'assurer leurs vieillesses.

– Vous étiez très courtisée, chère baronne ?

– Courtisée ? s'insurgea-t-elle en bondissant de sa bergère. Vous voulez dire poursuivie, traquée, épiée, filée, coincée. Je n'avais même pas posé mes valises en sortant du couvent qu'un prétendant m'attendait sur le perron du manoir paternel. Il y avait des barons et des vicomtes partout. Près du portemanteau, dans les recoins, cachés derrière les portes, les statues, les potiches, les tentures.

– Vous aviez une dot importante ?

Elle s'arrêta dans l'élan qui l'avait propulsée vers le miroir de la cheminée et y regarda son image, légèrement piquée par les mouchetures de la glace.

– Ma beauté était suffisante pour attirer les hommes, répondit-elle en arrangeant une boucle de cheveux qui manquait de ressort.

– Cela va sans dire, se rattrapa Léon en le disant quand même. D'après mes fiches, votre premier mari fut le baron Anselme Pourleudeux ?

– Oh, ne m'en parlez pas, cher ami ! Il me faisait rougir de honte en me disant qu'avec un nom pareil il aurait pu être régisseur de théâtre.

– Que faisait-il ?

– Il était propriétaire d'une importante usine où il employait plusieurs centaines de gloupiers.

Léon retira, de son oreille droite, le stylo qui lui permettait parfois de démêler les poils de son conduit auditif et leva son œil gauche en signe d'interrogation.

– Les gloupiers étaient des ouvriers spécialisés très demandés avant la dernière guerre, précisa Adélaïde.

– Spécialisés en quoi, je vous prie ?

– Ils fabriquaient des gloupons, évidemment !

Le cher Léon brancha son ordinateur cérébral pour y chercher quelques vieux gloupons probablement coincés dans les replis de sa mémoire. Aucun objet manufacturé digne de ce nom n'émergea de ses souvenirs.

– Excusez-moi, mais ça servait à quoi ?

La baronne observa le journaliste comme on regarde un enfant en quête de la plus primaire information. Elle répondit sur un ton qui ne supportait plus aucune autre demande de renseignements.

– Les gloupons servaient à faire des gloupes, voyons !

– Ah, bien sûr ! fit Léon Zitrone en s'inquiétant tout de même d'une carence qui mettait en doute ses facultés professionnelles.

Nostalgique, la baronne parla des gloupons d'avant-guerre en citant les gloupons d'ébène ou d'argent, les gloupons ciselés, les gloupons à poignées, à serrures ou à clapets.

– Il y en avait de superbes. Malheureusement, l'avènement du plastique a réduit au chômage ces merveilleux artisans gloupiers qui vivaient de leur art et les gloupons ont disparu au grand regret des utilisateurs.

– Quel malheur ! compatit Léon. C'était pourtant bien pratique, je pense.

Adélaïde ouvrit la porte d'un secrétaire en bois de rose et en extirpa une petite planchette d'acajou d'environ vingt centimètres de côté percée d'un trou central.

– C'est le dernier gloupon sorti des usines de mon mari. Je l'ai gardé en souvenir d'une époque où l'ingéniosité était encore de mise dans la marine à voile.

Léon tritura un instant l'objet patiné par les ans. Sans doute, il avait entre les mains un instrument d'accastillage. Sa curiosité lui fit poser une question banale mais qui n'avait pas l'air de confirmer son ignorance.

– Et... il marchait comment, celui-là ?

– Comme tous les gloupons. Dès qu'on pressentait un danger de fuite dans la coque d'un bateau, on le plaquait comme une compresse à l'endroit incriminé et lorsque l'eau pénétrait dans la cale, on entendait un bruit significatif.

Heureux, Léon apporta sa contribution aux renseignements de la baronne.

– Bien sûr ! Et ça faisait pchitt, pchitt !

Elle le toisa de toute sa hauteur, arracha l'objet des mains profanes et rectifia, sèchement.

– Mais non, voyons ! Quand l'eau passait dans le trou du gloupon, ça faisait gloup, gloup !

Cela tombait sous le sens. Adélaïde de la Tronche en Biais apparaissait encore plus logique – voire cartésienne – aux yeux du journaliste confronté chaque jour aux caractères complexes des grands de cette terre. Léon Zitrone eut ainsi la confirmation que la baronne possédait un cerveau rural dans une tête urbaine. Elle ressemblait à l'une de ces grandes horloges cachant un mécanisme rudimentaire sous une débauche de fioritures. Quand elle se retourna pour remettre le gloupon dans son tiroir, Léon remarqua que son corps avait un peu la forme d'une grande pendule de campagne. L'arrière de sa coiffure faisait penser à un cadran en aluminum repoussé, les boucles de cheveux formant comme des chiffres. Une aiguille, se dressant du chignon, indiquait qu'il allait être bientôt midi. Le bruit de ses talons sur le parquet Versailles faisait entendre un « tic-tac » souligné par le va-et-vient de ses fesses aussi plates qu'un balancier de comtoise.

– Comme le temps passe, constata la baronne. Il y a déjà presque une heure que vous êtes là, monsieur Zitrone, et nous n'en sommes qu'à mon premier mariage.

Cette réflexion remit Léon sur les rails de son parcours matinal. Il pensa subitement à tous ses rendez-vous de la journée. Quatre mariages et un enterrement ! Le film d'un homme des médias sur l'écran du quotidien.

– Très chère baronne, nous allons, de suite, passer à votre deuxième union. Celle que vous avez eue avec Gustave Merlot qui était promoteur immobilier à Pladou-le-Bas, dans le Tarn-et-Garonne.

– Pardon, rectifia Adélaïde, à Pladou-le-Haut ! Il n'était pas question que j'épouse un natif de Pladou-le-Bas. C'était déjà assez vexant de passer directement de la Rolls à la 4 CV.

– Comment se fait-il que vous ayez convolé avec quelqu'un qui ne faisait pas partie de votre monde ?

La baronne ne répondit pas mais agita une petite sonnctte posée sur un guéridon.

– Vous prendrez bien un café, un thé ?

Sans attendre de réponse, elle enchaîna :

– C'était un si bel homme ! Après la mort d'Anselme...

Il l'interrompit :

– Ah, vous êtes devenue veuve ?

– Oui. Le Baron de Pourleudeux n'a pas supporté la faillite de son usine et il s'est suicidé en se jetant dans le trou d'un gloupon géant. Il est parti, comme ça, sans un mot, juste en faisant entendre un « gloup » qui a résonné tragiquement dans l'atelier de fabrication. Je me suis retrouvée jeune veuve, ruinée par un trou sans sécurité sociale. C'est au cours d'un voyage conseillé par mon psychanalyste que j'ai rencontré Gustave Merlot et...

La bonne entra et Adélaïde stoppa l'élan de son voyage comme un faux départ.

– Que voulez-vous prendre, cher monsieur ? demanda la baronne.

Léon, habitué aux nourritures rapides lorsqu'il était en reportage, réclama un sandwich au pâté et un jus de tomate. La servante le regarda avec une surprise discrète, se demandant si ce présentateur de télévision ne confondait pas le salon de la baronne avec la fête de *L'Huma.*

– Nous ne possédons pas ça en cuisine, monsieur. Je peux vous servir du champagne et des toasts au caviar.

Léon Zitrone n'était pas l'homme des mignardises de la gastronomie qui se pincent entre le pouce et l'index avant d'être aspirées par une bouche en cul de poule. Il lui fallait du consistant qui s'attrape à la pogne, du solide qui se mâche pour mieux tenir au ventre. Craignant que les bulles du champagne ne lui irritent les muqueuses et que le caviar ne lui obstrue le dentier, il refusa le vin des rois et le mouron des aristocrates. La baronne en profita pour rattraper son futur époux qui l'attendait dans l'autocar de ses souvenirs de voyage organisé.

– Nous étions tous les deux assis à l'arrière. Vous n'allez pas me croire, cher ami...

– Mais si, mais si..., s'impatienta le cher ami en regardant encore une fois sa montre.

– ... j'étais bouleversée en sentant les soubresauts du car dans mes reins et l'épaule de Gustave qui frôlait la mienne. Pendant la visite des châteaux de la Loire, j'avais son biceps contre mon bras et le soir, seule dans ma chambre, je rougissais en y voyant des bleus. Il m'a adressé la parole à Amboise, nous avons dîné ensemble à Blois, à Villandry j'ai su qu'il était promoteur immobilier et, à Langeais, qu'il avait beaucoup d'argent. Nous avons réveillonné à Valançay, à Chenonceaux nous avons tiré les rois et à Azay-le-Rideau...

– Vous avez tiré le rideau, où ça ?

– Azay-le-Rideau ! Qu'allez-vous penser ? J'ai beau avoir l'air désinvolte et l'abord agréable, je ne suis pas une femme facile ! Donc, c'est à Azay-le-Rideau qu'il m'a demandée en mariage.

Adélaïde gloussa dans sa collerette en se remémorant ce jour. Elle fit entendre un rire pouffant qui lui venait du fond de la gorge et c'est dire qu'il remontait de loin ! A la fin de cette cascade joyeuse, elle fit un mot qui accentua sa joie.

– Connaître un promoteur immobilier aux châteaux de la Loire, pour moi c'était une... renaissance !

Léon Zitrone nota le bon mot sur son calepin de moleskine noire et continua l'interview.

– Vous êtes donc devenue Adélaïde Merlot.

La baronne fit un saut de carpe qui l'éjecta de son fauteuil Louis XV. Elle atterrit devant le journaliste, l'œil assassin.

– Comment ? Laisser ma particule à un particulier ? Les de la Tronche en Biais n'ont jamais gâché leurs lettres de noblesse dans le plâtre de l'immobilier ! Si Gustave m'a installée dans la résidence de sa réussite, j'ai mis Mme Merlot dans la cave de mon identité et la baronne a vécu en terrasse. J'ai gardé mon nom, monsieur !

Léon essaya de se faire tout petit. Ce qui n'était pas chose facile. Il passa à une autre question.

– Votre union a duré combien de temps ?

Adélaïde s'attrista, garda le silence quelques secondes et répondit faiblement.

– Malheureusement, Gustave m'a quittée prématurément, lui aussi.

– La santé ? compatit Léon.

– Non, pas la Santé. La prison des Baumettes, à Marseille, dit-elle en se rasseyant. Notre visite aux châteaux de la Loire lui avait donné le goût de l'immobilier de luxe et il s'est mis à trafiquer avec un adjoint au maire à qui il versait des pots-de-vin pour obtenir des marchés. Il s'est fait prendre quand il a essayé de vendre le château d'If à un Japonais en lui disant que j'étais la fille du comte de Monte-Cristo. Ce triste souvenir a été vite effacé par mon troisième mari que j'ai connu grâce à Gustave.

– L'un de ses amis ? demanda Léon, plaisantant.

– Non. Plutôt une lointaine relation. C'était le directeur de la prison des Baumettes qui me recevait toujours dans ses bureaux quand je venais visiter mon époux. Un homme charmant avec qui le temps passait trop vite.

– Pour les prisonniers, c'est un avantage, se permit Léon.

La baronne resta silencieuse. Le film de cette période romanesque défilait dans sa tête et elle revoyait les bons moments vécus dans le bureau directorial de la maison d'arrêt. Si son occupant avait un petit corps de fonctionnaire, sa tête était celle d'un grand patron. Le front de Jacques Chirac, les joues de Paul-Loup Sulitzer et les lunettes de Marc Blondel. Adélaïde était surtout tombée sous le charme d'une voix qui rappelait celle d'Alain Delon lorsqu'il se confiait à Anne Sinclair. Tout cela restait agréablement homogène quand il était assis derrière son grand bureau mais il n'aurait jamais fallu qu'il se lève. Le meuble en acajou cachait, en effet, des pattes minuscules supportant un cul de mouche et un buste de poitrinaire tellement étriqué qu'il aurait donné envie de tousser au président de la ligue anti-tabac.

Adélaïde avait presque oublié Léon Zitrone en pensant avec nostalgie aux oranges qu'elle apportait à Gustave Merlot pour adoucir son séjour en prison et que celui-ci ne voyait jamais car elle les pelait pour le directeur, machinalement, en déposant les épluchures dans la corbeille à courrier. De quartiers en quartiers et de fil en aiguille, l'alchimie amoureuse avait suivi son chemin pour aboutir à l'offre de mariage du patron des Baumettes. Honorée, la baronne avait dit « oui » le jour même de l'obtention de son divorce avec le promoteur immobilier.

Ce fut une très belle cérémonie. Le garde des Sceaux, en personne, ami du directeur, avait assisté au mariage civil célébré par l'adjoint au maire impliqué dans l'affaire des pots de vin. Il s'en était libéré grâce à ses relations politiques et une ristourne au juge d'instruction.

Pour motiver sa présence et éviter les frais de déplacement, le garde des Sceaux avait émis le désir de visiter la prison des Baumettes avant le repas de noces. Dans la cour de l'établissement pénitentiaire, les jeunes mariés, entourés par le ministre et les édiles de la ville, admiraient les travaux de réfection qui avaient déjà débuté par une couche d'antirouille sur les barreaux. C'est à cet instant précis que le tapage des prisonniers s'était fait entendre : « Vendus ! Pourris ! Salauds ! A mort ! » Accrochés à leurs barreaux, les taulards faisaient part de leurs revendications avec les raccourcis de langage que nécessitent les entretiens minutés. « Pédés ! Sales cons ! Allez vous faire foutre ! »

Adélaïde, dont l'oreille se souvenait encore de la belle voix de Gustave Merlot, ne tarda pas à le localiser, encadré par une fenêtre du troisième étage. Il avait empoigné ses barres de fer et les secouait avec violence en s'adressant à celle qui l'avait quitté : « Salope ! Pouffiasse ! Vieille pute ! »

Au souvenir de cette matinée difficile, la baronne poussa un soupir.

– Qu'avez-vous, chère baronne ? s'alarma Léon Zitrone en repoussant à plus tard une sieste débutante.

– Rien. C'est le vent des regrets qui sort de ma poitrine.

Quelle classe ! Une fois encore, Léon admira cette représentante d'une race en voie de disparition. Qu'avec l'élégance les choses les plus banales étaient dites ! L'empereur des médias, le tsar des faisceaux hertziens, le roi-soleil du petit écran faiblissait toujours devant le calme patricien des élites de l'état civil.

– Ce troisième mariage fut-il plus heureux que les précédents ?

– Heureux n'est pas le mot, reprit la baronne. Disons qu'il a été le plus inattendu dans l'idée que je me suis toujours fait du couple. Charles était gardien dans l'âme et la direction d'une prison lui avait donné plus de tics que d'habitudes. Il engageait nos domestiques chez les retraités de l'administration pénitentiaire. Notre valet de chambre était un ancien maton qui nous servait en gilet rayé, la cuisinière avait tenu le réfectoire d'une prison de femmes et notre chauffeur était un convoyeur de fonds en préretraite à la suite d'un hold-up de son fourgon. Notre chat s'appelait Mirador et notre chien, Cerbère.

Le stylo de Léon se souleva du carnet de notes, la plume compatissante, étonnée par cette adversité dans laquelle la baronne de la Tronche en Biais était, sans cesse, restée digne. Le récit fataliste continua.

– A la maison, toutes les portes étaient munies de barreaux et celle de ma salle de bains, blindée. Nos chambres étant mitoyennes, Charles avait fait percer un guichet dans le mur qui les séparait et, le soir, nous soulevions le volet pour nous embrasser. Lorsqu'il avait envie de me présenter ses hommages, je devais lui signer un droit de visite. Le soir de notre nuit de noces, il est arrivé dans mon lit avec un gros numéro sur son pyjama rayé.

– Et cela ne vous a pas étonnée ?

– Un peu, mais j'ai commencé à me méfier quand j'ai découvert un trou dans la porte des watters. Oh ! pas un trou fait à la main pour petits voyeurs occasionnels, non, un judas énorme avec une loupe grossissante.

Léon bougea un postérieur révolté qui fit gémir le bois de son siège.

– Et vous avez longtemps supporté ça ?

– Pensez-vous ! J'ai intenté une instance de divorce peu de temps après et, grâce à l'avocat de ma famille, je suis ressortie de cette aventure matrimoniale avec tous les honneurs dus à mon rang.

– Vous voulez dire que le scandale a été minimisé ?

– Oui. Maître Fauderche a été grandiose et, croyez-moi, quand on est avocat, ça n'est pas facile d'attaquer le directeur d'une prison.

La baronne se leva, visiblement épuisée par les aveux de sa vie intime. Elle s'éventa le visage de la main, comme pour chasser les images d'un passé lointain à présent enfoui sous un présent dont elle jouissait sans réserve. Profitant de ce mouvement, Léon se redressa également pour prendre congé.

– Chère amie, je vous remercie pour cet entretien qui passera dans *Tiercé Magazine*, la semaine prochaine.

Adélaïde retira la main que le journaliste venait de lui choper pour y porter ses lèvres. Le geste brusque fut suivi d'une interrogation sèche.

– *Tiercé Magazine* ? Je croyais que c'était pour *Le Figaro* !

Léon sortit de sa poche un exemplaire du journal en question et montra la première page sur laquelle on pouvait lire le titre de la rubrique dont il était responsable : « Les tiercés secrets. »

– Qu'est-ce à dire ? demanda la baronne, bouche pincée. Qu'est-ce que je viens faire chez les turfistes, je vous prie ?

Sur le pas de la porte, Léon lui expliqua qu'il écrivait une série d'articles consacrés aux personnalités ayant vécu trois fois un même événement au cours de leur vie.

– Et c'est pourquoi, chère baronne, votre tiercé amoureux va paraître dans ce journal qui relate souvent les courses d'obstacles. Je vous prie d'accepter mes hommages.

Il s'inclina respectueusement avant de prendre congé. Lorsque la porte fut refermée, la baronne de la Tronche en Biais n'était pas mécontente qu'un spécialiste du sport hippique parlât d'elle. Malgré ses allures cavalières, ce Léon Zitrone n'était pas un mauvais cheval.

Interlude

J'éprouve un étrange sentiment en ôtant ma perruque pour redevenir moi-même pendant ce premier entracte. Mes hormones mâles reprennent le dessus et je vais, à nouveau, laisser pousser ma barbe pour vous parler de ces drôles de métamorphoses qui me poussent à changer d'enveloppe jusqu'à emprunter celle du sexe opposé au mien.

Afin que mes explications soient bien claires, il me faut d'abord préciser qu'il n'y a rien de transsexuel dans mon comportement. Comme tous les hommes normalement constitués, je suis très satisfait de mon système pileux, de ma voix mâle et d'une bistouquette qui m'a toujours donné satisfaction selon les bonnes mœurs.

Oui, mon état naturel m'a fait – jusqu'à ce jour – traverser les rues de la vie dans les clous d'une circulation non déréglée. A part ces moments de délire qui me transforment en singe, en Chinois, en chien, en bec de gaz ou en femme, je suis un quidam équilibré parfaitement à l'aise dans le civisme et les lois de la nature. Il m'arrive seulement d'avoir envie de prendre des vacances au milieu des règles de la génétique qui nous obligent à bosser avec les mêmes outils pendant toute notre existence. Ma profession de comédien me permet de changer de sexe sans être obligé de me faire opérer.

Quel pied, de marcher avec des talons hauts quand on est habitué aux chaussures plates ! Quel luxe, de se planquer les poils de la poitrine derrière un collier de perles ! Quelle sensation, de se couvrir le crâne avec des cheveux bouclés quand on est chauve ! Bien sûr, mon métier dédouane ces extravagances. Je ne vois pas le président de la Cour des comptes déguisé en baronne ou le commandant de bord d'un avion de ligne habillé en Blanche-Neige. En plus, moi, je suis payé pour ça et les caméras dévorent mes folies pour que les constipés du rire attrapent des indigestions. Elle est si heureuse, cette femme, dans mon corps ! C'est elle qui guide mes gestes et me donne les inflexions de sa voix. Je n'ai plus qu'à me laisser conduire par une invention en lutte contre les principes et qui fonctionne à la bizarrerie et à l'étrangeté. C'est la preuve indéniable d'un mariage de déraison avec la sagesse et d'une entente exemplaire entre la caricature et le surréalisme.

Les enfants qui ne sont pas encore atteints par la logique des adultes ne se posent aucune question devant l'insolite. Ils acceptent la proposition et ne la dissèquent jamais pour l'accepter si elle les amuse. Cela préserve la qualité de leur étonnement qui n'est pas encore passé au tamis de l'analyse.

Lorsque ma fille et mon fils étaient petits, le fait de voir leur père évoluer en dame patronesse ou en vieille mémé sur leur écran de télé ne les surprenait pas outre mesure. Ils trouvaient cela naturel. A leurs camarades d'école qui leur demandaient : « Qu'est-ce qu'il fait comme métier, ton papa ? », ils répondaient avec le plus grand sérieux : « Il est baronne de la Tronche en Biais », comme ils auraient dit : « Il est employé à EDF. » Pour un enfant, il est évidemment plus agréable de rire aux aventures de Guignol que de voir un type relever des compteurs.

Aujourd'hui, ma fille m'a donné deux adorables petits-fils. Depuis leur arrivée au monde, ils me voient régulièrement à la télévision et, pour eux, c'est comme si papy allait au bureau. Ils ne font aucune différence entre une perruque de femme et un attaché-case. Les deux objets sont des outils de travail.

En quelques années, les enfants se sont habitués aux millions d'images que la télévision fait entrer dans leurs foyers et mes petits-fils se sont accoutumés à mes débordements. A chacune de mes apparitions télévisuelles, leur amusement se dilue dans une certaine accoutumance et mes émissions sont un peu comme si je leur envoyais des cartes postales humoristiques. Cela nous rend service car nous n'habitons pas la même ville. Parfois, pendant plusieurs semaines, ils ne voient leur grand-père qu'habillé en chien, en canard ou en dame. Le conflit des générations est ainsi annulé par une complicité faite de rire et d'amour.

Où la baronne prend soin de son corps

Juliette était au service d'Adélaïde de la Tronche en Biais depuis une bonne dizaine d'années. Elle possédait la santé des filles de la campagne et la grâce de celles de la ville. Fuyant la ferme de ses parents en Saône-et-Loire pour éviter la bouse de vache et l'odeur du fumier, elle était entrée comme femme de chambre chez la baronne au vu d'une petite annonce dans *Jours de France*. Possédant des mains trop fines pour les pis des charolaises, elles les consacrait aux dentelles de la baronne et aux porcelaines du salon. Depuis une décennie de patients services, Juliette avait appris à bien connaître sa patronne. Alors qu'elle époussetait un vase de Chine, la baronne arriva, survoltée.

– Juliette ! Vous ne pouvez pas savoir comme je suis excitée à la pensée d'être une autre femme dans peu de temps. Le professeur Cutier m'a assuré que l'opération allait très bien se passer.

La servante reposa délicatement le vase sur son guéridon et apporta sa contribution optimiste.

– Madame la baronne n'a aucune raison de se faire de la bile car la chirurgie a fait beaucoup de progrès.

Chez moi, quand on tue les cochons, on ne les entend plus crier comme avant.

Juliette faisait beaucoup d'efforts pour avoir le langage châtié des serviteurs de la bourgeoisie mais, de temps en temps, son style laissait à désirer. Le dérapage de ses expressions n'était dû qu'à la simplicité de ses origines paysannes et la baronne, vivant dans son monde éthéré, ne remarquait pas toujours ces accidents verbaux.

– Voyez-vous, ma fille, à partir d'un certain âge, la femme doit se pencher sur son corps quand elle se rend compte que les hommes commencent à moins le faire. Si on ne la désire plus, elle perd un peu sa raison d'être. Remarquez, je ne dis pas ça pour moi. Je suis encore désirable.

Adélaïde fit entendre un rire de jeune fille qu'elle alla puiser au fond d'elle-même et, à petits pas légers, vint contempler son image au-dessus de la cheminée.

Physiquement, la baronne de la Tronche en Biais n'était pas ce qu'on appelle vulgairement un canon. C'était plutôt une bombarde. Avec, bien sûr, tout le charme des vieilles bouches à feu aux baisers brûlants. Sa chevelure, flamboyante et bouclée, surplombait un visage dont les yeux avaient la luminescence d'un flipper, un nez légèrement penché vers la droite comme s'il voulait s'allonger sur le mince matelas des lèvres et un menton-brioche coincé entre les parenthèses de deux rides en arc de cercle. Que dire du cou ? Rien, si ce n'est qu'il séparait de façon hautaine la tête de l'ensemble qui se trouvait en dessous.

Le corps, cet organisme humain opposé à l'âme ou l'esprit, cette partie matérielle des êtres animés, était

– dans le cas de la baronne – la preuve que la plus courante des formes peut réserver quelques surprises. Les bras – bien que paraissant naître des épaules – semblaient avoir été fabriqués dans une usine d'allumettes en se terminant par des mains aux ongles soufrés de rouge vif. Un buste mince témoignait d'une discrétion mammaire à faire pâlir de jalousie la nourrice de Carlos et l'étroitesse du bassin soulignait une regrettable absence de fesses. Enfin, deux jambes à la charmante fragilité supportait cet assemblage gracile et gracieux à la fois. En gros, devant l'anatomie de la baronne, Auguste Renoir aurait sans doute abandonné la peinture.

Adélaïde continua son examen devant le miroir en se tapotant légèrement les joues.

– D'après le professeur, il n'y a pas grand-chose à faire. Juste remonter un peu la peau vers les oreilles, supprimer les poches sous les yeux, effacer les rides du cou et redresser les seins. La chirurgie esthétique va me rendre mes vingt ans !

Sans afficher l'optimisme de sa patronne, Juliette se demandait si cette fameuse chirurgie rendait vraiment ce que le temps avait pris.

– Au fond, je n'ai que cinquante ans et des poussières ! s'exclama la baronne.

Vu le nombre de ces « poussières », la petite bonne pensa qu'un bon aspirateur coûterait certainement moins cher qu'une opération. Elle eut la brusque envie de lui prêter son plumeau pour commencer le ménage avant l'intervention. Regrettant aussitôt sa mauvaise pensée, Juliette se fit rassurante.

– Madame aurait pu attendre encore quelques années. Elle est encore très bien.

– Oui, je vous l'accorde, mais je viens de rencontrer un homme un peu plus jeune que moi et je ne voudrais pas qu'on me prenne pour sa sœur aînée. J'ai fait sa connaissance au thé dansant, chez Ledoyen, et je crois qu'il est fou de moi. Contrairement à certaines de mes amies qui sortent avec des jeunes gens qui pourraient être leurs fils, notre différence d'âge ne saute pas tout de suite aux yeux.

La sonnette d'entrée se fit entendre. La baronne abandonna son miroir.

– Allez ouvrir, ma fille. Ce doit être le chirurgien qui va m'opérer. Il vient reconnaître les lieux car nous allons faire cela dans mon appartement. Je ne veux pas qu'on me surprenne dans une clinique esthétique et je compte sur votre discrétion.

Juliette fit entrer un homme brun, grand et musclé. Vêtu d'un costume d'alpaga et de fines chaussures, c'était une véritable publicité pour l'élégance et la beauté du corps. Son sourire colgatisé à la chlorophylle éclata dans les yeux de la servante.

– J'ai rendez-vous avec madame la baronne. Veuillez annoncer le professeur Cutier. Richard Cutier, chirurgien esthétique.

Curieuse et inquiète, Juliette se permit une question.

– Excusez-moi, professeur, mais cette opération va vraiment avoir lieu ici ?

– Oui, mademoiselle. Ce n'est pas courant mais nous avons fait une dérogation pour la baronne. Elle pense que sa position mondaine pourrait souffrir des indiscrétions toujours possibles du personnel hospitalier. Comme je vois que vous êtes informée, j'espère que nous pouvons compter sur votre réserve ?

– Que monsieur soit rassuré, s'empressa Juliette. Quand mon père vendait ses vaches au marché de Charolles, c'était pas toujours des génisses !

Avant que le professeur ne comprenne le sens de la remarque, la bonne l'avait déjà introduit au salon. Il s'y retrouva seul, s'approcha d'un cadre posé sur le piano et dans lequel la baronne tentait de jouer les stars. Il poussa un profond soupir en constatant à nouveau le travail qui l'attendait. Devant l'importance de la rénovation, sa pensée se fit sonore.

– Va y avoir du boulot !

– Comment ? demanda Adélaïde qu'il n'avait pas vue entrer.

Surpris, le professeur se retourna en bafouillant.

– Je... je me disais qu'il allait faire beau...

– Vous regardiez mon portrait ? Vous allez vraiment me rendre beauté et jeunesse ? Je sais que votre talent fait des miracles car vous avez bien amélioré mon amie, la marquise de Piéautrain. Je l'aperçois souvent car elle est ma voisine.

Le professeur Cutier, rassuré de ne pas avoir été entendu, passa son doigt sur la photo en suivant les contours du visage.

– C'est très simple. Nous allons supprimer ces vilaines petites rides, effacer ces méchantes pattes d'oie, remonter les joues et couper quelques centimètres de cette peau, là, sous le cou...

– Non, stoppa-t-elle, là, ça n'est pas de la peau. C'est la dentelle dc mon corsage.

– Oh, pardon ! Avec le contre-jour, on ne voit pas bien.

Il reposa le cadre et, prenant un ton très professionnel, porta la main à l'intérieur de sa veste pour en sortir une épaisse enveloppe.

– Si vous le permettez, nous allons parler des conditions spéciales de l'intervention. Je vous ai apporté le devis.

Ils s'assirent tous les deux, face à face, séparés par un guéridon sur lequel le professeur étala un nombre important de feuilles dactylographiées.

– Vous n'ignorez pas, chère petite madame, que le fait de vous opérer à domicile va provoquer une notoire augmentation de nos prix habituels. Il va falloir installer un bloc opératoire dans l'une des pièces de votre maison afin que nos instruments bénéficient de l'hygiène nécessaire. Nos manipulations chirurgicales ne doivent pas souffrir d'un environnement inadapté.

– Vous allez m'enlever beaucoup de choses ?

– Pas mal, oui. Beaucoup de peau inutile et de la graisse mal placée. Je voudrais aussi jeter un œil dans la cuisine.

Adélaïde se leva brusquement en poussant un cri.

– Un œil ? Mais j'ai besoin des deux ! Vous êtes fou !

– Non ! Je voudrais jeter un coup d'œil à l'endroit précis où nous allons opérer. La cuisine me semble le mieux adapté.

– Ah, bon ! Vous m'avez fait peur.

Insensible à l'incident, le professeur commença la lecture du devis. Comme tous les documents similaires, il indiquait une liste importante de travaux à effectuer. Des lessivages, grattages, rebouchages, ponçages, égrenage et toutes sortes d'encollages. Pose, dépose, apports et enlèvements, descellements, reprises, etc. Les fournitures n'étaient pas moins nombreuses et allaient du cartilage plastique à la silicone en passant par les enduits divers. Après l'énumération chiffrée des opérations prévues, le professeur annonça le total TTC.

– Mon Dieu ! s'écria Adélaïde. La beauté n'a pas de prix !

– Cela est assez cher, convint le spécialiste, mais n'oubliez pas le déplacement. Installer un matériel opératoire dans une cuisine est assez peu courant.

– On ne pourrait pas faire ça dans ma chambre ? Je me sentirais plus à l'aise qu'entre le réfrigérateur et le lave-vaisselle.

Le professeur consulta sa montre, en douce, sous prétexte de remettre le devis dans son enveloppe. Les réactions de sa cliente prouvaient qu'elle attachait plus d'importance à la chose qu'à son prix. En bon commerçant, il avait su mettre les difficultés en avant pour faire admettre ce qu'elles allaient coûter. De toute façon, l'affaire était dans le sac. Richard Cutier, le chirurgien esthétique à la mode, allait exposer la baronne de la Tronche en Biais à son tableau de chasse et, celle-ci, malgré son désir de discrétion, serait la première à en parler en cas de réussite. Les gens sont ainsi faits, face aux hommes de l'art en qui ils ont accordé leur confiance. Qu'il s'agisse d'un médecin ou d'un garagiste, d'une voyante ou d'un rebouteux, la fierté de faire savoir qu'on a trouvé le meilleur l'emporte sur le risque qu'il peut faire courir en n'étant pas plus fort que les autres.

– Il ne serait pas prudent de vous opérer dans votre chambre car j'ai besoin d'eau courante et de carrelage pour ne pas trop m'expatrier de ma clinique. Que diriez-vous du 15 au matin, vers huit heures ? Je vous enverrai mes assistants, la veille, pour installer le matériel.

– C'est parfait, accepta Adélaïde en reconduisant son visiteur. Nous serons à quelques jours du printemps et le renouveau va rentrer chez moi.

Elle ponctua sa phrase d'un rire de chanteuse d'opérette. Ce qui encouragea le professeur à ténoriser pour lui faire un compliment de départ.

– Et vous serez la nouvelle rose de ce printemps, chère baronne !

Quelques jours plus tard, deux ouvriers maçons arrêtaient leur camionnette devant l'hôtel particulier de la baronne de la Tronche en Biais.

– Voilà, fit l'un d'eux en coupant le contact, c'est ici, 6, rue Tordu.

L'autre regarde la fiche d'entreprise scotchée sur le tableau de bord.

– Non, c'est au 8.

– T'es sûr ? Fais voir...

– C'est pas grave. On va demander au 6 avant de décharger. Faudra dire au patron qu'il apprenne à écrire.

Après avoir franchi la grille, ils examinèrent le petit jardin et la façade de l'immeuble de deux étages.

– Ben, dis donc ! Il était temps qu'on vienne ! Y a combien de temps que ça n'a pas été refait ?

– Une bonne cinquantaine d'années, d'après le patron. Va falloir ravaler tout ça et drôlement gratter ! Du reste, c'est marqué sur la fiche. Lessiver tous les murs et les plafonds, boucher les fissures, brosser les persiennes avant de repeindre. Sonne, on va bien voir si c'est là.

Le plus petit tira une sonnette à poignée qui lui resta dans la main.

– Elle aurait besoin d'une révision complète, la baraque !

L'ouvrier qui avait l'air d'un chef était en train de palper l'une des statues de pierre qui encadraient la porte d'entrée. L'auscultation du personnage sculpté se termina lorsqu'un morceau de son genou se détacha de l'ensemble.

– Ça représente quoi, ces statues ? demanda le petit maçon.

– C'est Saint-Médard et Saint-Barnabé. Y avait les mêmes à l'église de Boufignon-sur-Meuse où j'étais enfant de chœur. Ceux-là, ils auraient bien besoin d'une bénédiction au ciment !

L'autre regarda de nouveau la liste des travaux à faire.

– Ouais ! Et c'est même marqué qu'il faut les déposer avec précaution et, surtout, ne pas les réparer sur place. On doit les emporter à l'atelier pour les laver à la Javel et les resceller au plâtre avant de refaire la peinture.

– T'as vu ? fit le petit, en regardant la demeure mitoyenne au-dessus d'une haie de séparation. Y a les mêmes saints dans l'hôtel particulier d'à côté.

– C'est courant, dans les quartiers chics. C'est comme les nains et les champignons dans les jardins de retraités. Au lieu d'avoir des pneus peints pour décorer leurs plates-bandes, les riches ont des saints pour protéger leur fric.

La porte fut ouverte par Juliette aucunement surprise de voir deux hommes en blanc dont les blouses et les toques immaculées d'un début de semaine rappelaient à s'y méprendre les vêtements du corps médical.

– Bonjour, mademoiselle. C'est bien ici pour le petit ravalement ?

La bonne pouffa dans le chiffon à poussière qu'elle avait gardé à la main.

– Oui, c'est le cas de le dire ! Entrez, ne restez pas sous la marquise. Il commence à pleuvoir et la verrière fuit de partout.

Les ouvriers suivirent Juliette jusqu'au salon, un peu coincés des baskets, comme deux canards marchant sur les œufs d'une poule de luxe.

– Je vais avertir madame la baronne.

Seuls dans la pièce, les maçons balayèrent les murs et le plafond d'un regard professionnel. Au-dessus d'un tableau représentant une douairière sans âge, vêtue d'une robe noire protégeant une virginité rance, le mur se fendait la gueule.

– T'as vu la vieille ? Ses rides sont tellement profondes qu'elles ont entamé le mur. C'est quand même pas elle qui va nous recevoir ?

– T'es fou ! Celle-là doit être canée depuis un sacré bout de temps. Regarde les fringues ! C'est pas des trucs qui viennent de chez Naf-Naf et la mémé a dû les enfiler au début du siècle.

– Bonjour, messieurs ! lança la baronne en entrant.

– Bonjour, madame, répondit le chef en ôtant sa calotte blanche. Nous venons pour le petit ravalement.

Amusée, la baronne les pria de s'asseoir. Ce qu'ils firent du bout des fesses, légèrement surpris d'être accueillis comme des visiteurs normaux. « D'habitude, pensa le chef, on nous laisse debout dans le couloir et on nous engueule parce qu'on met du plâtre sur la moquette. »

– Je vous attendais, continua-t-elle.

Le petit maçon se pencha vers son collègue, rassuré.

– Tu vois qu'on s'est pas gouré de maison !

– Pardon ? fit la baronne.

Le chef expliqua le doute qu'ils avaient eu au sujet de l'adresse en voyant les mêmes statues dans le jardin d'à côté.

– ... et, quand on a vu vos saints, on a tout de suite pensé que c'était ici car ils sont en plus mauvais état.

Adélaïde, un peu surprise par ce langage direct, accepta néanmoins la façon de parler des carabins. Elle essaya tout de même d'adoucir leur diagnostic.

– Ce ne sont plus des seins de vingt ans, je vous l'accorde, mais n'exagérons rien !

– Il est quand même temps de s'en occuper parce que celui de droite commence à s'effriter sérieusement. En attendant, je vous conseille de ne pas trop y toucher pour éviter qu'un morceau ne vous reste dans la main.

La baronne resta interdite pendant quelques secondes. Décidément, le verbe d'aujourd'hui avait perdu l'élégance du passé. Marivaux était remplacé par San Antonio et Dorante s'effaçait devant Bérurier. Elle fit part de ses craintes.

– J'avoue avoir longtemps hésité avant cette petite intervention.

– Pourtant, ça en a bien besoin, constata l'un des ouvriers en découvrant une large crevasse sur le manteau de la cheminée.

– Oui, ça commence à tomber en ruine, approuva l'autre.

L'énormité de la réflexion fit sursauter Adélaïde. Les jeunes de cette fin de siècle avaient vraiment un langage imagé et, si on voulait rester dans le coup, il fallait jouer leur jeu. Le regain de jeunesse dont elle voulait bénéficier la forçait un peu à s'adapter au genre.

– Que vous êtes amusants ! dit-elle en s'ouvrant à la plaisanterie.

– Faut dire qu'après cinquante ans, y a du salpêtre dans la maçonnerie !

Le caractère enjoué de la baronne lui fit oublier son appréhension. Une espèce de gaminerie latente se réveilla au fond d'elle-même en surgissant sous la forme d'un rire aussi espiègle que nerveux.

– Oh, que c'est drôle ! Vous ne devez pas vous ennuyer dans votre métier.

– Ah, ça non ! répondit le chef, détendu. On en voit des vieilles choses à retaper ! Tenez, Mme de Brossarebourg, qu'habite à Neuilly, avait tous ses soubassements qui tombaient en quenouille. Il a fallu mettre des poutres pour pas que ça s'écroule ! Si elle avait attendu plus longtemps, elle était bonne pour la démolition. On a passé au moins huit jours dessus !

– Huit jours ? L'opération a duré huit jours ? s'effraya Adélaïde. Sous anesthésie locale ?

– Non, sous la porte cochère.

– Mon Dieu !

– A ce propos, quand on a sonné à votre porte, on a vu la marquise...

La baronne pensa de suite à sa voisine directe, la marquise de Piéautrain qui s'était fait faire un lifting par le professeur Cutier. Ce qui ajouta au malentendu.

– ... eh bien, on a regardé par en dessous, avec mon copain. Y en a des trous à reboucher ! Va falloir colmater pour éviter les fuites.

– Les... les fuites ? s'effraya Adélaïde.

– Dame ! Quand on la regarde de près, c'est évident qu'elle en a pris un vieux coup dans les carreaux, la marquise !

Malgré la verdeur des expressions, la baronne n'était pas mécontente d'apprendre que la marquise de Piéautrain n'était pas aussi jeune qu'elle s'évertuait à le faire croire. Ce qu'elle venait d'apprendre, au sujet de sa voisine, la rassurait plutôt mais la surprenait un peu. On ne se serait jamais douté que sa vue baissait à ce point.

– Bon ! Où voulez-vous qu'on s'installe pour commencer ? demanda le chef en abandonnant son fauteuil.

– Dans la cuisine, messieurs. C'était prévu avec votre patron. Il arrive à quelle heure ?

– Ben ça, on n'en sait rien ! Avec lui, faut s'attendre à n'importe quoi. Toute la journée, il cavale après les clients pour faire des devis et refaire ses factures. Y a pas plus fort que lui pour se gourer dans les opérations.

Là, ça devenait inquiétant ! La baronne pâlit et s'accrocha aux rideaux pour éviter le malaise. Elle était peut-être imprudente de confier son corps au professeur Cutier dont on disait pourtant beaucoup de bien.

– Mais... c'est lui qui doit m'opérer !

– Ah, non, c'est nous ! On est spécialisé dans ce genre de travail. Lui, il supervise.

A demi rassurée, Adélaïde entra dans les détails.

– Vous avez vos instruments, votre matériel ?

– Bien sûr ! Ne vous inquiétez pas, chère petite madame, on ne fera pas de saletés. On mettra une bâche par terre pour éviter les éclaboussures. Allez, Albert, au boulot !

Ils laissèrent la baronne perplexe. Elle appela aussitôt Juliette.

– Ma fille, ces chirurgiens modernes n'ont pas fini de m'étonner ! Surveillez bien leur installation pendant que je suis dans ma chambre pour me détendre un peu.

Dans sa chambre, assise devant sa coiffeuse, la baronne scruta son visage avec minutie, se demandant où était la part des plaisanteries et celle de la vérité. Ces docteurs nouveau style avaient certainement voulu la rassurer par leur ton badin afin de diminuer son stress. Toutefois, ce qu'ils lui avaient dit à propos de ses seins était assez inquiétant. Comment pouvaient-ils savoir que celui de droite était en mauvais état ? Depuis longtemps, personne d'autre qu'elle-même n'y avait touché.

Elle écarta son corsage et dégrafa son soutien-gorge. Évidemment, la golden de luxe avait plutôt viré vers le gant de toilette. Accorder ses faveurs à un homme, c'était bien beau mais encore fallait-il qu'il puisse tâter du consistant. Heureusement que la science esthétique était sans cesse en progrès, pensa-t-elle. Après quelque temps d'auto-examen, elle fit venir Juliette dans sa chambre.

– Le professeur Cutier est-il arrivé ?

– Pas encore, madame la baronne, mais les docteurs se sont installés dans la cuisine et m'ont dit qu'ils allaient pouvoir commencer.

Adélaïde rajusta le col du déshabillé rose dont elle s'était parée, tapota légèrement sa coiffure, chaussa des mules à pompons et dit, d'un ton qui se voulait léger :

– Bien ! Allons nous remettre entre les mains de ces Pygmalion de la beauté pour être leur nouvelle Galatée.

Dès son arrivée dans sa cuisine, elle eut un haut-le-corps en voyant l'installation du bloc opératoire. S'appuyant au placard à balais pour laisser passer le premier étonnement, elle découvrit des planches posées sur deux tréteaux.

– Ah, mon Dieu, la table d'opération ! Quelle horreur ! Je ne sais pas si j'aurais dû faire ça ici.

Le maçon en chef referma le robinet de l'évier puis essora une serpillière au-dessus du bac.

– Vous en faites pas, ma p'tite dame ! On va pas commencer à gratter tout de suite. Faut d'abord lessiver et attendre que ça sèche pour enlever les cloques.

Le deuxième ouvrier entra avec un sac de plâtre et une truelle.

– Qu'est-ce... que c'est que ça ? bafouilla Adélaïde.

– C'est pour les fissures. Va nous falloir drôlement plâtrer, vu l'état de votre façade !

Soutenue par Juliette, la baronne se retint à l'étagère aux épices, laissa passer la bouffée de chaleur qui venait de l'envahir et avisa une échelle posée contre le mur.

– Et c'est quoi... ça ?

– Une échelle.

– Ah oui ! C'est une échelle, dit-elle dans une vapeur intellectuelle qui ne refusait tout de même pas l'évidence. Et... c'est pour quoi faire ?

Le chef laissa tomber la serpillière dans une bassine contenant un mélange d'eau et de lessive Saint-Marc.

– C'est pour les saints. Comme ils sont assez hauts, on ne voudrait pas les abîmer en les dévissant.

– Vous allez me les dévisser ? paniqua Adélaïde en chancelant dangereusement.

– Ben oui ! Le patron nous a dit de ne pas les faire sur place. Faut du matériel spécial qu'on ne peut pas transporter chez vous. On va les emporter pour les passer à la potasse, leur filer deux couches de peinture et, après, on vous les replace comme si de rien n'était. Ils ne tomberont plus, soyez tranquille !

Il y eut un grand moment de calme, digne des grands westerns classiques. Comme dans *Le train sifflera trois fois*, la baronne s'approcha lentement du chef maçon qui se trouvait à l'autre bout de la cuisine, la main sur la truelle retenue dans sa ceinture, pareille à un colt de frontière.

Un silence de plomb venait de tomber sur le carrelage, uniquement troublé par le frottement des mules d'Adélaïde qui continuait sa marche lente, les jambes écartées.

Retenant son souffle, Juliette la voyait s'avancer, froide, déterminée, les bras pendant le long de son corps. Elle s'arrêta enfin près de l'échafaudage, fixa l'ouvrier droit dans les yeux, puis, brusquement, s'évanouit en tombant dans la bassine de lessive.

Le patron de l'entreprise de ravalement à la recherche de ses employés pénétra en coup de vent dans la cuisine.

– Qu'est-ce qui se passe, les gars ?

Le chef maçon montra la baronne évanouie, les fesses dans le mélange Saint-Marc.

– Comme vous voyez, patron. Ça baigne !

Interlude

Comme disent les animateurs de télévision : « Et voici maintenant une pausse publicitaire. » J'en profite, comme tous les téléspectateurs ankylosés devant leurs postes, pour me dégourdir la plume et vous faire un brin de conversation.

Le sketch que vous venez de lire fut interprété avec moi par Pierre Louis, Henri Genès et Robert Rollis. Quant à Juliette, la bonne, c'était ma femme, Marie-Claude. Que dis-je ? Nous n'avions pas encore convolé en justes noces et cette jolie fille brune et piquante ne pouvait être considérée que comme ma fiancée.

J'avoue avoir été un peu gêné de me présenter à elle habillé en baronne de la Tronche en Biais lorsque je lui faisais la cour. Généralement quand un homme courtise une femme, ce sont ses avantages virils qu'il veut mettre en avant mais là, question mâle assurance, ça n'était pas le meilleur moyen pour que Marie-Claude me prenne pour Rambo.

Je me souviens des répétitions de ce sketch du ravalement qui fut diffusé dans l'émission de Guy Lux « Système deux ». Il y avait pas mal de concurrence masculine sur le plateau et, notamment, Julio Iglésias. Attendant notre tour pour répéter devant les caméras, Marie-Claude et moi étions assis dans la salle du théâtre 102, devant le chanteur espagnol qui faisait la mise au point de ses chansons avec l'orchestre de Raymond Lefèvre. Il était superbe dans son blue-jean moulant qui lui flattait l'entrejambe. Ses cheveux bruns, son teint bronzé et son sourire éclatant me faisaient paraître tellement dérisoire sous ma perruque et dans ma robe de baronne ! Plus sa voix montait dans les cintres du théâtre, plus je me tassais dans mon fauteuil. Je regardais ma fiancée avec la crainte du pêcheur qui vient de ferrer une belle pièce et qui a peur qu'elle se décroche.

Mais c'était mal connaître ma future épouse. Elle n'a jamais cessé de me prouver qu'elle préfère les gueules qui la font rire à celles des mannequins du charme. En jouant la baronne à ses côtés, nous avons semé la graine d'une complicité qui, aujourd'hui, est devenue un arbre protecteur. Je soupçonne même ma femme d'être légèrement provocatrice, comme les belles filles lorsqu'elles sont intelligentes. On voit parfois des nanas sensationnelles sortir au bras de types sur lesquels personne ne se retournerait si elles ne les accompagnaient pas. Cela prouve que certaines refusent l'accouplement des genres pour garder la liberté du choix. Tant mieux pour moi !

Marie-Claude m'a donné plusieurs fois la preuve de cette indépendance en la poussant jusqu'au gag. Parfois, dans les théâtres de province, au cours de nos tournées, nous attendions en coulisse notre tour d'entrée en scène au milieux des techniciens municipaux qui sont souvent composés de personnages assez typiques. En semaine, ces machinistes de fortune sont, pour la plupart, employés à la voirie ou dans les bureaux de la mairie. N'ayant que des relations épisodiques avec l'art théâtral, il arrive que ces braves techniciens du dimanche soient beaucoup plus curieux de ce qui se passe en coulisse que sur la scène. Marie-Claude, profitant de la naïveté de ces voyeurs occasionnels, aimait beaucoup m'embrasser sur la bouche en me coinçant contre un montant du décor. Imaginez la surprise des employés municipaux voyant deux femmes se roulant des pelles dans la pénombre. Une ravissante petite soubrette en tablier de dentelle et une vieille folle un peu décatie, jouant *Gazon maudit* avant que le film de Balasko ne soit tourné.

L'espièglerie de ma femme la poussait à m'accompagner dans les boutiques de vêtements féminins pour acheter les robes et les chapeaux de la baronne de la Tronche en Biais. Ce qui, évidemment, provoquait de curieuses réactions dans les magasins. Les vendeuses qui me reconnaissaient étaient mortes de rire en me voyant essayer des habits qu'elles n'avaient pas l'habitude de vendre à des petits hommes chauves. Celles qui ne regardaient pas la télé ouvraient des yeux ronds sur ce couple bizarre dont l'homme s'habillait comme Alice Sapritch sur les conseils éclairés de la femme.

Jamais Marie-Claude n'a été gênée par mon apparence peu conventionnelle. Il est vrai que le métier de comédien fournit un bon alibi à ces extravagances. Je ne vois pas Mme Balladur présentant son Édouard de mari en tailleur Chanel à ses amies du seizième ou

Jacques Chirac en perruque blonde vantant la mode française aux Américains.

Le plus curieux, dans cette association complexe que je peux avoir avec mon épouse, c'est la façon dont nous nous sommes connus. En tant que spécialiste des parodies féminines on me proposait souvent d'interpréter des héroïnes diverses et j'ai accepté, un jour, de jouer la marquise des Anges dans un théâtre de chansonniers aujourd'hui disparu, le Coucou. Je précise, pour ceux qui ne verraient pas de suite la différence qu'il peut y avoir entre Michèle Mercier et moi, que l'aristocrate que j'incarnais n'avait rien pour attirer Robert Hossein. Les auteurs, conscients de mon physique assez éloigné de celui de Michèle Mercier, avaient intitulé leur pièce *Increvable Angélique.*

C'est au cours des répétitions que j'ai rencontré ma future femme qui jouait également dans cette œuvre impérissable. Personne ne nous avait encore présentés l'un à l'autre et j'étais, à cette époque, assez inconnu du grand public pour que mon visage ne lui dise rien. Habillé et coiffé en marquise des Anges, je me préparais à descendre sur scène pour les premiers contacts avec mes partenaires lorsque j'ai rencontré Marie-Claude dans l'escalier. Très sérieusement elle m'a dit : « Bonjour, madame ! »

La seule chose importante pour moi dans cette situation fut l'authenticité de mon personnage car ce bonjour spontané prouvait que ma composition était sans faille. Bien entendu, la suite s'est avérée différente. Après une mise au point hilarante sur mon sexe véritable, Marie-Claude a appris à me connaître sous mon véritable jour et les trente ans que nous venons de passer ensemble prouvent qu'elle n'a pas été traumatisée par cette rencontre.

Je vous laisse, maintenant, tourner la page pour mieux découvrir Marie-Claude dans le rôle de Juliette, petite bonne au service de la baronne de la Tronche en Biais sur scène et son mari dans la vie.

Où la baronne fait échec et mat

– Juliette, connaissez-vous les échecs ?

– Qui ça ? demanda la soubrette en versant le thé avec précaution dans la tasse de la baronne.

– Les échecs ! Vous n'avez jamais joué aux échecs ?

La bonne reposa la théière sur son plateau d'argent en faisant appel à ses souvenirs. On jouait parfois à la belote dans la ferme familiale de Saône-et-Loire mais ce jeu était réservé aux grands, le dimanche. A part le cache-cache avec d'autres enfants quand elle était petite et le cache-cache avec son cousin un peu plus tard, Juliette ne se rappelait pas avoir pratiqué les échecs.

– Non, madame la baronne. Chez nous, on n'avait pas trop le temps de s'amuser, sauf quand on veillait les morts.

Adélaïde lâcha son petit four dans la tasse de thé. Le « floc » du biscuit accompagna son mouvement de surprise.

– Les morts ?

– Ben, c'était les seuls moments de détente qu'on avait, à la ferme. Avec l'élevage, les labeurs, les moissons, mon père ne s'arrêtait jamais que pour dormir, manger et faire des enfants à ma mère. C'était uniquement quand on perdait quelqu'un qu'il prenait un peu de repos en jouant à la belote les soirs de veille. A la mort du pépé, il a gagné cent francs. Ça l'a consolé un peu et il s'est servi des sous pour remplacer ses lunettes.

– Et le bridge, ça ne l'intéressait pas ?

– Oh, non ! Il a gardé le même dentier toute sa vie.

« Bon ! décidément, les filles de la campagne font partie d'un autre monde. Cette Juliette était bien propre et courageuse mais, pour elle, la culture ne dépassait pas celle des légumes », pensa la baronne.

– Le bridge est un jeu de cartes qui demande une grande concentration d'esprit, ma fille, dit Adélaïde en essayant de récupérer son biscuit qui transformait son thé en soupe aux lentilles. Vous devriez l'apprendre, ça vous ferait du bien.

– Que madame se rassure. Le dimanche je fais les mots fléchés de Maître Capello dans *Télé 7 Jours*. Pourquoi m'avez-vous demandé si je connaissais les échecs ?

Adélaïde l'informa qu'elle allait organiser un tournoi dans une quinzaine de jours et que de nombreuses personnalités allaient y participer. Il allait falloir préparer la réception qui aurait lieu dans son hôtel particulier, contacter un traiteur à domicile, préparer les tables de jeu, repérer leurs emplacements dans le salon et s'occuper de tous les menus détails qui concourent à la réussite des grandes soirées parisiennes. Parmi les joueurs, il y aurait quelques figures françaises importantes, telles que le nouveau jeune philosophe Bernard-Isaac Denœux, surnommé B.I.D. par ses coreligionnaires, le vicomte Ladessus, le ministre de l'Intérieur Alex Térieur, le chirurgien Richard Cutier, le grand cardiologue Rodrigue A. Tuduqueur, le journaliste mondain Évariste Oirdecul, la météorologiste Sassa Sombrit et la chanteuse réaliste Ginette Flagada. Les amies intimes de la baronne seraient évidemment présentes : la marquise de Piéautrain et la comtesse de Brossarebourg.

– Enfin, précisa Adélaïde, le Tout-Paris sera là. A cette occasion, j'ai également invité un joueur d'échecs international qui m'a été recommandé par la fédération.

– Madame la baronne a déjà joué avec lui ?

– Pas du tout ! Je ne l'ai jamais vu. Il a toujours refusé qu'on fasse de la publicité sur lui mais on m'a dit qu'il était très fort. Je crois même que cet homme a joué contre Kasparov dans une partie amicale et qu'il lui a damé le pion. Bref, c'est un champion et nous allons faire sa connaissance tout à l'heure car je l'ai prié de me rendre visite afin d'organiser le tournoi. Il doit arriver bientôt et vous le ferez attendre au salon.

Une demi-heure plus tard, le coup de sonnette retentit. Juliette rajusta son tablier, vérifia sa coiffure et, en se dirigeant vers la porte d'entrée, constata son émotion de recevoir un vainqueur. Jusqu'à présent, elle n'avait pas connu beaucoup de champions à part Joseph Tardiveau, ami de son père et gagnant régulier des courses de tracteurs du Morvan. « C'est beau, un champion, pensa-t-elle. Ça a des muscles partout et le corps qui brille. On en voit souvent dans le journal et leurs photos donnent l'impression qu'ils vont sortir de la page pour vous prendre dans leurs bras et vous emmener sur le podium pour vous offrir des fleurs. »

Lorsqu'elle ouvrit la porte, celui-ci semblait plutôt avoir le bouquet en berne.

C'était un petit homme sombre aux cheveux rares, aux yeux vifs et au nez piquant. Son costume noir et frippé lui donnait l'air d'un corbeau rescapé d'une pollution pétrolière. Il croassa un « bonjour » pathétique.

– Entrez, monsieur. Madame la baronne vous attend.

– Ça m'étonnerait beaucoup, dit-il en pédalant sur le paillasson. Mme de la Tronche en Biais n'est pas au courant de ma visite.

En remarquant son porte-document et le tube de carton qu'il serrait jalousement sous son bras, Juliette pensa de suite que c'était encore un représentant au porte-à-porte.

– Vous n'êtes pas le monsieur qui avait rendez-vous avec madame ?

– Non, je suis le président de la Ligue des femmes vertueuses et je viens annoncer à la baronne que notre association lui a décerné le prix de la Vertu pour cette année.

Juliette sentit monter en elle la méfiance paysanne qui manque parfois aux citadins. Qu'est-ce qu'il voulait, ce bonhomme ? N'était-ce pas l'un de ces escrocs profitant des femmes seules pour mieux assurer leurs vols ? A première vue, celui-là n'avaient pas l'allure d'Arsène Lupin.

– Madame est au courant ? demanda la bonne.

– Absolument pas. Nos enquêtes sont secrètes pour éviter toute influence. La baronne de la Tronche en Biais a été désignée à l'unanimité en tant que femme la plus méritante de l'année et je suis chargé de lui en faire part.

C'était plutôt flatteur. Juliette se sentit presque concernée par cette distinction dont les reflets éclairaient un peu son amour-propre de femme obscure. Elle oublia sa prudence naturelle et dirigea le visiteur vers le salon.

Le président de la Ligue des femmes vertueuses avait de la morale jusque dans les semelles de ses chaussures. Avant de s'élancer dans le couloir, il posa délicatement ses bottines vernies sur les patins de feutre qui attendaient tristement le client près du porte-parapluies. En tant que digne représentant d'une association prônant les bonnes mœurs, aucun de ses gestes n'était sujet à caution. Tout, chez lui, semblait minutieusement réglé. Il mit d'abord le pied droit sur le patin de droite puis, après avoir fait pivoter son torse en s'appuyant délicatement sur la console du téléphone, il déposa son autre pied sur le patin de gauche. D'une légère inclinaison du buste en direction du salon, il imprima le mouvement au reste de son corps et commença à glisser vers la lumière que laissait passer la baie vitrée du salon.

Marchant sagement derrière lui, Juliette admira la souplesse de ce Jean-Claude Killy d'intérieur lancé sur une piste de chêne. Son parcours en schuss, sur le vieux bois craquant des jointures, était d'une rare élégance. Il frôla d'abord le portemanteau perroquet qui se dressait comme un beau sapin aux branches verdies par deux imperméables, contourna un grand vase de fleurs séchées aux vents des courants d'air et, enfin, évita la dernière crevasse du parquet pour s'arrêter devant la porte du salon.

– Entrez, monsieur, lui dit Juliette. Je vais prévenir madame la baronne.

A peine avait-elle dit cette phrase qu'Adélaïde déboucha du couloir, toutes voiles dehors. En l'attente de son champion d'échecs, elle s'était vêtue comme une reine. Une sorte de diadème mettait des perles dans l'ersatz de ses cheveux blonds, un corsage à damier laissait prévoir des joutes royales et une robe flottante évoquait l'incertitude du jeu.

– Bonjour, cher monsieur ! Vous êtes en avance.

– Disons plutôt le contraire, madame la baronne, répondit le messager de la vertu. Il est toujours trop tard pour honorer les personnes comme vous.

Comme la plupart des filles d'Ève, Adélaïde collectionnait les compliments. Rien ne pouvait lui faire plus plaisir qu'un mot joliment troussé sur son apparence physique ou qu'un jugement flatteur sur ses valeurs intellectuelles. Depuis longtemps, elle avait installé dans sa tête une vitrine dans laquelle se trouvaient, soigneusement rangées, les félicitations en tout genre, glanées ici et là, au cours de sa vie mondaine. De temps en temps, lorsqu'elle avait besoin de réconfort, sa pensée ouvrait la vitrine pour admirer les éloges anciens et les louanges rares. Dans cette galerie de courbettes galantes, elle possédait des pièces uniques. Un compliment du général de Gaulle rencontré à l'Opéra et celui de François Mitterrand au cours de la garden-party de l'Élysée. Elle était également très fière d'une appréciation aussi flatteuse que directe d'Olivier de Kersauzon croisé dans un cocktail chez Castel. Passant derrière elle, l'« amiral » avait lancé : « Elle a encore un beau cul pour son âge ! »

– Madame, fit Juliette, ce monsieur est venu pour...

– Oui, je sais ! coupa la baronne d'un ton péremptoire. Laissez-nous, ma fille, nous avons à parler.

La bonne, inspirée par la philosophie des gens de maison, rengaina ses informations, referma la porte et retourna dans sa cuisine.

Pendant une seconde, Adélaïde scruta le petit homme gris en pensant qu'il avait bien l'air d'un champion d'échecs. Le visage impassible, l'œil fixe et les mains sèches, tout concordait à déstabiliser l'adversaire. Sous sa présidence, la partie de jeu qu'elle organisait allait être un succès !

– Cher monsieur, laissez-moi vous remercier d'être venu si rapidement malgré vos nombreuses occupations. La fédération doit vous donner beaucoup de travail.

Le président de la Ligue des femmes vertueuses fronça les sourcils. La baronne de la Tronche en Biais avait l'air d'être au courant du motif de sa visite et cela était contraire aux lois de l'association. Les postulantes ne devaient, en aucun cas, être informées de leurs candidatures et du résultat du vote à bulletins secrets. Une fuite avait certainement dû se produire au sein des membres du bureau. Il garda pour lui cette désagréable découverte et répondit :

– Travail n'est pas le mot, madame, car il est toujours valorisant de rencontrer des femmes exceptionnelles qui méritent d'être récompensées.

Adélaïde grimpa aux rideaux de la satisfaction. Sa réputation aux jeux de société était-elle donc si grande ? Certes, elle maîtrisait assez bien les cartes et les pions, le trictrac et le nain jaune n'avaient aucun secret pour elle, mais cette renommée aux échecs la surprenait un peu.

– Il est vrai que j'ai fait quelques parties assez animées, dans ma jeunesse, convint-elle néanmoins.

Le président eut un geste de la main, comme pour chasser un souvenir désagréable dont l'importance s'était atténuée avec le temps.

– Oh, le passé, c'est le passé ! Ce qui compte, c'est ce que vous êtes à présent. Veuve, fortunée, digne, résistante à toutes les tentations.

– Il est vrai que je n'ai jamais triché, malgré les occasions.

– C'est bien pour cette raison que nous avons décidé de vous remettre un diplôme, dit-il en se préparant à ouvrir le tube de carton qu'il serrait encore sous son bras.

La baronne se leva, joyeuse et ravie de l'intention.

– Attendez ! Attendez ! Je vous remercie d'anticiper une récompense mais, dans ce domaine, rien n'est gagné à l'avance. Si vous ne désirez pas attendre la soirée que j'organise, je peux vous montrer maintenant de quoi je suis capable.

Le petit homme bloqua son offrande et déposa doucement le tube de carton sur ses genoux. La réponse de la baronne lui semblait incohérente, en désaccord avec les propos qu'il venait de tenir. Il voulut calmer cet enthousiasme bizarre.

– Mais nous connaissons bien vos qualités, chère madame. Sans cela, je ne serais pas présent là, devant vous.

Adélaïde virevolta, le doigt coquin et la robe mouvante.

– Taratata ! Si vous tenez à m'honorer de suite, je vous propose une partie sur-le-champ !

Il arrive que, chez les oiseaux, certains soient victimes d'un blocage en vol. Phénomène rare mais qui peut se produire plus particulièrement chez les corbeaux surpris par une rafale de vent contraire. Ils restent, alors, brusquement immobilisés, les ailes raides, les pattes allongées et la tête pétrifiée vers l'horizon. Cette position est valable pendant le temps de la surprise mais, lorsque l'oiseau réalise ce qui vient de lui arriver, il pique du bec et tombe de haut. C'est exactement ce que fit le président de la Ligue des femmes vertueuses en écoutant la proposition de la baronne. Il croassa son étonnement.

– QUOI ?

– Une partie, cher monsieur ! C'est ici que se déroulent les plus belles parties de Paris !

Le corbeau vertueux regarda la baronne, l'œil rond, comme s'il découvrait un fromage dans la musette d'une renarde.

– Excusez-moi, mais je suis bien chez la baronne de la Tronche en Biais, 6, rue Tordu, dans le seizième ?

Émoustillée par l'idée de se mesurer à un maître du jeu, Adélaïde ne releva pas cette demande tardive de renseignements. Elle y répondit de façon distraite.

– Mais bien sûr ! Il s'en est passé de sévères, ici même, dans ce salon ! Tenez, il y a une quinzaine de jours, la marquise de Piéautrain était venue dîner et, à la fin du repas, nous n'avons pas pu résister. J'ai déroulé le tapis et hop ! Elle a fait équipe avec la comtesse de Brossarebourg et moi, j'avais son mari pour partenaire. Un champion, lui aussi !

Le président se leva d'un bond, remit le rouleau sous son bras, ramassa son porte-documents et tenta la retraite. Toute à ses évocations ludiques, la baronne le retint par la manche.

– Comme champion, vous devez connaître des coups extraordinaires ?

Sous ses dehors grisâtres, le corbeau devait posséder du vieux rose dans sa libido étouffée, car il se sentit curieusement flatté.

– Oh, vous savez, de ce côté-là, ma femme et moi sommes plutôt classiques. Il y a longtemps que nous sommes mariés, répondit-il, figé.

– Évidemment ! Quand on s'habitue à un partenaire on connaît toutes ses réactions. Moi, je suis toujours pleine d'admiration quand quelqu'un me prend par surprise au début d'une partie. Ça me donne du cœur au ventre.

Là, c'était trop. L'enquête menée par ses collaborateurs avait été faite en dépit du bon sens et il se trouvait témoin d'une véritable catastrophe. Les licenciements et les mises en préretraite allaient pleuvoir. Malgré ses désirs de fuite devant cette découverte, il céda à une curiosité se voulant seulement professionnelle. Lorsqu'on défend les bons principes, il faut bien connaître l'ennemi pour mieux le vaincre. Il reposa ses fesses pointues sur le bord du canapé.

– Voulez-vous savoir le coup qui m'est arrivé en Belgique ?

Décidément, il était tombé sur une houri itinérante, une VRP du sexe à cartes multiples. Il cacha carrément le diplôme sous sa veste avant de demander :

– Parce que vous vous déplacez, aussi ?

– Bien sûr ! Je vais quelquefois à Bruxelles, invitée par le roi Albert.

– Mon Dieu !

– Vous ne me croyez pas ? Je peux vous montrer des photos de la dernière partie que j'ai faite avec le roi lui-même.

Le président, outré, refusa tout net d'avoir accès à

des documents compromettants. Après le prince Charles qui voulait vivre dans la culotte de Camilla, voilà que le roi des Belges trempait sa frite dans la turpitude.

– La... la reine était là, aussi ? demanda le vertueux.

– Paola ? Elle adore ça ! C'est Fabiola qui lui a tout appris.

– Le... le roi Baudouin était au courant ?

– Oui, mais il n'a jamais participé à cause de ses doubles foyers qui lui posaient des problèmes de concentration.

– Quoi ? Baudouin était bigame ?

– Qu'est-ce que vous me chantez, là ? Je veux parler de ses lunettes. Il avait des Varilux, des verres pour voir de près et de loin. A force de fixer la même chose pendant longtemps, ça lui donnait des maux de tête.

Paralysé par l'étonnement, le président ne pensait même plus à se lever pour fuir ce lieu de perdition où de telles révélations venaient de lui être faites. La dépravation des grands de ce monde, déjà dévoilée par la presse en maintes occasions, atteignait les sommets du vice chez la baronne de la Tronche en Biais. Comme si ses confidences ne suffisaient pas, il l'entendit proposer :

– Voulez-vous que je vous raconte le meilleur coup que j'aie fait au palais royal de Bruxelles ? En tant que spécialiste, ça devrait vous intéresser.

Le spécialiste était consterné. Comment croire que la femme qu'il avait devant lui était une malade du sexe ? Il regardait la baronne à travers le brouillard de ses pensées et ne voyait aucune raison à ce qu'on lui saute dessus pour assouvir ses instincts. Contrairement à son épouse dont les gros genoux cassaient régulièrement les prie-Dieu à la messe du dimanche, la baronne avait des rotules en pointes pour trouer les bas. Cela suffisait déjà à décourager le moins exigeant des satyres. Si le président n'était pas tellement concerné par les choses de la chair, il se rendait compte qu'il y avait là un mystère. Son oreille, devenue curieuse, s'ouvrit à des confidences classées X.

– J'étais donc en position difficile depuis un moment lorsque j'ai décidé de bouger. J'avance en diagonale pour éviter un fou qui me barrait le passage et...

– Un fou ?

– Oui, c'était le fou du roi. Il l'avait placé là pour que sa reine puisse me manger.

– Quelle horreur !

Prise par le souvenir de cette partie mémorable, Adélaïde alla se poster à l'autre bout du salon pour figurer l'endroit où elle avait disposé son pion. Les jambes écartées sur un motif de la moquette, elle continua.

– Là, j'ai réfléchi au danger que j'encourais en voyant le fou prêt à me sauter...

Le pauvre homme éberlué se redressa comme un vieux Zorro atteint de scoliose, tenant son rouleau à diplôme comme un fouet congelé au froid de la stupeur et, les yeux écarquillés, la bouche béante, demanda, haletant :

– Et alors ? Et alors ?

La baronne alla se planter d'une enjambée sur un autre motif de la moquette.

– Alors, pour me protéger du fou, je me suis mise à l'abri derrière une tour.

– Ça se passait dehors ?

– Comment, dehors ? s'étonna Adélaïde. Pas du tout ! Vous nous voyez en Belgique, fin décembre avec le vent du nord ? Nous étions dans les appartements privés du palais royal. Donc, me croyant préservée par la tour, j'ai découvert un cavalier du roi juste derrière moi.

– Dans l'appartement ?

La baronne arrêta son récit pendant une fraction de seconde en se demandant si ce spécialiste des échecs était bien en possession de son art. A force de faire marcher ses méninges, peut-être était-il un peu fatigué. Elle décida d'en parler au président du club pour qu'on lui propose un autre champion. Remettant cette éventualité à plus tard, elle continua sans répondre à la question saugrenue.

– C'est en voyant le cavalier que j'ai eu une idée de génie. Je n'allais pas bouger pour l'inciter à me prendre sur place.

– Mon Dieu ! répéta le saint homme. On aura tout vu !

– Attendez ! Des coups comme celui-là, vous n'avez pas dû en voir souvent.

Effectivement. La fréquentation des économes de la bagatelle ne lui avait jamais permis d'être à découvert à la banque du stupre. Les vieilles rosières récompensées pour leur abstinence ne l'avaient jamais invité chez elles pour des parties de jambes en l'air. Depuis le jour où, dans sa jeunesse, il avait été en contact avec un sexe féminin non aéré, son allergie à la poussière l'avait obligé de faire maigre aux festins érotiques. Devant cette baronne qui venait d'entrouvrir la porte de sa prison corporelle, il découvrait malgré lui les bienfaits des nettoyages de printemps.

– Et qu'est-ce que vous avez fait ? s'entendit-il demander avec une hâte qui le surprenait lui-même.

Adélaïde sauta à pieds joints sur la question et sur un autre motif de la moquette.

– J'ai d'abord biaisé à droite et à gauche avec le cavalier, devant la reine coincée par le fou derrière la tour. Ce qui m'a permis d'arriver en droite ligne près du roi et de crier : Mat !

– Mat ? Il y avait des gens qui mataient... heu... qui regardaient ?

– Je pense bien ! Tous les gens de la cour étaient là, autour de la table.

– Ça se passait sur... une table ?

– Évidemment ! C'est encore là qu'on est le plus à l'aise. Il m'est arrivé d'y jouer toute seule avec un truc électronique mais ça ne remplace pas un bon partenaire. La partie dont je vous parle a duré quatre heures. Juste le temps d'avaler une infusion et j'en ai recommencé une autre avec le Premier ministre.

Le président de la Ligue des femmes vertueuses commençait à regarder la baronne de la Tronche en Biais avec les yeux de la découverte. Les principes que son éducation judéo-chrétienne lui avaient inculqués fondaient à la chaleur d'une braise entretenue par une diablesse à qui il avait failli donner le bon Dieu sans confession. L'homme sec qu'il était sentait monter en lui une sève inconnue. Une poussée de fraîcheur sortait de ses vieilles racines pour grimper dans le tronc d'arbre qui lui servait de corps. Dans le fond, la femme qu'il avait devant lui n'était pas si mal que ça ! En oubliant ses jambes allumettes et ses fesses de mouche pour ne penser qu'à la façon dont elle s'en servait, on pouvait imaginer des figures sportives du plus bel effet. Comme si la baronne avait deviné ses pensées, il l'entendit faire cette surprenante proposition :

– Si vous avez deux minutes, j'aimerais bien voir de quoi vous êtes capable.

Sa réponse sortit comme un bruit de trompette avec accompagnement de hoquets. Plusieurs mots se bousculèrent pour tomber en vrac dans les oreilles d'Adélaïde.

– Oh ! Madone la barrane !

– Pardon ?

– Euh... madame la... baronne. Ça n'est pas raisonnable. Il faut que je rentre. Ma femme va s'inquiéter.

Adélaïde décrocha aussitôt le téléphone pour lui tendre le combiné.

– Téléphonez-lui pour lui dire que vous allez faire une partie avec moi.

Devant l'appareil, il se sentit presque pris en flagrant délit d'adultère et baissa la voix dans un excès de prudence.

– Non, une autre fois, je vous remercie.

Il fit demi-tour et se dirigea vers la porte pour échapper aux griffes de cette mante qui n'était vraiment pas religieuse. Elle le stoppa avec le pire reproche que l'on peut faire à un homme.

– Pourquoi ? Vous craignez les échecs ?

Un regain de fierté masculine freina sa retraite.

– Non, mais à mon âge, il ne faut pas d'émotions.

– Venant de vous, ça m'étonne. Peut-être avez-vous besoin de varier vos jeux ? Je vais dire à ma servante qu'elle amène les dames au salon.

Le plafond tomba sur la tête du malheureux président. Des dames ? Chez la baronne ? A côté d'elle,

Madame Claude était la mère Teresa ! Il se trouvait donc dans un lupanar de la haute ? Dans un bordel à particule ?

– Des dames ? Vous avez des dames... ici ? Vous n'avez jamais eu d'ennui avec la police ?

– La police ? Pourquoi ? Le préfet vient régulièrement chez moi pour faire des parties d'écarté et il adore les dames. Hier soir, il m'en a sauté cinq d'un seul coup.

Cette fois, la coupe était pleine. Lui, homme intègre et valeureux, risquait d'être mêlé à un scandale politico-pornographique. Toute sa vie, il avait lutté contre la débauche, défendu les bonnes mœurs et tombait aujourd'hui entre les mains d'une entremetteuse de haut vol agissant sous le masque de la vertu. Effrayé par le spectre de la corruption il se voyait déjà mis en examen et obligé de fuir en Argentine.

La parole bloquée par cette avalanche de surprises, il fonça dans le couloir sous le regard étonné de la baronne. Négligeant les patins, il atteignit la sortie en un temps record et disparut au-dehors dans un claquement de porte qui fit trembler le porte-parapluies.

Adélaïde resta immobile devant cette prise de congé. Ce champion d'échec était plus que bizarre. Elle pensa qu'il lui faudrait avertir la Fédération afin d'annuler sa présence au tournoi. Une demi-heure après son départ précipité, le téléphone sonna. C'était justement la Fédération des jeux et son responsable lui expliqua que le joueur prévu venait d'avoir une congestion cérébrale.

– Ça ne m'étonne pas, dit tout haut la baronne après avoir raccroché. Ce bonhomme n'avait pas l'air normal.

Le lendemain de ces événements, Juliette apporta les journaux du matin. La baronne, finissant son chocolat, déplia *Le Figaro* et lut les gros titres comme elle avait l'habitude de le faire puis porta son attention aux faits divers. Elle s'arrêta sur un entrefilet relatant les méfaits d'un homme dont la photo était absente de l'article. Sous le titre évocateur « ENCORE UN PRÉSIDENT MIS EN EXAMEN » la baronne put lire : « Le président de la Ligue des femmes vertueuses a été pris en flagrant délit d'exhibitionnisme devant une maison de retraite de Neuilly. Examiné par un psychiatre, celui-ci a déclaré que l'abstinence volontaire de l'accusé avait sans doute provoqué une inhibition sexuelle importante et qu'un fait inconnu devait être responsable de cet acte insensé. »

La baronne reposa le journal et, en se beurrant une biscotte, dit à Juliette :

– Voyez-vous, ma fille, on devrait apprendre les jeux de société aux obsédés sexuels. Ça leur changerait les idées.

Interlude

La baronne de la Tronche en Biais est un personnage de dessins animés. Enfant, j'adorais parodier Mickey, Popeye, Tintin, les Pieds Nickelés et tous les héros de ma jeunesse. J'aime dessiner et faire des caricatures. Le goût du burlesque ne m'a jamais quitté depuis que mes premiers regards se sont posés sur les hommes que Dieu, dans Son infinie sagesse, a créés souvent grotesques et ridicules. A bien regarder vivre nos contemporains, on se rend compte que le Seigneur possède un sens de l'humour hors du commun. Les êtres humains sont les plus beaux modèles d'erreur physique et mentale comparés aux animaux qui ne se comportent jamais bêtement ainsi que l'avait compris Jean de la Fontaine.

C'est pourquoi, conscient de mes propres carences, j'ai pris le parti de me fustiger moi-même pour ne pas vexer mes voisins de cabine dans cette curieuse croisière qu'est la vie. Sous l'cxcuse de me mettre en boîte tout seul, j'ai construit l'alibi qui me permet de me moquer des autres sans être taxé de méchanceté gratuite. Contrairement à certains humoristes dont le seul talent est de descendre en flèche les gens connus, moi, je tire à blanc sur les archétypes. Je me moque des genres et des espèces en ignorant le particulier. Je ne suis pas un imitateur mais un parodiste.

Mes modèles, je les trouve dans la vie au hasard de mes rencontres et si la baronne de la Tronche en Biais a été, comme je l'ai expliqué au début de ce livre, inventée par mon groupe d'amis, j'ai eu la surprise de croiser sa sœur jumelle bien vivante.

Peu de temps après sa création à la télévision, Jean Nohain m'a engagé avec sa troupe pour une soirée de bienfaisance organisée à Louveciennes dans la propriété du comte de Paris. Avant de me faire signer mon contrat, il voulut s'assurer que je jouerais bien un sketch de la baronne. J'ai eu un moment d'hésitation. Se moquer de la noblesse devant l'actuel descendant du roi Louis-Philippe me semblait bien intrépide mais, devant mes faibles réticences, Jean Nohain me vanta l'humour du chef de la Maison de France. Comme je n'étais pas plus royaliste que le roi, j'ai accepté.

Le choix du sketch fut, pour moi, un cruel dilemme. Je n'allais sûrement pas jouer celui où la baronne fait une curieuse partie d'échecs avec le roi des Belges ! Je voyais déjà la surprise des prétendants au trône. Mes écrits en ce genre tournaient presque toujours autour de quiproquos dus au caractère évaporé de mon personnage. Malgré la garantie de Jean Nohain, je ne pouvais m'imaginer en train de me payer la tête des nobles à domicile. Louis XVI ayant déjà été victime de mes ancêtres prolétaires, je ne devais pas encore accrocher des aristocrates à ma lanterne.

Après mûre réflexion, Jean Nohain me conseilla de faire chanter la baronne pour éviter les situations scabreuses de mes sketches. J'écrivis donc quelques couplets anodins sans allusions périlleuses ni sous-entendus dangereux pour être en possession d'une œuvre intitulée : « Le miroir du salon ». C'était une bluette sans prétention comique dans le texte avec des paroles stérilisées à l'autoclave de la prudence. Après avoir habillé mon pianiste en curé pour souligner mon côté dame patronesse, j'étais fin prêt pour la soirée à Louveciennes.

Par le trou du rideau de la scène installée dans le grand salon du comte de Paris, je vis ce dernier installé au premier rang des spectateurs. Jean Nohain plaça son œil à côté du mien et me fit des présentations clandestines.

– Regardez, mon cher Sim, vous aurez rarement un tel auditoire. Tous les voisins du comte ont du sang royal dans les veines et ceux qui n'ont pas le droit au titre d'altesse ne sont que ministres de la République ou du Culte, grands patrons en tout genre et représentants de sphères mondaines célèbres. Un peu plus loin, à gauche, c'est l'archevêque de Paris.

Mon œil fit un zoom sur l'archevêque. Digne, comme il se doit, le visage arborant un léger sourire se voulant laïc pour la circonstance, les mains croisées sur le ventre, il me fit l'effet d'un gros chat qui regarde un bouchon se balancer au bout d'une ficelle. L'homme d'Église observait avec curiosité le rideau que nous faisions involontairement bouger et j'avais l'impression que Dieu me découvrait, habillé en femme.

Vite, j'ai croisé les pans du rideau pour échapper à cette inspection presque divine et je me suis senti très mal. Tout à l'heure, j'allais apparaître en travesti devant l'élite de la société pour chanter une ineptie, accompagné par un pianiste déguisé en curé. La honte ! Un grand désir, non de quitter les lieux, mais de foutre le camp, de me casser comme un voleur, de me barrer à toutes jambes sur mes talons hauts ! Jean Nohain se rendit compte de mon désarroi et tenta de me rassurer en me parlant de la simplicité de ces spectateurs hors du commun et de leur intelligence à comprendre les facéties des clowns. Bref, il me ramena en coulisse en essayant de me remonter un moral qui m'était tombé dans les godasses.

J'attendis ainsi pendant près d'une heure avant d'entrer en scène. Au loin, la voix des autres artistes me parvenait dans un magma sonore et, après les dernières notes acidulées d'une chanteuse d'opérette, je suis entré dans l'arène. Jean Nohain m'y a poussé plus qu'il ne m'a présenté.

– Et voici maintenant, monsieur le comte, madame la comtesse, leurs Altesses Royales, chers amis, mesdames, mesdemoiselles, messieurs, l'une des vedettes actuelles de l'ORTF, j'ai nommé la baronne de la Tronche en Biais !

Comme on dit dans les bandes dessinées : SPLATCH ! Jean Nohain m'a laissé seul, planté comme une quille de bowling sur le bois des tréteaux. Mon pianiste attaque l'introduction du « Miroir du salon » et je m'entendis chanter les premières notes de la chanson avec les trémolos d'une Callas de banlieue accompagnée par une sorte de Don Patillo tapant sur un piano à queue. Pour tout arranger, il avait gardé ses baskets et on pouvait voir deux panards blancs sur les pédales d'un Stenway de concert.

Tout a commencé dans un grand silence. J'ai vocalisé à qui mieux mieux, espérant faire naître les rires pour lesquels j'étais payé, mais l'attention religieuse qu'on m'accordait avait des allures de messe d'enterrement. A la fin du premier couplet, une idée de suicide m'a effleuré.

Pourquoi avais-je accepté de me moquer de la noblesse devant les nobles ? C'est comme si je descendais en flamme une assemblée de pompiers ou que je coule un bateau de sauvetage. Je venais d'entamer le refrain dans cet état d'esprit quand deux ou trois rires timides se firent entendre. J'essayai de localiser leurs auteurs pour m'accrocher à cette bouée sonore et c'est non loin de l'archevêque que je les découvris. Quelques invités pouffaient dans leurs mains en regardant à la dérobée une dame placée juste à la droite du prélat. Je mis ma voix et mes gestes sur pilote automatique pour l'observer à mon tour. Elle me ressemblait comme deux gouttes d'eau ! La même tête, le même style de vêtements, les mêmes expressions. Ma sœur jumelle ! Elle pointait sur moi deux petits pois extrafins tandis que sa bouche se pinçait comme un anus en cure à Châtelguyon.

Les rires avaient attiré l'attention de l'archevêque qui découvrit ainsi que sa voisine était ma réplique presque parfaite. Il cacha un sourire derrière sa grosse bague et le reflet du bijou me fit un clin d'œil complice.

Jusqu'à la fin de ma chanson, cette dame m'a regardé à la manière d'une vieille poule voyant son image dans une flaque d'eau.

Aujourd'hui, je me demande encore si le véritable succès de mon numéro n'a pas été dû à cette spectatrice qui avait eu l'idée géniale de ressembler à la baronne de la Tronche en Biais.

Où la baronne soigne son standing

Debout devant la psyché de sa chambre, Adélaïde s'examinait de pied en cap en tournant sur elle-même pour tenter de se voir par l'arrière ainsi que le font les clientes des magasins de prêt-à-porter. Regards inquisiteurs sur une retombée d'épaule, ploiements du cou pour amener la tête en position gracieuse, tapotements des mains sur des grosseurs intraitables, examen du buste, des hanches de la croupe, tous ces gestes inventés par Ève lorsque, simplement vêtue de sa feuille de vigne, elle critiquait déjà son divin couturier.

– Voyez-vous, Juliette, dit-elle finalement en abandonnant le miroir, il en faudrait une qui aille avec mon style et qui puisse convenir en journée comme en soirée.

– Oui, madame. Sport et chic en même temps, comme celle de la comtesse de Brossarebourg ?

La baronne fusilla sa bonne d'un regard sans sommations.

– Certainement pas ! La sienne est d'un commun ! On la voit partout. Non, il me faut quelque chose en rapport avec ma personnalité, discrète et raffinée. J'ai vu celle de Lady Di dans *Match* et j'avoue qu'elle ne m'irait pas trop mal, quoique l'arrière fasse un peu mastoc.

– Madame a raison. Pour ce qu'elle a à mettre dedans...

Adélaïde replongea dans ses réflexions car l'achat était important. Elle se demandait pourquoi elle en parlait à Juliette. Le goût de cette petite campagnarde n'était pas du meilleur conseil.

– Madame a pensé à la couleur ?

– Il faut voir les modèles sur place. Le blanc ne me déplairait pas.

– Moi, j'aime mieux le rouge. Le blanc, c'est salissant. Si madame crève, il peut y avoir des éclaboussures.

On aura compris que la baronne de la Tronche en Biais se préparait à acheter une voiture. Avec son sens de l'esthétique, l'automobile devait lui convenir comme une robe de marque, presque comme un vêtement de métal. Pour elle, c'était beaucoup plus une parure qu'un moyen de transport.

– Pourquoi madame la baronne ne prendrait-elle pas une de ces belles voitures anglaises, une... une Rollmops ?

– Rolls Royce, ma fille ! rectifia Adélaïde.

L'idée lui paraissait acceptable. La réputation de cette voiture n'était plus à faire et convenait parfaitement à sa situation dans la haute société parisienne. Son apparence se mariait avec la sienne, unique et racée avec sa marque de fabrique sur le capot, la *Victoire* de Samothrace. La baronne s'identifia un court instant avec la superbe femme ailée, symbole de gloire et de réussite. Elle se retourna vers la bonne qui se préparait à brancher l'aspirateur.

– Vous avez peut-être raison, Juliette. Je ne me vois pas dans ces petites voitures bon marché qu'on présente à la télé avec l'auto-radio en prime et la prime gouvernementale.

– Ça doit valoir cher, une.... Rosse Roll ?

– Oui, mais il faut savoir investir dans la beauté, lança Adélaïde à son reflet dans la psyché.

Son dernier relevé bancaire lui apparut tout à coup en surimpression dans le miroir. « A quoi sert la fortune si on ne l'admire que sur le papier ? » se dit-elle.

Le bruit soudain de l'aspirateur lui donna raison. Sa chambre se transforma en Silver Shadow rugissante et son imagination empoigna le chiffre 1 de son million imprimé. Elle s'en servit comme d'un changement de vitesse et enclencha la première au moment où Juliette amenait son tuyau derrière la glace, faisant vrombir le moteur de son engin à poussière. Tenant, comme un volant, le premier zéro de ses Sicav monétaires la baronne fit un démarrage foudroyant pour emmener son image à travers le miroir sur les routes du plaisir.

Jamais ronflement d'aspirateur ne lui avait provoqué de telles sensations. Elle se voyait déjà, roulant dans les rues du seizième, passant devant l'hôtel particulier de la marquise de Piéautrain, lui faisant un signe avec son mouchoir de dentelle en conduisant d'une seule main. Et la Brossarebourg ? Quelle tête ferait-elle en la voyant descendre d'une Rolls le jour du Grand Prix à Longchamp ? A chaque déplacement de l'aspirateur, elle se trouvait dans un lieu différent. Au nord-ouest de la chambre, c'était Deauville avec une descente sur Biarritz à l'endroit de la coiffeuse et une prolongée vers Cannes près de la salle de bains.

Le voyage prit fin lorsque Juliette coupa le contact du Tornado.

– Bon ! fit la baronne. Juliette, quand vous ferez les courses, achetez-moi l'*Argus automobile.* Il paraît qu'on y trouve de bonnes occasions.

– Je veux ! s'exclama la bonne. Mon père y a trouvé son premier tracteur.

Quelques heures après, Adélaïde compulsait le journal spécialisé. Elle compara les prix du neuf avec ceux de l'occasion et tomba en arrêt sur l'annonce d'un particulier proposant une Rolls Royce Silver Shadow. Elle décrocha aussitôt le téléphone.

– Allô, bonjour monsieur. C'est au sujet de l'annonce parue dans l'*Argus automobile* et je voudrais savoir...

A l'autre bout du fil, une voix rocailleuse ne la laissa pas continuer la demande rituelle de renseignements. Tel un répondeur automatique, un homme annonça les points principaux de l'affaire sur un ton sans fioritures.

– Rolls Royce Silver Shadow. Année 72. Cent trente mille kilomètres. Bon état général. Cent cinquante mille francs en liquide et payable au comptant. Vous êtes intéressée ?

– Oui, mais j'aimerais...

– Prenez rendez-vous.

La voix autoritaire n'incitait pas aux bavardages mondains. Un peu surprise par sa concision mais impressionnée par son côté sérieux, Adélaïde prit rendez-vous pour le lendemain dans un quartier résidentiel de Saint-Cloud. Cette proche banlieue de Paris ne l'étonnait pas car il est rare d'acheter une Rolls à Sarcelles. En revanche, le caractère de son vendeur comportait des bizarreries vocales lui conseillant une certaine prudence. Elle s'en ouvrit à Juliette.

– Vous m'accompagnerez demain pour aller examiner cette voiture. J'ai l'impression que son propriétaire n'est pas français et il est préférable que nous y allions toutes les deux. Avec ces gens-là, on ne sait jamais.

– Madame est xénophogue ?

– Moi ? Grands dieux, non ! Le racisme m'est étranger.

Le lendemain, après avoir pris un arrangement avec son banquier, son sac bourré de trois cents billets de cinq cents francs, accompagnée de sa bonne, la baronne arriva en taxi devant une imposante propriété. Elle appuya sur le bouton d'un vidéophone et reconnut la voix rocailleuse.

– Placez-vous face à l'appareil pour donner votre nom et l'objet de votre visite.

Après avoir obtempéré, Adélaïde vit la lourde porte de fer s'ouvrir sur une allée de gravier rose bordée par deux rangées de rosiers rouges. Au fond, se dressait une grande maison blanche desservie par un escalier de pierre. Sur le perron, se tenaient deux énormes types en costume noir, tenant chacun un talkie-walkie d'une main et un doberman de l'autre. Lorsque la baronne et Juliette passèrent entre eux, seuls les chiens les gratifièrent d'un sourire en montrant des crocs impressionnants.

– Asseyez-vous, M. Maarouf arrive, murmura l'un des cerbères à deux pattes tandis que l'autre parlait une langue inconnue dans son téléphone portable.

Elles posèrent quatre fesses timides sur le banc de

marbre glacé situé au début d'un hall à colonnes et leur attente débuta face aux deux types impassibles. Les dobermans souriaient toujours.

– On se croirait dans un film, chuchota Juliette.

– Oui, répondit Adelaïde sur le même ton, c'est très excitant.

Une porte s'ouvrit au fond du hall et un homme, qui n'avait rien de James Bond, apparut dans l'encadrement. Petit, gros, chauve, vêtu d'une veste d'intérieur fermée par une ceinture à glands, il suçait un long cigare planté sous sa moustache couleur d'encre.

– Veuillez entrer, mesdames.

La baronne reconnut la voix déjà entendue. Si la rocaille des mots était la même, la respiration sifflait comme un vent de sable. Elles pénétrèrent dans un immense bureau du plus pur style oriental, avec tapis multicolores, tables basses ciselées et coussins dorés. Juliette, qui allait parfois dîner avec son ami pompier chez Bébert, le Roi du couscous, regretta l'absence des odeurs de merguez. Ici, l'ambiance était plus feutrée avec un léger parfum d'encens. L'homme les invita à prendre place sur des poufs recouverts de brocart.

– La voiture est visible dans mes garages, au sous-sol de cette maison. Je pense qu'elle vous conviendra. Elle a très peu roulé car je possède une Jaguar, une Bentley et une Maserati dans ma résidence principale.

– Vous n'habitez pas ici ? se risqua Adelaïde, surprise.

– Ce n'est que mon pied-à-terre pour Paris. J'habite autre part.

L'économie de la phrase interdisait la dépense d'autres questions. La rapide conversation qui suivit ne tourna qu'autour de l'objet de la rencontre et, après avoir entendu quelques renseignements techniques concernant la Rolls, la baronne fut priée de descendre au garage.

– Si la voiture vous plaît, vous réglerez les détails avec mes hommes de confiance. Ils vous remettront les papiers contre le paiement que je vous ai déjà indiqué.

Il se leva, mettant fin à l'entretien. En prenant l'ascenseur qui menait au deuxième sous-sol, Adélaïde se demanda dans quel monde elle était tombée. Était-ce dans ces lieux que se préparaient les guerres du Golfe, les batailles du Sinaï, les querelles d'Israël ? Y fabriquait-on de la drogue, des faux billets ? Le prix du pétrole était-il défini entre un thé à la menthe et une bouffée de havane ?

Adossé à une paroi de l'ascenseur, l'un des gardes du corps de ce M. Maarouf regardait Juliette avec l'insistance d'un pacha des Mille et Une Nuits tandis que son doberman dévorait la baronne de ses petits yeux rouges.

L'air conditionné du garage décongestionna les deux femmes qui avalèrent aussitôt un grand bol d'air parfumé au super. Sous la lumière crue, la Rolls Royce en robe de soirée bleu métalisé leur faisait déjà des appels de phares grâce aux reflets du néon qui lui donnaient les yeux d'Elizabeth Taylor. La star automobile posait pour ses admirateurs.

Adelaïde tomba de suite sous le charme de la superbe voiture dont l'intérieur tenait les promesses de l'extérieur. Cuir naturel, tapis épais, ronce de noyer, odeur de luxe et confort total. Peu lui importait de savoir si les artères de la Rolls étaient en bon état et si son moteur ne souffrait pas de tachycardie.

Lorsqu'elle monta à bord pour tester la souplesse des sièges et la fermeté du volant, le chien laissa tomber ses babines et remua la queue. Juliette en profita pour s'installer sur la banquette arrière. La baronne tâta les boutons et tripota les manettes sous les indications du sbire du sieur Maarouf.

– Ça ira ? demanda-t-il sans attendre de réponse. Vous la prenez ?

Adélaïde voulut descendre de la Rolls dans l'espoir d'autres renseignements pratiques mais le doberman s'approcha de la portière en montrant ses crocs dans un sourd grognement.

– Vous la prenez ? répéta son maître à l'unisson.

– Euh... oui, fit la baronne en s'adressant plutôt au chien qui semblait impatient d'entendre sa réponse.

– Vous avez l'argent ?

Les formalités se déroulèrent par la vitre baissée sous la surveillance attentive du doberman. Ce ne fut qu'après l'échange des billets contre les papiers de la voiture que le chien se détendit en remuant à nouveau la queue.

– Poussez-vous, je vais vous la sortir du garage.

Pendant que la baronne se glissait sur l'autre siège, le type fit monter le doberman à l'arrière. Ignorant Juliette qui s'était recroquevillée dans son coin, il s'assit sur la banquette, les deux pattes sur le dossier du siège avant.

Quelques instants plus tard, la Rolls franchissait la porte de la propriété pour se garer le long du trottoir. L'homme quitta le volant avec une vague formule de politesse, fit descendre son chien et la porte de fer se referma derrière eux.

La baronne et sa servante restèrent un moment

sans rien dire. Pour Adélaïde, cette incursion dans le monde froid des affaires occultes était un peu comme un voyage dans la Lune et elle se sentait en état de décomposition dans un sas à quatre roues qui avait l'odeur indéfinissable des berlines de luxe. La pensée dans les nuages, son index se posa tout seul sur un bouton du tableau de bord et une symphonie de Brahms envahit l'habitacle. En même temps, Juliette venait de faire basculer l'abattant d'un bar dévoilant deux coupes et une bouteille de champagne. Elles restèrent ainsi, sans rien dire, l'une écoutant la musique et l'autre fixant le Dom Perignon. Lorsque Brahms émit sa dernière note, Juliette fut la première à revenir sur terre.

– Qu'est-ce qu'on fait, maintenant, madame ?

– Nous rentrons, ma fille, répondit Adélaïde en s'infiltrant derrière le volant qu'elle agrippa des deux mains.

Une sorte de son étonné sortit de sa bouche et elle se retourna vers la bonne en lui présentant un visage où se lisait la plus grande des surprises.

– Qui y a-t-il, madame ?

La baronne annonça la nouvelle avec une voix de petite fille.

– Je ne sais pas conduire !

Un silence pesant rendit encore plus évidente l'insonorisation de la voiture et les deux passagères s'observèrent quelques secondes, le cerveau en roue libre. Juliette réagit la première.

– Vous en êtes certaine ?

– Absolument ! J'avais bêtement oublié ce détail. Quand j'achète une robe de prix, je suis tellement sûre de savoir la porter ! S'il fallait penser à ces broutilles, aucun achat ne serait plus possible. Mais rassurez-vous, je vais apprendre. Vous savez conduire, vous ?

– Ben... oui... J'ai mon permis.

– Mais vous n'avez pas de voiture ! Voyez, ça revient au même.

Juliette fouilla dans son sac et trouva son porte-cartes au milieu d'un bric-à-brac d'objets disparates. Elle en sortit un document ayant beaucoup souffert de la promiscuité.

– Le voilà. Si madame le permet, je peux essayer de conduire la voiture.

– Vous avez déjà piloté une auto ?

– Ah oui ! Tenez, je vais vous montrer...

Juliette replongea dans son sac à trésors et déplia un truc en simili qu'elle ouvrit sous le nez de la baronne. Protégée par une feuille de plastique, une photo la montrait crispée au volant d'une camionnette bosselée et écrasée par le chargement de sa galerie. Derrière la guimbarde, un homme en maillot de corps, coiffé d'une casquette Ricard, tirait sur une corde pour arrimer un monceau de valises placées sur un matelas qui supportait déjà un vélo. Tandis qu'une femme essayait de faire entrer un énorme paquet par la porte arrière, on distinguait deux enfants tassés contre une vieille dame et qui pleuraient à chaudes larmes.

– Qu'est-ce que c'est que ça ? demanda la baronne en tenant la photo du bout des doigts.

– La camionnette de mon père. C'est pendant notre voyage de vacances au Portugal. On avait fait deux mille kilomètres avec ma mère, ma grand-mère et mes deux cousins. A Lisbonne, mon père s'est fait un tour de reins en tirant sur la corde de la galerie et j'ai conduit tout le reste du chemin.

– Et vous vous en souvenez ?

– Oh, là, là, oui ! On avait retenu une location au bord de la plage mais la ligne de chemin de fer nous posait des problèmes pour y aller, mon père a eu son premier infarctus et ma grand-mère, une insolation.

– Non ! Je vous demande si vous vous souvenez de la façon de conduire une automobile.

Juliette rangea ses souvenirs dans son sac et répondit avec la mollesse de l'incertitude.

– Euh... oui... je crois. A part le volant, il y a trois pédales et le frein à main. L'important, c'est de savoir où est le klaxon.

La nuit venait de trébucher contre le crépuscule et n'allait pas tarder à s'affaler sur Saint-Cloud. La baronne alluma le plafonnier, ouvrit la boîte à gants et en sortit le manuel d'utilisation de la voiture.

– Bon ! Juliette, vous allez prendre le volant. Je vous donnerai les indications nécessaires si vous avez des problèmes.

La servante était serviable. N'avait-elle pas été engagée comme bonne à tout faire ? Elle se mit aux commandes en essayant de se souvenir des manœuvres principales. Le contact établi, après quelques tâtonnements hasardeux, permit le déclenchement intempestif de l'essuie-glace, des clignotants, du klaxon et du lave-glace. Après avoir neutralisé ces manifestations parasites, Juliette parvint à mettre le moteur en marche, enfonça une pédale et déplaça le levier de vitesse. La Rolls hurla.

Ceux qui n'ont jamais entendu crier une vieille anglaise à qui on essaie d'arracher le dentier ne peuvent pas savoir jusqu'où peut monter son cri de protestation. Comme toutes les ladies d'un certain âge, la Silver Shadow avait les dents fragiles et sa douleur atteignit le *contre-ut* lorsque Juliette tenta de forcer les pignons.

– Vous avez entendu ? demanda la baronne.

– Oui, madame, j'ai dû commettre une erreur.

Adélaïde chaussa ses lunettes pour entrer dans l'étude du mode d'emploi de la voiture tandis que Juliette examinait les pédales avec circonspection.

– Heureusement que je déchiffre un peu l'anglais, annonça la baronne, le nez dans le british opuscule. Ils disent qu'il faut desserrer le frein à main, appuyer sur la pédale de gauche et enclencher la première vitesse. Ensuite, il faut...

La leçon fut stoppée par un bond furieux de la Rolls qui s'échappa du trottoir en renversant le vélo garé devant elle. Plaquée au dossier du siège, la baronne plongea dans l'obscurité de son chapeau pendant que la conductrice essayait de maîtriser son véhicule à coups de volant et d'appuis sur le frein. Après avoir parcouru une centaine de mètres dans l'ignorance totale du code de la route, Juliette et la voiture se calmèrent en même temps.

– Ça y est, madame, je crois que je l'ai en main.

Un motocycliste qu'elle venait de coincer contre un autobus lui donna tort aussitôt.

– Pouffiasse ! cria-t-il du côté de la baronne en vissant l'index sur son casque.

– Qu'est-ce qu'il veut ? demanda Adélaïde, le chapeau au bord des sourcils, comme un calot de soldat américain.

Juliette était trop occupée pour faire attention à ces

détails. Ses souvenirs de conduite lui revenaient peu à peu mais il lui fallait beaucoup d'application avant de retrouver l'automatisme. Malgré quelques renvois gastriques, la Rolls avait retrouvé son flegme britannique. Elle passa tranquillement au feu rouge d'un carrefour, saluée par les avertisseurs des fous qui essayaient de l'éviter. La baronne rajusta son chapeau.

– Vous connaissez le chemin pour rentrer à la maison ?

– Ah, ben non ! s'étonna Juliette, accaparée par le maniement de ses commandes. Je crois qu'il faut aller tout droit pour traverser la Seine, au pont de Saint-Cloud ?

Un coup de frein brutal arrêta la Rolls contre le pare-chocs arrière d'une 2 CV qui trembla comme un flan à la vanille. Il en sortit un bonhomme à col roulé, le visage aussi rouge que son pull-over. En le voyant arriver, Juliette le gratifia d'un sourire idiot. Il marqua un temps pour examiner l'endroit de la jonction puis s'approcha pour frapper à la vitre avec son poing.

– N'ouvrez pas, conseilla Adélaïde. Avec ces gens-là, on ne sait jamais.

Le bonhomme fit le tour de la voiture et vint cogner de la même façon à la vitre de la baronne. Elle le regarda, l'air pincé et tourna la tête. C'est alors qu'il donna un grand coup de pied dans la carrosserie et frappa de plus belle contre le carreau en criant des mots incompréhensibles. Dédaigneuse, Adélaïde baissa tout de même la vitre.

– Oui ? C'est à quel sujet ?

– C'est au sujet de votre connerie ! éructa-t-il. Il

faut prendre beaucoup de leçons pour conduire comme ça ?

– Démarrez ! ordonna la baronne à Juliette.

– Mais je ne peux pas ! Sa voiture est devant !

– Alors, reculez !

– Je ne sais pas où est la marche arrière.

L'énergumène mit fin à l'entretien avec un bras d'honneur et regagna sa 2 CV après avoir encore inspecté son pare-chocs qui ne présentait aucune anomalie. Il démarra enfin, permettant à la Rolls de repartir en faisant des bonds joyeux.

De la rue Dailly au pont de Saint-Cloud, la circulation s'écoulait à la vitesse d'un vendredi soir. Guidée par le flot, pied sur le frein, Juliette vérifiait sa route à travers le volant, essayant de maintenir la voiture sous les ordres de la baronne.

– Attention à gauche ! Freinez ! Tournez à droite ! Stop !

Elles traversèrent la Seine, emportées par le fleuve des automobiles qui entre dans Paris et se sépare en différentes rivières dans le bois de Boulogne.

– Ah, ça y est ! Je vois où nous sommes, s'exclama Adélaïde. C'est le chemin que je prenais quand j'étais jeune fille.

– Ça a dû beaucoup changer, depuis ce temps-là, osa Juliette.

La lenteur de la circulation lui permit de se familiariser avec les gestes de base de la conduite. Ce qu'elle avait appris sur la camionnette paternelle lui revenait peu à peu et les arrêts fréquents, dus à l'embouteillage, lui permettaient de mieux connaître les réactions de la Rolls. A part les bruits de tôle et les vibrations du châssis, c'était pratiquement la même chose.

– Vous avez allumé les phares ? se renseigna la baronne.

– Ah, non. Ça se trouve où ?

– Attendez, je vais vous le dire.

Adélaïde compulsa le manuel et repéra le bouton « *light* » parmi tant d'autres.

– C'est le premier, à gauche du volant. Il faut le pousser.

Un jet de lessive inonda le pare-brise. Surprise, Juliette eut un mouvement de recul qui débloqua la crémaillère de son siège. Ce brusque départ en arrière lui fit lâcher le volant que la baronne redressa aussitôt en appuyant sur le klaxon. Découragé, le moteur cala au moment où un feu venait de passer au rouge.

Quand les voitures de devant reprirent leur marche lente, elles avaient toutes les deux leurs têtes sous le tableau de bord, essayant de trouver la poignée du fauteuil dans l'espoir de le remettre en place. Derrière la Rolls, l'impatience s'exprima de suite sur tons d'avertisseurs et d'appels de phares. Adélaïde se redressa, le galure en bataille et les lunettes décadrées.

– Tant pis ! Démarrez, on verra ça plus tard.

Juliette profita du nouveau feu rouge qui venait à son secours pour remettre le moteur en marche et s'asseoir au bord du siège qui avait refusé de regagner sa place. Les bras tendus à l'extrême, la moitié des fesses dans le vide, le bout des pieds sur les pédales, elle fit avancer la voiture comme si elle la poussait de l'intérieur.

– Nous ne pourrons plus aller bien loin, madame la baronne. Je fatigue.

Après avoir longé la Seine, elles arrivèrent à la hauteur de l'hippodrome de Longchamp.

– Continuez tout droit jusqu'au restaurant de la Grande Cascade. Tous les maîtres d'hôtel me connaissent et il y en aura bien un pour réparer le siège pendant que nous dînerons en attendant que la circulation s'améliore.

Malgré leurs petits ennuis mécaniques, elles dînèrent de bon appétit sous la verrière de ce beau pavillon Napoléon III. La baronne avait gardé Juliette à sa table, lui témoignant ainsi sa reconnaissance pour services rendus. Un garçon de salle s'était transformé en garagiste sous les ordres du directeur lui-même et, au moment de l'addition, le siège de la voiture avait retrouvé sa place dans la crémaillère.

Quand elles quittèrent la Grande Cascade, un grand calme régnait sur le bois de Boulogne. Une nuit d'été lui faisait retrouver sa destination première et quelques oiseaux noctambules chantaient dans les arbres, heureux de pouvoir ouvrir le bec sans être obligés d'avaler de l'oxyde de carbonne. Juliette s'installa au volant comme si elle avait conduit des Rolls toute sa vie. Le démarreur fonctionna du premier coup et la voiture glissa doucement du parking pour se mettre en position, le nez vers Paris.

Adélaïde était aux anges. Rien ne l'empêchait plus de savourer l'instant présent. A travers le pare-brise de la plus belle des voitures, la *Victoire* de Samothrace s'élançait vers la capitale, ses seins nus pointés vers la porte Maillot.

– Nous allons prendre la première à droite pour rejoindre le seizième, indiqua la baronne. A cette heure-ci, il y a des joueurs de pétanque sous les réverbères de la porte Dauphine et il serait malséant qu'une Rolls Royce se commette sur le chemin des vélos.

Toute à sa satisfaction de conduire sans encombres, la bonne oublia de tourner dans la direction indiquée.

– Vous avez raté la route, pesta sa patronne. Prenez celle-ci, à droite !

Le virage fut pris en catastrophe, presque sur les chapeaux de roues. Celui de la baronne en fit autant et elle le rattrapa in extremis contre la vitre de sa portière.

– Regardez ce que vous faites, ma fille ! Vous allez nous tuer !

– Je vais où, maintenant, madame ?

Adélaïde revissa son couvre-chef et ajusta sa vision sur la petite allée obscure qui s'enfonçait au milieu d'un rideau d'arbres.

– A droite ! Non, à gauche ! Ralentissez, je ne sais plus où nous sommes.

Devant elles, la forêt se refermait sur le capot de la Rolls. Le chemin devenait de plus en plus étroit, comme il en existe dans le bois de Boulogne en dehors des voies principales qui le traversent de bout en bout. Elles aperçurent, au loin, les feux de position d'une voiture arrêtée sous un platane.

– Garez-vous, nous allons demander.

Juliette stoppa l'automobile parallèlement à l'autre. La baronne fit descendre sa vitre.

– Bonsoir, monsieur...

Au volant d'une BMW, un type en manches de chemise fumait négligemment une cigarette, la main au-dehors. A sa droite, une jeune femme en faisait autant. Il décrocha un sourire ravageur à Adélaïde.

– Bonsoir. On va chez vous ou chez moi ?

– Je rentrais chez moi, cher monsieur, mais je suis un peu perdue et...

– On va arranger ça. Vous êtes deux femmes ? demanda-t-il en penchant la tête pour distinguer Juliette.

– Oui, pourquoi ? fit la baronne.

Le conducteur se tourna vers sa compagne avec un clin d'œil lubrique.

– Elles sont deux. Une moche et une mignonne.

– Ça peut être amusant, murmura la fille en écrasant sa cigarette dans le cendrier.

Il actionna son démarreur.

– Vous préférez qu'on aille chez vous ? C'est loin ?

– Pas trop, dit la baronne, mais je ne voudrais pas vous retarder.

– Non, ne vous inquiétez pas, ça sera vite fait. On n'a pas l'habitude de s'incruster. On va vous suivre.

– Excusez-moi, mais il est plus logique que vous passiez devant pour m'indiquer la route.

– Ah bon ! Vous préférez qu'on aille chez moi ? fit l'homme, étonné.

– Si c'est sur mon chemin... mais je ne voudrais pas abuser.

– Oh, vous savez, nous on s'en fout pourvu qu'on tire...

Son éclat de rire masqua la rime douteuse et il enclencha sa vitesse.

– Bon ! Faut faire demi-tour parce qu'on habite à Garches.

Adélaïde l'arrêta aussitôt.

– Ah non ! Je suis confuse mais ça n'est pas chez moi dans cette direction.

Le type passa directement sa tête à la portière.

– Dis donc, ma poule, tu veux aller où, exactement ?

– Pardon ? s'étonna la baronne.

Il mit les deux bras sur le rebord de sa fenêtre en refermant les lèvres sur son sourire enjôleur.

– Faudrait savoir ! A partir d'un certain âge, mémé, on n'a plus les moyens de poser des conditions ! Surtout au bois de Boulogne à onze heures du soir !

Adélaïde l'examina avec un début de méfiance, puis se pencha légèrement vers Juliette.

– Je ne comprends pas bien ce qu'il veut. Il me parle de conditions et me donne l'heure.

– C'est peut-être un chauffeur de taxi, madame ?

Derrière la Rolls, une autre voiture envoya des appels de phare et le conducteur de la BMW donna quelques brefs coups de pied sur sa pédale de freins, répondant de la même façon avec ses feux arrière. Le nouvel arrivant passa sa tête à la portière.

– Vous êtes combien ? On peut venir ? Nous, on est deux.

– Ça dépend ! Vous êtes des mixtes ? demanda l'autre.

– Oui. On a un local à Suresnes.

La baronne remonta sa vitre. Cette conversation décousue ne l'incitait pas à poursuivre sa demande de renseignements.

– Avancez, Juliette. Ces gens-là ont l'air aussi perdus que nous. Nous demanderons notre route un peu plus loin.

La nuit, le bois de Boulogne devient une sorte de jungle où se croisent toutes sortes d'animaux curieux. Des panthères à deux pattes, mouchetées au rimmel et au fond de teint, des lionnes à crinières multicolores, bottées de cuir, des hyènes en imperméables aux rires furtifs et des singes voyeurs cachés derrière les arbres. Ces fauves nocturnes, exilés dans la cage des grandes villes, viennent aujourd'hui d'Amérique du Sud ou d'Afrique noire à part quelques bécasses françaises qui subsistent à l'orée de la forêt, réputée moins dangereuse que dans sa profondeur. La chasse commence à la tombée du jour et se termine à l'aube. Les amateurs de safaris se déplacent pratiquement tous avec des véhicules divers et tirent sur leurs proies à coups de billets de banque. Parfois, des flics-douaniers arrivent brusquement avec des fourgons pour prendre en flagrant délit chasseurs et gibier.

C'est au détour d'une allée que la Silver Shadow se mit à tousser. Une sorte de quinte lui monta du capot et sa température afficha d'inquiétants degrés sur le thermomètre du tableau de bord. La *Victoire* de Samothrace disparut dans la vapeur qui sortait de la calandre et le moteur s'étouffa. Juliette eut juste le temps de profiter de son dernier soupir pour se garer sous un bouquet d'arbres.

– Qu'est-ce qu'il se passe ? demanda la baronne.

– Je crois qu'on est en panne, constata Juliette, et en plus, je ne vois pas ce que c'est.

Adélaïde voulut dégrafer sa ceinture de sécurité mais la boucle refusa de s'ouvrir. Elle tira, appuya, poussa, força, rien n'y fit. Quand elle passa son bras sous la sangle, l'enrouleur rappela la bande de tissu qui alla se plaquer sur sa bouche en lui descellant légèrement le dentier.

– Vuliette ! Ve fuis coinfée !

– Attendez, je vais voir...

La bonne monta à genoux sur son siège pour atteindre l'enrouleur au plafond. Après avoir récupérer quelques centimètres de bande, elle se baissa vers la baronne, lui redressa le chapeau et tira sur la ceinture. Presque couchée sur son dos, elle lui passa les mains sous les bras pour essayer de la dégager. C'est dans cette position que deux tapineuses ondulentes les surprirent à travers les vitres de la voiture.

– Eh ben ! Y en a qui s'emmerdent pas ! T'as vu ?

– Ah, les salopes ! Deux nanas qui jouent au chemin de fer !

Elles frappèrent au carreau. Juliette arrêta ses manœuvres de sauvetage, releva la tête et découvrit les nouvelles arrivantes.

– Madame la baronne, voilà du secours.

Quand l'une des filles ouvrit la portière sans demander de permission, la ceinture se débloqua et Adélaïde put se débarrasser de ses liens. La bonne reprit sa place devant le volant.

– Ah, mesdemoiselles, fit la baronne, vous tombez bien, nous sommes en panne.

La plus grande des « demoiselles » s'accouda au rétroviseur extérieur et, faisant tourner son petit sac au bout de la lanière, dit, avec la voix de Jean-Pierre Marielle :

– En tous les cas, vous n'êtes pas en panne de positions ! J' la connaissais pas, celle-là ! Va falloir que je l'utilise avec mes clients.

L'autre fille n'avait pas le sourire. Autant la grande semblait ouverte à la rigolade, autant celle-ci était fermée à la plaisanterie. Elle passa son bras à l'intérieur de la Rolls et donna une bourrade à la baronne.

– Toi, la vieille, faut pas venir marcher sur nos plates-bandes ! Ici, c'est réservé aux professionnelles. Avec ta tronche à t'envoyer des mandataires aux Halles, tu devrais tapiner à Rungis !

– Comment ? demanda Adélaïde, n'en croyant pas ses oreilles.

Juliette les lui déboucha aussitôt.

– Madame, ce sont des putes.

– Des quoi ?

– Des péripatéticiennes, si vous préférez.

La grande fit entendre encore sa voix de basse et se plia en deux pour approcher son visage de celui d'Adélaïde. Quelques poils de barbe émergeaient de son maquillage.

– Attention, on n'est pas des putes ! On est des artistes de l'amour. Des travestis, si tu préfères.

La baronne était outrée. Elle avait bien entendu parler des transsexuels dans une émission de Mireille Dumas, à la télévision mais, de là à en rencontrer ! De là à se faire insulter par eux était inadmissible !

– Partez ! ordonna-t-elle à Juliette.

– Mais, madame, nous sommes en panne !

La petite roula des fesses dans un pantalon de cuir moulant jusque devant le capot de la Rolls.

– Ouvrez-le, fit-elle, j'ai travaillé chez Renault comme fraiseur. Je peux peut-être vous dépanner.

Quelques instants plus tard, le dialogue s'étant calmé elles étaient toutes les quatre penchées sur le moteur. La fraiseuse de chez Renault avait démonté le gicleur et les autres regardaient de près, les épaules rentrées et la tête sous le capot.

C'est alors qu'un fourgon de police en patrouille s'engagea dans l'allée et les flics virent de dos ce curieux attroupement. Quatre postérieurs en l'air, formant une étrange mêlée de rugby dans la lumière de leurs phares.

– On ne bouge plus !

L'ombre de deux agents déterminés se profilait sur le sol, découpée par les projecteurs de leur fourgon. La prostituée barbue posa tranquillement son sac sur la calandre de la Rolls et dit à la baronne :

– Ne vous en faites pas, on a l'habitude.

Adélaïde sentit son esprit lui échapper. La journée infernale se transformait en cauchemar et le bois de Boulogne prit tout à coup des allures de désert américain. John Wayne était derrière elle, habillé en shérif, la menaçant avec son colt, entouré par des coyotes qui allaient procéder à sa pendaison au gibet de Boulogne City !

– Qu'est-ce qu'il se passe, ici ? demanda le chef de patrouille.

La mécanicienne de charme désigna la baronne, réfugiée contre Juliette.

– Madame avait du mal à démarrer alors j'étais en train de souffler dans son gicleur.

Le flic observa Adélaïde. Décidément, le bois réservait bien des surprises. Comment était-il possible que d'aussi vieilles peaux puissent intéresser la clientèle ? Celle-là avait l'air d'un travelo à la retraite. On allait bien voir.

– Tu fais l'amazone ?

– Pardon ? demanda faiblement la baronne.

– L'amazone ! expliqua le Jean-Pierre Marielle en minijupe. C'est des filles qui font la retape en bagnole.

Adélaïde se redressa, piquée au vif. Cet agent de police passait les bornes ! Elle pinça la bouche et le fusilla du regard.

– Vous allez entendre parler de moi, mon ami ! Je suis la baronne de la Tronche en Biais et j'ai des relations !

– Et moi, je suis le préfet de police. Allez ouste ! Dans le fourgon tout le monde ! On vérifiera les identités au commissariat.

Un troisième agent apparut, aidant ses collègues à pousser les passagères dans le panier à salade au milieu des protestations. Les deux travestis employèrent les mots directs de leurs insultes personnelles tandis que la baronne se murait dans un silence hautain. Juliette, la première émotion passée, n'était pas mécontente de vivre une aventure insolite en se faisant enfin conduire.

Adélaïde arriva dans le fourgon la tête en avant et, sous la poussée d'un agent, alla s'écrouler sur un clochard aux relents de pinard.

– Salut, mémère ! Tu veux un coup de douze degrés ?

Au cours de la croisière cahotique qui les conduisit au commissariat, la fraiseuse de chez Renault s'était transformée en guide touristique. Telle une animatrice de la compagnie Paquet, elle signalait à la baronne les plus beaux sites du parcours.

– Tu vois, sur la droite, c'est le Pré-Catelan. Un resto super qui nous fournit une bonne partie de la clientèle, des P-DG faux-culs à la recherche de sensations nouvelles. Un peu plus loin, là, dans les buissons, c'est le coin des Brésiliens et, à gauche, sous les marronniers, c'est le quartier général de Mamadou les Grosses Burettes, un chômeur sénégalais qui s'est reconverti dans le tapinage masculin.

Juliette, l'œil collé à la lucarne, écoutait les recommandations de l'autre fille.

– En gros, quand on se fait embarquer par les flics, faut pas discuter. Si ta copine veut se faire passer pour une baronne, c'est mauvais pour la suite. J'en ai connu une qui avait aussi la folie des grandeurs et qui disait à tout le monde qu'elle faisait reluire le président de la République. Eh bien, l'année dernière, les poulets l'ont foutue en taule et elle a menacé de porter plainte à l'Élysée.

– Et alors ?

– Ben, ils l'ont relâchée le lendemain après avoir reçu un coup de téléphone mystérieux. Peu de temps après, je l'ai aperçue dans une Safrane noire avec chauffeur, habillée comme une dame. On ne l'a jamais revue au Bois.

La baronne n'entendait plus que les vibrations du panier à salade. Son cerveau n'était plus qu'un mixer où se mélangeaient les multiples aventures de cette journée infernale et, comme dans un mauvais rêve, elle se voyait en minijupe dans une villa de Saint-Cloud, achetant une Rolls Royce à deux dobermans déguisés en agents de police. Celui qui lui faisait face pour de bon aboya subitement.

– Tout le monde descend !

A certaines heures de la nuit, les commissariats sont des affaires qui marchent et la porte Dauphine a toujours été un excellent quartier pour le commerce de détail. Tenues par des fonctionnaires franchisés par la préfecture de police, ces boutiques accueillantes voient défiler dans leurs rayons une clientèle aussi cosmopolite que variée et le poste de police du bois de Boulogne est particulièrement bien situé. Il reçoit tous les écologistes de la feuille à l'envers qui évacuent leur trop-plein de chlorophylle dans les bosquets d'agrément.

– Avancez dans le fond ! ordonna un agent dont le buste sortait d'un comptoir encombré de dossiers.

La baronne et sa servante, prises en sandwich entre le clochard et les deux filles, passèrent devant lui. Adélaïde s'accrocha au bord du meuble.

– Je veux voir le commissaire !

L'agent pointa vers elle la visière de son képi, posa ses coudes sur le comptoir et suça son stylo à bille.

– Alors il faudra attendre qu'il revienne de week-end. On est samedi et c'est moi qui le remplace. Quant à toi, la vieille, à cette heure-ci tu devrais être couchée au lieu de tapiner dans les bois.

– Oooooh !

La baronne vacilla et retomba dans les bras du clochard. Les autres l'emportèrent sur un banc et Juliette s'approcha de l'agent.

– Vous êtes en train de commettre une bavure car elle est bien la baronne de la Tronche en Biais. Avec les relations qu'elle a vous risquez d'avoir un article dans *Le Canard enchaîné.*

Le chef de patrouille passa derrière le comptoir, l'oreille alertée par l'information de cette petite brune qui n'avait rien d'une gagneuse classique. Il fit part de ses doutes à son collègue.

– On devrait peut-être vérifier ses papiers avant de l'accuser de racolage et d'envoyer sa Rolls à la fourrière.

A l'énoncé de la marque prestigieuse, le planton ôta le stylo de sa bouche pour se gratter les cheveux avec la pointe.

– Elle a une Rolls ?

« Là, faut faire gaffe, pensa-t-il. En principe, les putes qui font la retape en bagnole n'utilisent pas celles de la reine d'Angleterre. Si celle-là donnait dans le haut de gamme étranger, faut peut-être se méfier. »

Quelques souvenirs marquants lui revenaient en mémoire. Cet ancien ministre impliqué dans les ballets roses, l'homme politique anglais trouvé mort en bas résilles et ceinture-jarretelles, ce représentant du haut clergé surpris dans le bois de Vincennes jouant au photographe avec un Brésilien sous sa soutane et bien d'autres personnalités en quête de sensations interdites. Il commença un mouvement de retrait en utilisant le vouvoiement.

– Vous voulez me donner vos papiers, madame ?

Soutenue par Juliette, Adélaïde vint s'appuyer au comptoir. C'était l'image même de l'innocence révoltée. Certes, la pureté qu'elle voulait afficher n'était pas de la première fraîcheur mais sa réponse grimpa dans des aigus vocaux presque juvéniles.

– Mes papiers ? Certainement pas !

– Madame la baronne, s'interposa Juliette, si vous voulez qu'on sache qui vous êtes, il faudrait montrer votre carte d'identité.

Adélaïde eut un geste de refus. Prenant sa bonne par les épaules, elle l'entraîna plus loin pour ne pas être entendue.

– Mais je ne peux pas ! Ils vont connaître mon âge.

C'est à cet instant précis que Juliette craqua. Elle oublia la déférence que le serviteur doit à son maître en toutes occasions. Était-il possible qu'une catégorie de femmes puisse dénier ainsi sa propre évidence ? Cette vieille bique avait cessé depuis longtemps de produire du fromage frais et elle voulait qu'on prenne encore ses mamelles pour des tétines de chevrette ! Une coquetterie qui pesait trop lourd dans la balance fatiguée de la bonne à tout comprendre.

– Excusez-moi, madame, mais il est tard. J'en ai ras

le tablier d'éponger vos caprices et de balayer vos gaffes. J'ai fait des acrobaties pour conduire une voiture qui a de la bouteille et, comme elle, vous n'êtes plus cotée à l'Argus. Si vous refusez que je vous dépanne, je vous laisse au garage !

– Oooooh !

Pour la deuxième fois, la baronne chancela sur ses bases. Elle recula vers le banc et retomba dans les bras du clochard. Le coup que venait de lui porter sa femme de confiance avait été fatal et la syncope, authentique. Allongée sur les genoux de l'ivrogne, le chapeau pendant du chignon, les yeux clos et la bouche encore entrouverte, c'était une gisante transformée en pierre par la stupéfaction.

– Qu'est-ce que j'en fais ? demanda le clochard.

Juliette ne répondit pas mais ouvrit le sac de sa patronne pour en extraire les papiers d'identité qu'elle mit sous le nez du planton de service.

– Je peux téléphoner ? dit-elle en composant déjà un numéro sur l'appareil du comptoir.

Une heure plus tard, la marquise de Piéautrain arrivait au commissariat. L'amie de la baronne y entra telle une statue antique dans un lotissement de banlieue. Raide, froide, le nez en pique-feu, dédaignant les sbires, elle remplit les papiers nécessaires à la libération des deux prisonnières et à la récupération de la Rolls. Adélaïde assista aux formalités dans un état de complète hébétude. Lorsqu'on la chargea dans un taxi, la marquise de Piéautrain dit enfin à Juliette :

– Je pars demain pour Nice. En attendant de la voir à mon retour, je lui conseille d'acheter une voiture moins voyante, d'avoir d'autres fréquentations et d'apprendre à conduire.

Elle rentra chez elle dans sa propre automobile sans avoir adressé la parole à Adélaïde toujours prostrée dans une quatrième dimension.

La baronne de la Tronche en Biais ne sut jamais conduire. Après cette pénible aventure, elle dépensa une fortune en leçons de conduite, passant et repassant sans succès les examens du permis et faisant la fortune de toutes les auto-écoles du seizième arrondissement.

Juliette avait été pardonnée pour son accès de colère et la Rolls remisée dans un garage dans l'attente d'un miracle qui l'aurait fait réapparaître, la baronne à son volant.

Le dernier moniteur qu'Adélaïde découragea était un homme pourtant aguerri aux cancres de la route. Au bout de plusieurs mois d'insistance à raison de deux leçons par jour, voyant que sa cliente avait l'intention de continuer, il démissionna en pleine dépression nerveuse.

C'est alors que la baronne abandonna ses projets de conduite et l'engagea comme chauffeur.

Interlude

Ce dernier sketch n'a jamais été tourné. Jugé trop long par Guy Lux obligé de tenir compte des impératifs horaires de son émission de télévision, il a été remisé au fond de mes tiroirs jusqu'à ce jour. J'aurais pourtant bien aimé le jouer devant les caméras car il me fut inspiré par une situation presque similaire que j'ai vécue moi-même à l'époque où j'incarnais la baronne.

L'impact télévisuel d'Adélaïde de la Tronche en Biais était tellement fort que beaucoup d'organisateurs de galas voulaient la voir évoluer sur leurs scènes, en chair et en os. Mon imprésario du moment, très à cheval sur son chiffre d'affaires, ne refusait jamais une offre d'engagement et cela m'obligeait fréquemment à honorer plusieurs contrats le même soir dans des lieux différents. Il me fallait courir d'un endroit à l'autre de Paris en respectant un minutage très serré. Si la baronne pouvait s'offrir des chauffeurs dans mes sketches, mon compte en banque personnel ne me permettait pas d'en faire autant et je conduisais moi-même une DS achetée à crédit. D'un spectacle à l'autre, je n'avais pas le temps de remettre mon costume de ville et de me démaquiller. Je restais donc déguisé en baronne jusqu'au dernier gala et je conduisais ainsi ma voiture.

C'est en traversant le bois de Boulogne pour me rendre de Paris à Rueil-Malmaison qu'un de mes pneus a crevé à la hauteur d'un groupe de tapineuses attendant le client. Je me suis arrêté en catastrophe quelques mètres plus loin pour attendre mon pianiste qui me suivait avec sa voiture personnelle, car je ne me voyais pas changeant une roue avec ma robe de soirée et mes gants de fil blanc. Un peu fébrile, je me suis appuyé sur la carrosserie de la DS, en guettant l'arrivée de mon musicien. Tellement habitué à porter ce costume de baronne, je n'y pensais vraiment pas lorsque les filles se sont approchées de moi et que l'une d'elles m'a apostrophé.

– Faut pas rester là ! Ici, c'est notre coin et les nouvelles, on n'en veut pas !

Réalisant du même coup le burlesque de la situation, j'ai cru arranger les choses en ôtant ma perruque pour dévoiler mon identité. Il y eut un grand silence rompu par des cris de surprise.

– Oh, merde, c'est Sim !

– Qu'est-ce qu'il fout là ?

– Habillé en gonzesse !

– Eh, les filles, c'est la baronne de la Tronche en Biais !

Moi qui n'empruntais le bois de Boulogne que pour le traverser (mais si ! mais si !), je me retrouvais au milieu d'un essaim de pétasses, travesti en femme et recevant les hommages des travailleuses de la nuit. Je ne vous dis pas avec quelle impatience j'ai attendu l'arrivée de mon pianiste pour qu'il me délivre de ces houris en folie célébrant ma présence sur leur territoire.

– Vive Sim !

– Bravo la baronne !

– La bise à Guy Lux !

Les voitures freinaient devant l'attroupement dont j'étais le centre et les banlieusards qui rentraient chez eux n'en croyaient pas leurs phares en me reconnaissant. L'arrivée de mon pianiste fut un double dépannage et j'ai pu reprendre ma route sous un chant d'adieu improvisé par mes admiratrices.

– Ce n'est qu'un au revoir, ma sœur, ce n'est qu'un au revoir...

Vous avez également failli voir, à la télévision, un gag que m'avait proposé Marcel Beliveau pour piéger Philippe Bouvard dans « Surprise, surprise ». Ce sketch n'a pas été tourné non plus car Bouvard en avait été informé par je ne sais quelle fuite des services de la fameuse émission. Cela a désamorcé le canular dont voici le scénario qui avait été prévu.

L'action devait se dérouler dans cet incontournable bois de Boulogne avec la complicité du chauffeur de Philippe Bouvard. Les journées de Philippe étant toujours très chargées en rendez-vous de toutes sortes aux quatre coins de Paris, il n'était pas impossible que sa voiture-bureau traverse le Bois en plein jour et qu'il soit victime d'une panne de moteur. Le chauffeur avait pour mission de faire arrêter la voiture à l'endroit précis où se trouvait un camping-car garé sous les arbres et entouré de caméras invisibles. Je devais sortir de ce véhicule dès l'arrivée de Philippe, habillé en très vieille tapineuse et maquillé par un spécialiste du cinéma afin que mon visage soit totalement méconnaissable. Ensuite, on laissait la place à l'improvisation.

On avait donc imaginé que j'adresse la parole à Bouvard pendant que son chauffeur farfouillerait dans le moteur. Je lui aurais dit : « Bonjour monsieur Bouvard. Vous me reconnaissez ? » Sans doute m'aurait-il envoyé sur les roses, très gêné que cette mocheté lui fasse des avances. Il était prévu que j'insiste en lui rappelant qu'il avait été « mon client » au temps d'une jeunesse aussi lointaine que tumultueuse, et je devais lui en apporter la preuve en sortant une photo de mon sac.

Imaginez la surprise de mon vieux complice et ami en voyant sa tête datant d'une trentaine d'années avec la dédicace suivante : « A Nini Pattes-en-l'air, avec ma reconnaissance. »

Bien évidemment, ce document nous aurait été fourni par quelqu'un ayant accès à ses archives personnelles et dédicacé par un faussaire imitant son écriture.

Ce qui devait suivre reste malheureusement dans le domaine de l'hypothèse mais il est fort probable que notre conversation n'aurait pas manqué de piquant. Je devais enfin me faire reconnaître en enlevant perruque, lentilles de contact, fausses dents et autres artifices de camouflage.

Je regrette de ne pas avoir pu jouer ce rôle mais – sait-on jamais – je reste à l'affût.

Où la baronne revient de Saint-Tropez

La comtesse de Brossarebourg se présenta chez la baronne, un soir vers vingt heures. D'une main fébrile, elle sonna à la porte et Juliette la fit asseoir de suite au salon tellement sa nervosité paraissait anormale. Habituellement, cette femme était faite de mollesse au propre comme au figuré. Chez elle, tout était mou. Son visage, ses seins, son corps tout entier, sa voix, ses gestes, son sac à main. Elle se laissa tomber dans un fauteuil mou, les jambes molles.

– Ah, ma pauvre Juliette, je suis molle d'inquiétude, dit-elle avec un lapsus bien pardonnable. Il faut absolument que je parle à Adélaïde qui, je le pense, a dû revenir de Saint-Tropez aujourd'hui ?

– Elle n'est pas encore rentrée, madame la comtesse, mais à l'heure qu'il est elle doit être dans le train de nuit. Je l'attends pour demain matin.

La comtesse eut un mouvement d'impuissance, tenta de se relever et laissa retomber ses fesses molles dans le mou du fauteuil. Juliette s'alarma.

– Vous ne vous sentez pas bien ? Vous voulez boire quelque chose ?

– Non, merci. Je pensais trouver la baronne pour

lui parler de mon fils qui me crée beaucoup de soucis en ce moment. Figurez-vous qu'il a disparu !

– Disparu ?

– Oui, je n'ai plus aucune nouvelle de lui depuis plus de deux mois. Il est parti sur la Côte d'Azur avec sa Harley-Davidson au début de l'été et je ne sais pas ce qu'il est devenu. Je m'inquiète beaucoup car il n'a que vingt-deux ans.

Juliette tenta de la rassurer en lui disant qu'elle était arrivée bien plus jeune à Paris, que c'était un garçon, qu'il faisait beau sur la Côte, bref, toutes ces choses inutiles qui ne calment personne.

– J'aurais voulu voir Adélaïde pour lui demander si, par hasard, elle ne l'aurait pas rencontré à Saint-Tropez car il aime beaucoup cette ville et certaines de nos relations y passent souvent leurs vacances. Remarquez, je ne suis pas sûre qu'elle le reconnaisse. Il était si petit quand elle l'a vu pour la dernière fois.

– Le fils de madame la comtesse se souvient peut-être de madame la baronne ?

– J'en doute. Il ne l'a pas rencontrée souvent depuis ses cinq ans. A présent, c'est un grand garçon brun qui ressemble à Errol Flynn avec ses yeux verts et ses moustaches fines. Si vous saviez le succès qu'il a auprès des femmes !

Devant cette mère éplorée, Juliette essaya encore d'être optimiste.

– A vingt-deux ans, c'est un homme. Peut-être a-t-il fait une fugue amoureuse ?

La comtesse de Brossarebourg, subitement effrayée par cette éventualité, remonta son corps mou à la verticale. Il trembla tout entier à la pensée que son fruit pouvait être cueilli par d'autres mains que les siennes.

– Mon Dieu ! Que me dites-vous, Juliette ? Jean-Patrice dans les bras d'une gourgandine ? Je n'ose y penser ! Surtout à Saint-Tropez, cette ville de perdition où des femmes de tous les âges se jettent sur des jeunes gens dans des soirées qui durent jusqu'au matin.

La bonne raccompagna la comtesse en lui promettant d'avertir la baronne dès son retour. En refermant la porte, elle pensa que les enfants étaient parfois bien ingrats de laisser leurs parents sans nouvelles. Prise d'un remords que l'absence de sa patronne décuplait, elle téléphona pendant plus d'une heure en Australie pour rassurer un vague cousin qu'elle n'avait pas revu depuis dix ans.

Le lendemain, la baronne de la Tronche en Biais arrivait en gare de Lyon par un train du matin. Son compartiment de wagon-lit encombré par un nombre imposant de bagages, le visage encore plus défait que ses valises, elle frappait désespérément à la vitre inouvrable de ces convois modernes dans l'espoir d'attirer l'attention d'un porteur introuvable. Le contrôleur passa dans le couloir.

– Madame, on ne peut pas ouvrir les vitres dans les trains à grande vitesse.

Adélaïde se retourna, très énervée.

– Ah bon ? Et comment fais-je pour avoir un porteur ?

– C'est pareil, madame. Les porteurs sont remplacés par des chariots qu'il faut pousser soi-même.

Elle eut la vision fugitive des anciens chemins de fer de la compagnie du PLM qui la transportaient vers la Riviera de sa jeunesse, des locomotives qui fumaient le cigare en flânant dans la campagne, des wagons-restaurants où la bonne cuisine était servie avec des gants blancs, et des vaches qui regardaient passer les trains sans être devenues folles. Ces fragiles souvenirs disparurent sur une injonction du contrôleur.

– Faut pas rester là, madame. Le service du nettoyage va passer tout de suite.

La baronne empoigna ses bagages tant bien que mal, en maugréant.

– C'est quand même malheureux de voir ça ! Ah, il est beau le progrès ! Il faut poinçonner soi-même les billets, manger sur ses genoux, porter ses valises. Pourquoi ne pas conduire la locomotive pendant qu'on y est ?

Elle descendit sur le quai, presque poussée par des femmes de ménage venant d'investir le wagon à grands renforts de cris étrangers. Ses mains prises par deux valises, un gros sac en bandoulière, une boîte en fer à ses pieds, la situation semblait figée jusqu'à l'aide proposée par un petit vieux qui passait dans le flot des voyageurs.

– Puis-je vous aider, madame ? Adélaïde ! s'exclama-t-il. Que faites-vous là ?

Elle rajusta ses lunettes décadrées par l'effort et découvrit un personnage datant des débuts du chemin de fer. Chapeau à bord roulé, manteau raglan, bottines à guêtres, il donnait l'impression d'être parti du siècle dernier et d'avoir beaucoup souffert du voyage. La baronne le reconnut malgré tout.

– Oh, cher vicomte ! Vous étiez sur la Côte, vous aussi ?

– Non, malheureusement ! Mes moyens ne me le permettent plus. Je viens parfois à la gare de Lyon dans l'espoir d'y rencontrer d'anciennes relations et d'assister aux retours de ceux qui peuvent encore partir.

Adélaïde connaissait de longue date le vicomte de Fauché-Lathune dont le père avait été l'inventeur des première machines à sous et qui avait fait fortune en installant ses prototypes au casino de Monte-Carlo. Le Fauché-Lathune ici présent s'était évertué à perdre rapidement le patrimoine familial en essayant d'aligner les pommes, les cerises et les scoubidous dessinés par son géniteur. Cette ruine mécanique ne l'avait pas privé d'un certain savoir-vivre.

– Permettez-moi de vous aider, dit-il en soulevant la boîte en fer qui remuait aux pieds de la baronne.

– Faites attention, il y a un animal à l'intérieur.

Effectivement, on pouvait apercevoir derrière les barreaux de la cage un petit chat noir passant sa patte au-dehors dans le but d'agripper la liberté.

– Regardez comme il est mignon, fit Adélaïde. C'est Brigitte Bardot qui me l'a donné.

– Vous connaissez Brigitte Bardot ? s'écria-t-il, ému.

– C'est Eddie Barclay qui me l'a présentée.

– Vous connaissez Eddie Barclay ? enchaîna-t-il, admiratif.

En traversant le hall de la gare vers la station des taxis, la baronne raconta brièvement son séjour tropézien, mettant l'accent sur ses rencontres mondaines.

– C'est la duchesse de Lévy-Lévy qui m'a emmenée avec sa moto à la soirée annuelle que donne Eddie dans sa villa. Quel malheur qu'il soit encore marié à cette petite insignifiante car j'ai bien vu que je ne lui déplaisais pas. Mais je n'ai pas dit mon dernier mot, gloussa-t-elle en prenant la queue des prétendants aux taxis.

A l'arrivée des TGV de la gare de Lyon, aux heures de pointe, faire la queue à cette station relève d'un patient héroïsme. Adélaïde ne se sentit pas le courage d'avancer à petits pas pendant une heure pour risquer de prendre une auto déglinguée conduite par un chauffeur acariâtre. Elle fit demi-tour aussitôt pour se diriger vers les voitures de place, attendant les clients fortunés.

– Vous n'allez pas prendre ces taxis-là ? demanda le vicomte, ils sont hors de prix !

– J'ai charge d'âme avec mon petit chat. Il n'a rien mangé depuis hier au soir et il n'arrête pas de miauler, rétorqua la baronne en montant dans une vaste Mercedes. A bientôt, cher ami, et merci.

La voiture partit en douceur, laissant le vicomte de Fauché-Lathune se retourner vers la bouche de métro qui lui tendait ses lèvres compatissantes.

Dans le taxi de luxe, Adélaïde se tamponna les plis du menton avec un mouchoir de dentelle, poussa un soupir de soulagement et passa son index à travers les barreaux de la boîte à chat posée sur la banquette. Elle gratta la tête de l'animal tapi au fond de sa prison.

– Il avait de la grattouille dans sa boîboîte, le gros minou !

Le chauffeur, qui ne s'était pas rendu compte de la présence d'un chat dans sa voiture, fut légèrement surpris par les propos de sa cliente mais tendit quand même l'oreille pour déceler d'éventuels bruits anormaux dans sa boîte de vitesse.

– Des... grattouillis dans la boîte ? C'est bien possible. Il va falloir bientôt faire la vidange.

– Ça, vous pouvez le dire ! acquiesça la baronne en riant. Mille kilomètres, c'est long. On fera la petite vidange tout à l'heure, en arrivant chez moi.

Le chauffeur jeta un coup d'œil curieux dans le rétroviseur. En trente ans de taxi, il avait chargé pas mal d'originaux.

– Vous êtes garagiste, madame ?

– Non, pourquoi ?

– Pour rien. J'avais cru comprendre...

C'était bien ça. Encore une de ces vieilles dingues sautant sur n'importe qui pour balancer des plaisanteries idiotes. Le chat fit entendre un miaulement plaintif.

– Si vous avez trop chaud, madame, vous pouvez ouvrir.

Adélaïde éventa l'ouverture de la boîte avec son mouchoir et, s'adressant au chat :

– Oh, non ! Ouvrir la cacage pour sauter de la tuture !

Bon ! Cette fois, il n'y avait plus de doute, pensa le chauffeur. La vieille était givrée ! Profitant de la fluidité de la circulation, il accéléra dans le but de se débarrasser au plus vite de cette passagère anormale. Après un silence rassurant qui dura presque jusqu'à l'arrivée, la baronne repassa ses doigts à travers les barreaux de la cage.

– Il voulait peut-être qu'on lui caresse les noreilles, le gros minou ?

– Non, merci, répondit le chauffeur en avançant sa tête sur le volant après avoir enfoncé sa casquette jusqu'aux oreilles. D'ailleurs, on est arrivé.

Juliette attendait la baronne en faisant les carreaux de l'entrée. Elle vint aussitôt prendre les bagages sans que le conducteur ne s'aperçoive de la présence duhat. En rendant la monnaie à Juliette, il lui dit :

– Elle n'est pas un peu frappée, votre patronne ?

– Euh... non, pourquoi ? hésita la soubrette.

– Elle voulait vidanger ma bagnole, me caresser les oreilles et sauter par la fenêtre. Vous trouvez ça normal, vous ?

– En ce qui concerne madame la baronne, oui.

Le chauffeur quitta rapidement le quartier pour passer par hasard devant l'hôpital psychiatrique de Sainte-Anne. En voyant le service des urgences, il pensa que cette dernière cliente avait la chance de ne pas en être trop éloignée.

Dans sa chambre, regagnée à la hâte, Adélaïde tirait désespérément sur ses escarpins quand Juliette la rejoignit.

– Madame la baronne a fait bon voyage ?

– Harassant, ma fille, harassant ! Un monde fou dans le train et personne pour m'aider. De plus, je n'ai pas fermé l'œil de la nuit avec ce petit chat qui n'a pas arrêté de miauler.

– Ah, oui, je viens de le voir parmi les bagages de madame.

Adélaïde arracha enfin sa deuxième chaussure et regarda le talon de son bas. Mouillant son index, elle le passa sur les mailles.

– Il a encore filé !

– Non, je viens de le voir dans sa boîte, madame.

– Je vous parle de mon bas, Juliette. Quand on vous dit quelque chose, vous feriez bien d'écouter. A propos du chat, vous allez le libérer dans la cuisine et lui donner à manger. Il y a du Ronron Canigou dans le gros sac en toile.

Juliette alla aussitôt ouvrir la cage sur l'évier. Une fusée noire en jaillit pour rebondir sur l'inox et aller se percher sur le haut du réfrigérateur. Deux yeux verts apeurés regardèrent l'inconnue.

– Qu'il est mignon, le petit minet ! Comment il s'appelle, le joli chaton à sa Juju ? Il n'a peut-être pas encore de nom, le beau minet qui doit avoir une faim de loup ?

Le beau minet à sa Juju n'avait pas faim du tout. Il regarda avec méfiance la boîte de pâtée pour chat et son odeur de lapin au fer-blanc le fit reculer contre le mur. Les moustaches tombantes, il fit entendre un miaulement déchirant qui en disait long sur la nouvelle cuisine. Juliette poussa la boîte vers lui. Ce qui eut pour effet de l'affoler complètement et de le faire sauter du réfrigérateur sur la table où il renversa la bouteille de lait avant d'aller se planquer sous le buffet. Quand la baronne entra dans la cuisine, elle trouva sa bonne à quatre pattes, essayant de déloger le chat avec le manche d'un balai.

– Que faites-vous là, Juliette ?

– C'est le chat de madame qui s'est caché sous le buffet. J'essaie de l'appeler mais il ne répond pas. Vous lui avez trouvé un nom ?

– On va l'appeler Minet, tout simplement.

Quelques jours plus tard, la comtesse de Brossarebourg téléphona à la baronne pour l'avertir de sa visite imminente.

– Chère Adélaïde, il faut que je vous voie immédiatement. Votre bonne vous a fait la commission ?

– Quelle commission ?

– Je suis venue chez vous en votre absence pour

vous parler d'un gros souci dont je ne peux rien dire au téléphone. Puis-je vous voir cet après-midi ?

– Mais bien sûr, chère Marie-Clarisse. Je vous attends pour le thé.

La baronne raccrocha l'appareil du bout des doigts, comme si elle mettait déjà un morceau de sucre dans sa tasse. « Cette Brossarebourg ne peut rien faire comme tout le monde, pensa-t-elle. Il faut toujours qu'elle se mette dans des situations difficiles. »

– Dites-moi, Juliette, vous ne m'avez pas informée de la visite de Mme de Brossarebourg. Que voulait-elle ?

– Je m'excuse, j'avais complètement oublié. La comtesse voulait demander à madame si elle n'avait pas rencontré son fils à Saint-Tropez. Elle n'a aucune nouvelle de lui depuis deux mois.

– Comment voulez-vous que je reconnaisse ce jeune homme ? Je ne l'ai jamais vu et elle m'embête, avec ses histoires de famille !

Adélaïde pensait que cette Marie-Clarisse était vraiment la plus compliquée de tous les Brossarebourg. Chaque fois qu'un événement – souvent sans importance – perturbait sa vie de femme désœuvrée, elle s'en référait à la baronne, et celle-ci avait pris l'habitude de ne plus donner prise à ses confidences. Lorsque son mari, le comte Hubert, regardait du coin de l'œil la croupe de la bonne portugaise qui passait l'aspirateur, elle se figurait très sérieusement qu'il la trompait avec elle. Un jour, la comtesse arriva chez elle en accusant le facteur d'avoir voulu la violer alors que le pauvre bougre s'était seulement pris les pieds dans le paillasson en apportant un pli recommandé. Il avait eu le réflexe de s'accrocher à sa robe dont les amarres s'étaient rompues.

– Bon, parlons d'autre chose. Juliette, vous avez mis le chat dans sa boîte ?

– Oui, madame la baronne. Je crois qu'il est grand temps d'aller chez le vétérinaire car ce matin, lorsque j'ai voulu le faire jouer, il a vomi une touffe de poils. Je crois qu'il vaudrait mieux ne pas le faire coucher dans votre chambre pour l'instant.

– Parlez-en au docteur qui lui donnera certainement un traitement pour qu'il ne se gratte plus. C'est un excellent vétérinaire. Profitez-en pour lui demander si on peut lui faire la petite opération d'usage car je ne tiens pas à ce qu'il engrosse toutes les chattes du quartier.

Avant de partir, Juliette prépara le thé et les petits fours. Peu de temps après, la comtesse de Brossarebourg arrivait pour se laisser tomber dans un fauteuil.

– Ma pauvre Adélaïde, je ne dors plus ! Mon fils, Jean-Patrice, ne m'a pas donné signe de vie depuis qu'il est parti sur la Côte avec sa Harley-Davidson. A tout hasard, j'espérais que vous l'auriez peut-être rencontré à Saint-Tropez...

– Ma foi, non. Il a dû beaucoup changer depuis sa petite enfance et, à Saint-Trop', ce ne sont pas les jeunes gens à moto qui manquent.

– C'est bien ce qui m'inquiète, se plaignit la comtesse en enfournant d'un seul coup un éclair au café. Cet enfant est si fragile, et je ne voudrais pas qu'il se fasse entraîner dans les folles nuits de cette ville.

Tandis qu'elle hésitait entre une tarte et une religieuse, la baronne tenta une diversion pour lui changer les idées.

– Je dois dire, chère Marie-Clarisse, que je ne me

suis pas souvent couchée de bonne heure, là-bas ! J'ai été invitée partout. Chez Eddie Barclay, chez Enrico Macias, chez Jean-Claude Brialy et j'en passe. J'ai ramené plein de souvenirs et surtout, vous allez rire, je suis revenue à Paris avec un ravissant minet.

La comtesse reposa son morceau de tarte. Sans doute avait-elle mal entendu ? Un minet ? Adélaïde ? Décidément, Saint-Tropez pouvait corrompre tout le monde !

– Vous ? Un minet ? demanda-t-elle en pointant sa petite cuiller vers la baronne.

– Oui. Il m'a sauté dessus dès mon arrivée chez Brigitte, à la Madrague. Il y en avait plusieurs sur les canapés et je dois avouer que c'est lui qui m'a choisie.

– Mon Dieu !

– Il a passé toute la soirée sur mes genoux à me faire des mamours avec sa petite langue rose. C'est Brigitte qui l'avait trouvé, errant autour de la propriété.

– Mais c'est honteux ! s'écria la comtesse en lâchant sa cuiller dans la tasse.

– Vous avez raison. Heureusement qu'il y a encore des femmes comme Mme Bardot pour les recueillir en attendant de leur trouver une maîtresse.

Marie-Clarisse de Brossarebourg était consternée. Jamais elle ne se serait doutée que la baronne était atteinte d'une telle perversion. Manifestement, Mai 68 avait fait beaucoup de brèches dans les citadelles de la bienséance !

– Un minet ? répéta-t-elle. A votre âge ?

– Comment, à mon âge ? Je vis seule depuis longtemps et j'ai besoin d'affection comme tout le monde. Juliette s'occupe bien de moi mais rien ne vaut une présence discrète et désintéressée.

– Désintéressée ? Laissez-moi rire ! C'est parce qu'il est tout jeune et un peu perdu dans une société qui n'est pas la sienne mais vous allez voir, dans quelque temps il va prendre du poil de la bête !

La baronne, surprise, regarda son amie avec amusement.

– Vous ne croyez pas si bien dire. Ce matin, il a avalé une touffe de poils en jouant avec la bonne.

Là, c'était trop. La comtesse se leva d'un seul coup avec la nette intention de quitter les lieux. Son corps massif, sans forme, presque cubique, la faisait ressembler à une pompe à essence avec son tuyau évoqué par la mollesse d'un bras pendant. Le coup de sang qui montait dans ses artères n'était pas du super sans plomb mais du kérosène. La réaction chimique fut immédiate.

– Vous êtes complètement folle ! Vous lui permettez aussi de lutiner la bonne ?

– Que voulez-vous, rétorqua joyeusement Adélaïde, il faut bien que jeunesse se passe et il est si coquin avec ses yeux verts et ses moustaches fines.

La comtesse de Brossarebourg fut frappée de plein fouet par cette révélation. La description était sommaire mais ô combien précise pour une mère éplorée. Elle retomba comme une masse dans le gras du fauteuil, le regard fixe et les joues flasques. Le minet, c'était Jean-Patrice ! Voilà pourquoi elle n'avait plus de nouvelles de lui. Comment aurait-elle pu soupçonner la baronne qui, sans le vouloir, venait de lui avouer son penchant pour la débauche ? La parole hachée par l'émotion, elle bégaya.

– Vous et... la bonne ? Les... les deux en même temps ?

– Oh, non! se défendit Adélaïde surprise par la réaction de son amie, c'est avec Juliette qu'il s'amuse le plus. Il faut le voir faire des galipettes dans le couloir, sous les meubles et dans tous les coins de la maison. A la fin, il est tellement excité qu'il grimpe aux rideaux.

– Il... il grimpe aux rideaux ?

– Oui, mais avec moi il est beaucoup plus calme. Quand je le prends dans mon lit, il se contente de jouer avec mes doigts de pied.

– Co... comment ? Il couche avec vous ? Mais c'est dégoûtant !

– Non, il vient seulement le matin pour me faire un câlin. La nuit, on le fait dormir dans la cuisine, sous la table.

– Sous la table ! Mais c'est épouvantable ! Je veux le voir tout de suite !

Le téléphone se mêla brusquement à la conversation. Adélaïde alla répondre tandis que la comtesse parvenait à s'extraire de son siège. Comme une automate, elle emprunta le couloir qui menait à la cuisine et se mit à appeler son fils d'une voix cassée par l'émotion.

– Où es-tu, mon bichon ? C'est maman ! N'aie pas peur, j'arrive !

Après avoir ouvert toutes les portes sans succès, elle revint au salon. La baronne était en pleine conversation téléphonique.

– ... eh bien, je vous remercie d'avoir fait le nécessaire, docteur. Avez-vous vu pourquoi il se gratte autant ? Ah !... Des puces ? Remarquez, c'est normal, il est resté longtemps dehors, abandonné à lui-même. Oui... bien sûr... un vaccin contre le typhus ? Vous avez bien fait. Pouvez-vous me passer ma bonne ? Ah, ils sont déjà repartis ? Très bien, je vous remercie, docteur.

Lorsqu'elle raccrocha, la comtesse de Brossarebourg tenait debout par miracle. Adossée à la cheminée, elle était aussi pâle que le marbre.

– Il... il est chez le médecin ? Il a le typhus ?

– Non, répondit Adélaïde, mais à son âge il vaut mieux prendre des précautions.

La comtesse était anéantie. Ses jambes fléchissaient contre la batterie de tisonniers placée près de la cheminée et si la baronne ne l'avait pas soutenue au dernier moment, sans doute serait-elle tombée dans le casier à bûches.

– Ça ne va pas, Marie-Clarisse ? s'alarma la baronne en l'aidant à s'allonger sur le canapé.

– Non... pas trop... Je voudrais de l'air.

Adélaïde attrapa le soufflet et attisa la comtesse qui commençait à s'éteindre.

– Vous êtes trop sensible, chère amie. Cette visite chez le docteur n'est qu'une formalité, un acte de prudence pour éviter les maladies.

Sous l'effet de la ventilation, la comtesse se redressa légèrement.

– Dès qu'il va revenir, je l'emmène à la maison.

– Pardon ?

– Vous avez de la chance que je veuille éviter le scandale. Sans ça, je vous dénoncerais à la police.

– Vous n'êtes pas bien, Marie-Clarisse ? Vous voulez boire un peu de cognac ?

Inquiète, la baronne quitta le salon pour chercher un remontant, laissant la comtesse dans son curieux état. « Trop grosse, pensa-t-elle en ouvrant le placard aux liqueurs. La fugue de son fils a dû faire augmenter sa tension. »

Juliette arriva sur ces entrefaites et déposa la boîte à chat sur la table de la cuisine. Adélaïde se précipita de suite pour libérer l'animal. Le pauvre minet n'avait plus figure féline, l'œil flou, le poil raide, il se recroquevilla sur lui-même en poussant un miaulement à fendre l'âme.

– Il va se remettre, madame la baronne. Le vétérinaire lui a fait sa petite opération.

– Bien, fit Adélaïde, comme ça il sera plus tranquille de ce côté-là.

Lorsqu'elle revint au salon avec un verre de cognac, la comtesse repoudrait fébrilement sa pâleur devant le miroir de la cheminée. Sans un mot, le visage fermé à double tour, elle fourra le poudrier dans son sac et s'ébranla difficilement vers la porte.

– Je vais vous montrer le minet avant que vous ne partiez, chère amie. Juliette vient de rentrer avec lui.

– Il est là ? hurla la comtesse en se précipitant dans le couloir.

Le verre en équilibre d'une main, la baronne réussit à la retenir par une manche, freinant son élan maternel.

– Oui, mais ne l'énervez pas, on vient de le faire castrer.

– Ooooooh !

Il y eut un bruit de toupie à ressort. La comtesse fit plusieurs tours sur elle-même comme une derviche tourneuse et s'écroula dans le porte-parapluies, entraînant la baronne qui renversa le cognac sur sa mise en plis.

Marie-Clarisse de Brossarebourg resta plusieurs jours en examen à l'Hôpital américain de Neuilly. Les ambulanciers venus la prendre chez la baronne l'avaient trouvée en état de choc, répétant inlassablement : « Mon fils s'est fait émasculer par Adélaïde et Brigitte Bardot lui a volé sa Harley-Davidson. »

La baronne essaya bien de lui rendre visite mais, dès qu'elle la voyait entrer dans sa chambre, ses hurlements de frayeur perturbaient tout l'hôpital. Fleurs, chocolats, magazines, rien ne réussit à calmer les cauchemars de la pauvre comtesse.

Huit jours plus tard, alors que sa famille commençait à désespérer, le fils indigne rappliqua de la Côte d'Azur. Toute la lignée des Brossarebourg lui passa un savon digne des plus grandes marques de lessive et il alla s'excuser auprès de sa mère qui, en le voyant arriver, faillit avoir une deuxième attaque. Enfin calmée, elle lui demanda des nouvelles de ses parties intimes. Un peu surpris, Jean-Patrice lui fit part de la bonne santé de ses testicules et la baronne put ainsi renouer des relations normales avec son amie après avoir éclairci le mystère. La comtesse de Brossarebourg tira un avantage de cette aventure en perdant dix kilos et un inconvénient en devenant allergique aux chats.

Interlude

Le quiproquo est l'un des outils favoris de l'auteur comique. Il est l'une des plus drôles applications du malentendu, ce lutin malicieux qui perturbe les situations les plus sérieuses en y glissant des divergences d'interprétation, prouvant, de ce fait, la fragilité de nos ententes. Les dramaturges du théâtre de boulevard sont de grands consommateurs de quiproquos et une pièce de Feydeau ou de Labiche sans ce ressort comique n'aurait jamais été signée de leurs vrais noms. Ils auraient sans doute pris un pseudonyme comme... Shakespeare par exemple.

Quand on lui proposait de jouer une pièce, l'actrice roumaine Elvire Popesco demandait toujours à l'auteur : « Y a-t-il des quiproquos dans ce rôle ? » C'était une condition à son contrat. En ce qui me concerne, j'adore ces malentendus, ces équivoques, ccs erreurs, ces méprises. Ce sont les épices de la conversation, le poivre du dialogue. Il n'y a rien de plus emmerdant qu'un échange verbal propre comme un lavabo d'hôpital et froid comme un frigo de laboratoire. A tout bien entendre, le malentendu est une histoire de sourds. » Vous allez à la pêche ? – Non, je vais à la pêche. – Ah, bon, je croyais que vous alliez à la pêche. »

J'ai écrit une pièce de théâtre intitulée *Une cloche en or*, et je ne me suis pas privé d'y inclure quelques quiproquos qui, chaque fois, pendant plus de cinq cents représentations, firent preuve d'efficacité. Le burlesque du dialogue était renforcé par la nature différente des personnages qui, au départ, ne sont déjà pas faits pour se comprendre. En l'occurrence, il s'agissait d'un CRS contrôlant la carte d'identité très usée et presque illisible d'un clochard.

Le CRS – Vous vous appelez Robert Redford ?

Le clochard – Non, je m'appelle Robert Requefort, avec un Q.

Le CRS – C'est pas ce que je lis. Moi, je lis : Redford !

Le clochard – C'est parce que vous avez le Q dans la pliure.

Le flic tirait alors sur le fond de son pantalon, pensant que le tissu était coincé dans la raie de ses fesses et le clochard continuait.

Le clochard – La queue du Q a déteint sur le haut du rond.

Le CRS – Sur le haut du rond du quoi ?

Le clochard – Sur le haut du rond du Q.

Le CRS – Et alors ?

Le clochard – Et alors, comme vous avez un q minuscule avec la queue en l'air, ça fait un d.

Le flic vérifiait les lettres déformées par l'usure du document et posait une autre question.

Le CRS – Vous habitez Issy-les-Moulineaux ?

Le clochard – Oh, il y a longtemps que j'y habite plus !

Le CRS – Et vous habitez où, maintenant ?

Le clochard – J'habite ici.

Le CRS – Vous venez de me dire que vous n'habitiez plus Issy !

Le clochard – J'habite plus Issy mais, maintenant, j'habite là.

Le CRS – Ici ?

Le clochard – Oh, vous savez, pour moi ici ou là c'est du pareil au même.

Le CRS – Autrement dit, depuis que vous n'habitez plus Issy, vous habitez ici ?

L'incompréhension continuait ainsi pendant toute la scène pour la plus grande joie des spectateurs se réjouissant de voir à quel point les mots de la langue française peuvent détraquer le système de la conversation quand ils sont pris dans des sens différents.

En écrivant les sketches de la baronne, je ne me suis donc pas interdit ces situations comiques, convenant particulièrement au caractère fantaisiste de leur héroïne. (Et au mien !) Il me suffisait de puiser parfois dans mes aventures personnelles. Étant d'un naturel distrait pour certaines choses de la vie courante auxquelles je n'apporte qu'une attention relative, je me suis trouvé victime de quelques porte-à-faux dignes d'être mis en scène.

Par exemple, ce curé qui s'était approché de ma voiture en arrêt au feu rouge pour me demander la direction de l'église du Sacré-Cœur. J'ai ouvert la portière pour mieux me faire entendre de lui dans le bruit de la circulation et j'ai embrayé au feu vert après lui avoir donné les renseignements. Étant donné que je ne roulais que très doucement dans le flot des voitures, je pouvais voir le brave curé marchant parallèlement à la mienne et continuant à me parler à travers la vitre. J'ai cru qu'il n'avait pas bien compris mes indications et, en prenant un peu de vitesse, je lui faisais des signes de la main pour lui dire que c'était tout droit. Il était toujours là, de plus en plus rouge et essouflé. Je me suis arrêté pour lui demander ce qu'il voulait encore et c'est ainsi que j'ai constaté ma maladresse. J'avais simplement refermé ma portière sur un pan de sa soutane !

Cette infirmière d'une clinique où j'avais retenu une chambre pour un examen de santé sans aucune gravité et à qui on avait oublié de signaler ma présence dans son service. De retour de vacances, elle s'était emmêlée dans les fiches de ses pensionnaires et, me prenant pour un autre malade à qui on allait enlever l'appendice, voulait absolument m'administrer un lavement. Devant mon énervement bien compréhensible, j'ai quand même eu droit à un calmant.

Cet employé des pompes funèbres sonnant chez moi pour prendre les mesures d'un de mes voisins qui venait de décéder en vue de lui fabriquer son cercueil, alors que j'attendais un menuisier pour la confection d'un placard. Il nous a fallu plusieurs minutes pour comprendre que, contrairement aux planches du voisin, les miennes étaient à assembler verticalement.

Les quiproquos qui font vraiment mouche dans le public sont ceux touchant aux choses du sexe, comme l'ont souvent montré les œuvres théâtrales des boulevardiers. Je n'ai pas pu résister à la tentation d'inclure une scène de ce genre dans ma pièce *Une cloche en or*.

Florence Brunold époussetait un piano à l'aide d'un plumeau, le dos tourné à Hubert Degex admirant sa croupe avantageuse. Cet arrière-train était mis en valeur par un emballage genre paquet-cadeau, une robe à volants qui transformait les fesses de ma comédienne en superbe chou pommé. Visiblement, son partenaire ne pensait plus qu'à la dégustation de cet attirant légume. Parlant du piano en ébénisterie ancienne, Florence, courbée à souhait pour donner encore plus de relief à ses formes, attaquait ainsi le dialogue en dépoussiérant le bas de l'instrument.

– Il est beau, n'est-ce pas ?

– Très beau ! répondait Hubert, l'œil fixé sur les rotondités de Florence.

– C'est malheureux que personne ne s'en serve.

– Ah ça, oui ! regrettait l'admirateur.

Il s'ensuivait une série de répliques coquines mettant en joie les voyeurs payants qu'on appelle vulgairement des spectateurs.

Il arrive, cependant, que d'autres situations fondées sur l'erreur d'interprétation soient aussi efficaces que celles ayant trait au sexe. Pour cela, il faut que les protagonistes se trouvent en état de faiblesse par rapport à un cas grave. Le comique de l'histoire apparaît d'autant plus que le témoin spectateur est au courant de toutes les données du problème. C'est le fondement même du théâtre de Guignol où l'on voit le méchant en premier plan avec, derrière lui, le héros armé d'un bâton. Le rire naîtra toujours avant la volée de bois vert.

C'est selon cette tradition que la baronne de la Tronche en Biais a vécu une autre aventure relatée dans ce qui suit.

Où la baronne se fait psychanalyser

Ce matin-là, Adélaïde s'était levée du mauvais pied. Non qu'elle fût d'humeur chagrine à son réveil, comme dit le vieux dicton mais elle avait glissé sur sa descente de lit en posant son talon sur la bouteille d'eau minérale qu'elle gardait toujours à sa portée en cas de pépie nocturne. Elle se rattrapa de justesse à la table de nuit, faisant ainsi tomber son tube de somnifères dans la flaque d'eau qui s'étalait sur le plancher. Cette cascade de petits ennuis la mit dans un état dépressif. La bonne étant partie en vacances dans son Charolais natal, elle se trouvait dans l'obligation de préparer elle-même son petit déjeuner. Cela n'arrangeait rien, compte tenu de l'humeur maussade qui l'avait accompagnée jusque dans la cuisine et lui faisait ouvrir les mauvais placards, sauver son lait sur le gaz et casser sa biscotte en la beurrant.

C'est à l'heure du déjeuner de midi que la baronne retrouva un semblant d'équilibre, attablée au Fouquet's en compagnie de la comtesse de Brossarebourg. Celle-ci tentait de lui faire oublier ses chagrins matinaux en lui vantant les bienfaits de la nourriture.

– Vous ne mangez pas assez, chère amie, dit-elle en

piquant sa fourchette dans un gros morceau de saucisson chaud qui lui servait de hors-d'œuvre. Vous manquez sans doute de glucides et de protides. Regardez, moi qui ai tendance à l'anorexie, je me force.

Sur ce, elle ingurgita la moitié d'une pomme de terre qui, en passant dans son gosier, fit comme un repli supplémentaire à son double menton.

Une fois de plus, Adélaïde constata que la comtesse était grosse. Elle l'avait toujours connue ainsi. Jeune fille, ses seins présentaient déjà les avantages de ceux d'une nourrice et tout le reste était à l'avenant. Si son expansion physique provoquait les quolibets de ses camarades de collège, elle attirait néanmoins une certaine sympathie. Comme tous les enfants replets, sa corpulence juvénile, rose et tendre, faisait penser à ces bonbons que l'on nomme aujourd'hui chamalots, faits de matière élastique, de sucre et de beaucoup d'air. Mais si l'obésité précoce présente des inconvénients, elle offre certaines compensations. Lorsque la comtesse se trouva enceinte de son fils Jean-Patrice, personne ne s'en aperçut. Le bébé, bien planqué dans son large environnement, pouvait s'étendre à loisir sur un terrain préparé à son confort. Comme dans toutes les vastes demeures, ce ne sont pas les meubles qu'on y installe qui font grossir leur architecture.

– Vivez, Adélaïde ! lança la comtesse en descendant la moitié d'un verre de bordeaux.

La baronne, sensible aux conseils de son amie, avala d'un trait le restant de sa demi-Badoit. Légèrement revigorée par les bulles, elle fit part de ses états d'âme.

– Je ne sais pas ce que j'ai. Depuis un certain temps, je ne vois plus la vie comme avant. Tout me semble insipide, sans attraits et j'ai perdu le goût de l'inutile, de tout ce qui fait la décoration de mon existence sans but ni responsabilités. Je me sens perdue dans une jungle d'hommes sauvages qui vivent en chassant un gibier sans défense. J'ai l'impression d'être une gazelle au milieu d'une population de tigres qui ne pensent qu'à me dévorer.

La comtesse, gênée, reposa sa fourchette qui venait d'embrocher une cuisse de poulet. Elle observa Adélaïde en finissant de mastiquer sa bouchée de petits pois et lui dit enfin :

– Vous devriez vous faire psychanalyser.

La baronne ne répondit pas. La phrase était bien parvenue jusqu'à ses oreilles mais son cerveau se méfiait de la suggestion. Quelquefois, alors qu'elle subissait les contrecoups d'une aventure fâcheuse, elle avait bien pensé s'étendre sur le divan d'un médecin de l'esprit, mais sa pudeur naturelle le lui interdisait. S'allonger sur un lit anonyme pour se faire peloter l'inconscient par un inconnu lui bloquait la démarche avant le premier pas. Elle aurait eu l'impression d'être chevauchée par Freud et d'étouffer dans sa barbe libidineuse.

– Il n'en est pas question ! trancha-t-elle. J'ai déjà du mal à me mettre en maillot sur la plage.

– Ah ça, je vous comprends ! dit spontanément la comtesse.

La réflexion légèrement vacharde n'atteignit pas la baronne qui continua d'expliquer ses réticences.

– Je ne me vois pas du tout en train de raconter mon passé pour protéger mon présent.

– Vous avez tort, protesta la comtesse. Le fait de livrer ses pensées à un homme, c'est un peu faire l'amour avec l'intérieur de sa tête.

– Pour vous, ce serait plutôt un avantage, répliqua Adélaïde pour se venger. En ce qui me concerne, je préfère régler mes problèmes toute seule. Ce qui me tracasse, ce sont les rêves curieux que je fais chaque nuit et je me réveille épuisée, vacillante, étourdie. Tenez, la nuit dernière, j'ai rêvé que je me faisais violer par un conducteur de chemin de fer dans les toilettes d'un TGV.

– C'est impossible, interrompit la comtesse, la SNCF est en grève jusqu'à lundi.

Revivant ses cauchemars, la baronne continua l'énumération de ce qui perturbait régulièrement son sommeil. Parfois, des Indiens la ficelaient contre un totem qui avait la forme de l'obélisque et le président Chirac, emplumé, dansait la carmagnole autour d'elle, place de la Concorde. Lorsqu'elle pensait avoir mangé trop de féculents au repas du soir, elle se voyait pilotant un avion mitraillé par la DCA. Tantôt, elle était Jeanne d'Arc invitée par Le Pen pour un barbecue dans sa propriété de Saint-Cloud ou Mata-Hari posant des micros chez un fabricant de haut-parleurs. Tout à coup, elle s'arrêta de parler, l'œil fixe dirigé vers l'entrée du restaurant. La comtesse de Brossarebourg s'inquiéta.

– Qu'avez-vous, Adélaïde ?

La baronne lui retint le poignet et se pencha vers elle pour lui dire à voix basse :

– Là, derrière vous, je vois Alain Delon !

La comtesse se retourna. Effectivement, l'acteur venait d'arriver, entouré de quelques personnes qui le retenaient à l'entrée.

– Oh ! Je vois Patrick Poivre d'Arvor à côté de lui ! Qu'est-ce que je vous disais, mes visions me reprennent ! Il faut que j'aille me rafraîchir.

La grosse comtesse extirpa son noble popotin du fauteuil qui lui enserrait les fesses et il y eut un grincement dont il était impossible de savoir la provenance. La baronne fut retenue par une main grasse alors qu'elle pivotait en direction des toilettes.

– Non, non, très chère, vous ne rêvez pas ! C'est bien Alain et PPDA qui viennent d'arriver. Au Fouquet's, c'est banal. Vous pouvez y voir les gens de cinéma et ceux de la télé. A quoi serviraient leurs gros salaires s'ils ne venaient pas le dépenser ici en admirant mutuellement leur aisance ?

Adélaïde se laissa retomber sur son siège en regardant un homme aux beaux cheveux grisonnants, vêtu d'un smoking et passant devant elles.

– Regardez, là, ce n'est pas Jean Gabin ?

La comtesse, commençant à perdre patience, accorda tout de même son attention à celui qui venait de frôler leur table.

– Mais non, voyons, c'est un maître d'hôtel ! Jean Gabin est mort depuis longtemps. On l'a incinéré avant de jeter ses cendres à la mer.

– Quelle horreur ! fit la baronne en repoussant son assiette dans laquelle s'étalait une sole meunière. Je ne mangerai jamais plus de poisson.

La comtesse de Brossarebourg replongea dans ses petits pois. Cette pauvre Adélaïde souffrait certainement de troubles psychiques comme elle en avait connu elle-même pendant son dérèglement hormonal. Comme la baronne, ses rêves étaient devenus des cauchemars. Elle s'était vue jetée en pâture dans la cage des lions au zoo de Vincennes mais, curieusement, sa peur n'était pas d'être dévorée. Non, elle se trouvait ulcérée d'être la nourriture d'un restaurant d'entreprise. Cela l'avait décidée à consulter un psychanalyste. Elle en parla à Adélaïde.

– Vous devriez aller voir de ma part le docteur Friedrich Louff. C'est un professeur allemand, adepte de toutes les théories freudiennes et spécialiste de toutes les significations inconscientes des conduites irréductibles à la logique du conscient. Il s'occupe beaucoup des cas où les substituts symboliques du désir refoulé sont sous la pression des exigences sociales et morales.

La baronne l'écouta avec la plus grande attention et, à la fin de l'exposé, prouva qu'elle avait parfaitement compris les raisons de son refoulement passager. Elle prit conscience de l'inutilité de sa résistance aux plaisirs coupables et appela le garçon.

– Je prendrais bien une tarte au citron.

– Avec ou sans citron ? demanda le garçon qui semblait avoir également des soucis.

– Réflexion faite, donnez-moi un citron sans tarte.

– Pressé ? continua le garçon en regardant au loin.

– Non, nous avons le temps, conclut Adélaïde.

Une semaine après, la baronne de la Tronche en Biais se présenta chez le docteur Friedrich Louff, dont le cabinet était situé rue de la Folie-Régnault, près du cimetière du Père-Lachaise. S'étant rendue à l'avis de son amie et sur sa recommandation, elle avait pu obtenir un rendez-vous avec le psychanalyste dont le carnet était plein pour les six mois à venir. Une secrétaire la reçut.

C'était une chose minuscule, pleine de tics nerveux. Ses mots lui sortaient de la bouche en rafales d'arme automatique, la faisant sursauter sur son fauteuil de bureau à roulettes. A la fin de chaque phrase, elle s'agrippait au bord de sa table pour se rapprocher d'elle dans un couinement métallique et reprenait son questionnaire en tapant sur un ordinateur qui la renvoyait en arrière à chaque frappe de touche.

A la fin des demandes rituelles concernant les nouveaux patients, elle releva son visage de fourmi, appuya ses lunettes sur l'arête du nez et fusilla la baronne d'un regard fonctionnaire. A n'en pas douter, elle aimait autant son travail qu'une guichetière de la poste. Entre les timbres et les timbrés, la différence ne lui apparaissait visiblement pas.

– Installez-vous dans la salle d'attente, fit-elle avec une voix aussi sèche que les dessous d'une vieille fille. Le docteur n'est pas encore arrivé.

– Il n'est pas là ? se permit Adélaïde.

D'un geste brusque, la secrétaire repoussa son fichier à glissières. Le pauvre objet fit entendre un cri de douleur vite éteint par une réponse sans appel.

– Non ! Le docteur n'est pas là ! Il vient à peine de sortir d'une maison de repos et, le matin, il récupère chez lui.

Elle ouvrit la porte donnant sur une salle d'attente un peu sombre dont les murs étaient tendus d'un tissu à rayures qui brouillait la vue. La baronne alla s'asseoir au fond, près d'un guéridon sur lequel des magazines en papier glacé contribuaient à la froideur de l'endroit uniquement égayé par un bac de plantes vertes.

Son regard s'habituant à la faible clarté que dispensait une fenêtre éborgnée par deux pans de tenture épaisse, elle remarqua d'abord les tableaux qui lui faisaient face. Gaston Bachelard et Sigmund Freud la dévoraient de leurs petits yeux peints avec une huile qui semblait bouillante.

Très gênée par ces deux vieillards qui lui transperçaient l'intimité, elle s'installa sur un sofa gémissant et prit une revue au hasard. En la feuilletant nerveusement, elle tomba sur un article intitulé « Psychopatologie de la vie quotidienne », inspiré du docteur Freud. Elle n'osa pas refermer le magazine devant l'auteur qui la surveillait de son tableau et se força à lire des lignes incompréhensibles où il était question de sexualité polymorphe et des formes narcissiques, objectales et sublimées. A travers ses faux cils, elle voyait le vieux Sigmund qui menaçait de sortir de son cadre pour lui mouiller les pages tandis que Bachelard lui adressait un sourire lubrique. Elle aurait donné n'importe quoi pour lire *Pif le chien* ou *Tintin sur la lune*.

Tout à coup, derrière elle, une sorte de frottement se fit entendre, suivi d'une toux grave et d'un raclement de gorge. Une ombre était assise, immobile, voûtée sur sa solitude. La baronne lâcha sa revue et détailla cette présence que rien, jusqu'alors, n'avait signalée. Quelle ne fut pas sa surprise en reconnaissant le vicomte Rémy de Plessis-Bémol.

– Rémy, vous ici ? s'exclama-t-elle, enfin libérée de l'emprise des vieux tableaux.

L'ombre prit corps et se transforma en personne humaine. Un homme interminable se déplia à la verticale, un géant massif et rougeaud aux yeux radis roses et au nez tubercule, dont le crâne carré était surmonté d'un gazon jaunâtre. Il vint se planter devant la baronne pour croître encore plus dans le sillon du soleil qui labourait la pièce.

– Jocelyne, que faites-vous là ?

La baronne regarda autour d'elle. Voyant que personne d'autre n'était présent, elle s'empressa de rectifier.

– Non, c'est Adélaïde, cher ami.

– Ah, pardon ! s'excusa-t-il en prenant place à ses côtés. J'ai dû m'assoupir en attendant le docteur Louff.

– Vous consultez aussi ?

– Plus maintenant. Je suis venu pour régler les honoraires du génie qui m'a guéri.

Ces dernières paroles firent du bien à la baronne. Un exemple de guérison agissant toujours en la faveur de celui qui en est l'auteur, elle voulut en savoir d'avantage.

– Alors, il est bien, ce psy ? Racontez, vicomte, racontez ! demanda-t-elle, impatiente.

Il n'y a rien de plus imprudent que de demander à un malade ce qui lui est arrivé. Tout y passe. D'abord, l'histoire des jours où il était encore en bonne santé puis les premiers symptômes énumérés presque en temps réel, les visites chez le généraliste qui l'envoie consulter un spécialiste. La plupart du temps, celui-ci ne lui semble pas spécialement spécialisé et il se retourne vers un autre spécialiste dont la spécialité lui paraît plus spéciale. Malheureusement, il est tellement spécialisé que la Sécurité spéciale ne rembourse rien de spécial. Ensuite, le malade guéri vous raconte toutes les erreurs de diagnostics et de traitements qui ont failli le faire clamser. Il connaît par cœur la composition du chlorinidrate de bouzillanol, de l'Esquintamil suractivé, du Salopinium effervescent et des produits merdicaux de tous les laboratoires qui l'ont soigné. Enfin, le malade vous tiendra au courant de son état actuel qui nécessite que vous l'écoutiez jusqu'au bout pour lui éviter une hausse de tension. Dans ces cas-là, le véritable patient, c'est vous.

– Voilà ce qu'il m'est arrivé, commença donc le vicomte de Plessis-Bémol. Ça a débuté par des troubles de la vision. J'ai vu tout en double à partir du moment où j'ai consommé des doubles whiskies au bar de mon club et je me suis mis à employer des mots à double sens. J'avais tendance à m'enfermer chez moi à double tour, étant persuadé que ma femme menait une double vie avec un agent double. C'est alors que je me suis aperçu que je souffrais d'un dédoublement de la personnalité.

– Et maintenant ? demanda la baronne, compatissante.

– Oh, maintenant, ça va beaucoup mieux ! Le docteur Louff est un excellent psychanalyste, bien qu'il prenne le double des honoraires pratiqués habituellement. Et, vous, chère Pauline, pourquoi venez-vous le consulter ?

– Je m'appelle Adélaïde, vicomte ! s'énerva-t-elle.

– Vous avez raison. C'est un prénom qu'on retient plus facilement.

– Eh bien, en ce moment, je suis terriblement nerveuse. Je ne sais pas pourquoi, mais je me sens constamment observée, épiée, scrutée. Chez moi, j'entends des bruits bizarres et le chat me regarde de façon curieuse. Dans la rue, j'ai l'impression d'être suivie et, même ici, je ne suis pas tranquille.

Disant cela, elle fit un signe de tête en direction des tableaux accrochés au mur. Gaston Bachelard et Sigmund Freud adressaient toujours leurs sourires figés à la clientèle de passage, insensibles à l'attention peureuse que la baronne leur accordait. Le vicomte les regarda à son tour.

– Ne craignez rien, dit-il. La peinture à l'huile ne bouge pas trop avec le temps.

– Je sais bien, continua-t-elle, à moitié rassurée, mais je deviens de plus en plus sensible à mon environnement et mes rêves se mélangent à la réalité. La nuit dernière, j'ai rêvé que j'étais à quatre pattes sur les Champs-Élysées pendant que le marquis de Sade me poursuivait avec son martinet.

– Vous prenez des calmants ?

– Oui, mais ça ne me fait rien. Hier matin, j'ai cru voir Barbe-Bleue assis sur la banquette arrière de ma voiture.

– Vous avez une phobie.

– Non, j'ai une Ford Fiesta.

Il y eut un silence pesant. Une sorte de lourdeur comme il en existe dans toutes les salles d'attente, ces endroits où le moindre frémissement paraît anormal. Brusquement, une porte s'entrouvrit au fond de la pièce.

– Au suivant ! murmura une voix d'homme fatiguée.

La baronne attendit quelques secondes que le vicomte réponde à l'invitation. Celui-ci n'ayant pas bougé d'un pouce, elle lui dit :

– C'est à vous.

– Certainement pas, répondit-il. Je suis arrivé le premier. Pour que je sois le suivant il faudrait que je sois précédé par quelqu'un. Je ne peux pas répondre à un ordre qui ne me concerne pas.

Il se tassa sur lui-même, buté. Adélaïde insista.

– Allez-y ! C'est sans doute le docteur qui vient de vous appeler.

– Non ! La suivante, c'est vous ! En tant que premier, je ne suis le suivant de personne.

La baronne préféra ne pas contrarier la logique du vicomte qui se renferma dans un mutisme vexé. Elle attendit un moment, pensant que le docteur allait réitérer son invitation mais aucun appel ne se fit entendre. Alors, elle se décida à prendre le tour de son ami. Dans le fond, cela allait lui faire gagner du temps.

– Je vais y aller à votre place, cher Rémy. De cette façon, vous serez mon suivant.

– Voilà qui est plus cohérent. Je ne tiens pas à rester toute la journée ici.

Adélaïde frappa doucement à la porte toujours entrebâillée. Devant l'absence de réponse, elle avança d'un demi-pas dans ce qui devait être le cabinet du psychanalyste. Un rideau opaque obstruait la fenêtre et la seule lumière éclairant l'endroit était une lampe à abat-jour au chevet d'un divan. La baronne entra un peu plus dans cette caverne baignée d'une faible musique lénifiante et s'arrêta, net, contre un bureau chargé de papiers épars. Sur le divan, complètement allongé, le docteur Friedrich Louff dormait à poings fermés.

Après avoir refermé la porte du cabinet, Adélaïde vint se rasseoir près du vicomte de Plessis-Bémol.

– A force de vous attendre, le docteur s'est endormi.

– Bon, dans ce cas je rentre chez moi, indiqua-t-il. Je vais régler ses honoraires à la secrétaire et vous le remercierez pour moi de m'avoir rendu mon équilibre.

Sur ce, il se leva, vacilla légèrement en faisant un baisemain à la baronne, sortit un chapeau de Napoléon de dessous son veston et le mit sur sa tête. Avant de sortir au pas cadencé, il salua militairement le bac de plantes vertes.

Adélaïde se retrouva seule dans la sinistre salle d'attente. En regardant partir le vicomte de Plessis-Bémol, elle se demanda si le chapeau de Napoléon n'était pas encore l'un des fruits de ses fantasmes. Et ce docteur ? Dormait-il vraiment sur son instrument de travail ou n'avait-elle pas créé un autre rêve éveillé ?

Après avoir ouvert son sac pour y prendre une pilule de Tranquillium des laboratoires Calmos, elle commença la lecture d'une revue médicale. Un article y citait une phrase du philosophe Taine : « La perception extérieure est une hallucination vraie. » Intéressée par ce qui résumait peut-être son propre problème, elle se plongea dans la lecture et ne vit pas entrer un petit homme marchant sur la moquette comme un hydroglisseur. Il traversa la pièce sans aucun bruit pour s'installer à côté de la baronne. Il enleva son chapeau et croisa les mains sur ses genoux. Vêtu d'un costume étriqué, chauve et généreusement barbu, c'était l'indéniable réincarnation de Landru.

Adélaïde ne remarqua pas cette présence sur son canapé à deux places, la légèreté de son voisin ne modifiant en rien la souplesse du siège et l'ordonnance des coussins. Immobile, le souffle imperceptible, il se tenait droit comme pour poser devant un photographe du temps passé. S'il n'y avait pas eu cette petite toux sortant de sa gorge, aussi sèche que le déclic d'un canif, la baronne aurait continué sa lecture. Le bruit lui fit tourner la tête vers le petit homme et elle se pétrifia de frayeur. Landru était là, souriant, la frôlant d'un coude qui lui communiquait déjà une chaleur anormale !

– Il ne fait pas chaud, ici, dit-il avec des yeux de braise.

Adélaïde, incapable d'articuler un son, se mit à trembler de tout son corps sans pouvoir détacher son regard de l'image vivante de ce qui était la reproduction exacte d'un des plus grands assassins du siècle. Le film des « exploits » de Landru se déroula dans son cerveau à la vitesse de la lumière. Elle se voyait dans la peau de ces dix femmes qu'il avait séduites pour les passer au four de sa cuisinière comme de vulgaires volailles, après se les être farcies.

Faisant appel à tout son courage, la baronne put enfin détourner la tête et ouvrit fébrilement son sac pour avaler une autre pilule de Tranquillium. Pendant ce temps, le visiteur s'était relevé. De ses mêmes mouvements coulés, il alla examiner les tableaux de plus près sans qu'Adélaïde ne se rende compte de son départ. Lorsqu'elle eut assez de force pour contrôler à nouveau la sinistre apparition, la place était vide.

Entre cette réalité rassurante et ce rêve inquiétant, la baronne ne pouvait plus faire la différence. Était-ce Landru qu'elle venait de voir ? Non, l'homme était mort depuis longtemps, guillotiné par ses juges. Et pourtant ! Elle voulut vérifier l'article consacré à Hippolyte Taine affirmant que la perception extérieure était une hallucination vraie. La revue ayant été projetée au sol lors de son sursaut de surprise, Adélaïde se leva. Le temps de ramasser le magazine, le petit homme chauve était venu se réinstaller en silence à la place que la baronne avait occupée. C'est alors qu'elle recula pour s'asseoir sur les genoux du barbu. Elle poussa un terrible hurlement.

– Oh, veuillez m'excuser ! Je ne voulais pas ! fit le Landru, confus.

– Au secours ! cria la baronne en bondissant.

La secrétaire, alertée, apparut dans l'encadrement de la porte.

– Silence ! Vous allez réveiller le docteur ! Il a besoin de toutes ses facultés si vous voulez qu'il vous soigne.

Adélaïde s'était réfugiée derrière une tenture, la main sur l'embrase, comme si elle voulait dégainer un sabre. Son autre main désigna l'homme qui s'était ratatiné à l'extrême bout du canapé.

– Regardez, là, c'est Landru !

– Mais non ! répondit la secrétaire. C'est un monsieur qui a rendez-vous avec le docteur Louff et nous le connaissons parfaitement.

– Vous... vous êtes sûre ? bégaya la baronne.

– Mais oui, madame ! rétorqua la secrétaire, vexée. Je ne laisse pas entrer n'importe qui.

Elle sortit après un haussement d'épaules qui eut au moins le mérite de remonter ses seins pendant un bref instant, laissant Adélaïde face au visiteur se confondant en excuses à force de courbettes.

– Pardon... je ne voulais pas... je suis navré... Je n'aurais jamais dû troubler ainsi votre attente car ma place n'est pas ici. C'est le syndic de l'immeuble qui m'a envoyé pour prendre les mesures nécessaires à un nouvel agencement dans le cabinet du docteur. Comme il se repose, on m'a dit de patienter à l'endroit où les patients patientent. Dans mon métier, il faut de la patience.

La baronne se sentit presque rassurée. Comment avait-elle pu prendre ce petit artisan pour un grand criminel disparu depuis si longtemps ? Décidément, il était temps qu'elle se soigne. La vie parisienne lui rongeait les nerfs peu à peu, à tel point qu'elle s'était remise à fumer. D'une main tremblante, elle sortit un paquet de Peter Stuyvesant de son sac. Aussitôt, une autre main tenant un briquet se tendit devant elle.

– J'ai du feu, murmura l'envoyé du syndic.

En tétant sa cigarette pour tirer sur la flamme, Adélaïde pensa à sa peur sans raison. Cet homme était d'une courtoisie exemplaire. Il lui tendit un cendrier pêché sur une table voisine.

– Pour vos cendres, dit-il en souriant.

Généralement, les hommes ne s'embarrassent pas de ces détails ménagers et la baronne lui en sut gré. En examinant sa première bouffée de fumée dans le silence qui venait de se réinstaller, elle se demanda s'il n'était pas célibataire. Le geste qu'il venait d'avoir traduisait l'habitude de se servir tout seul, de veiller à un confort qu'il créait lui-même sans le secours d'une épouse tenant son ménage. Mise en confiance, elle osa une question.

– Vous êtes entrepreneur ?

– Oui, madame, dit-il avec une voix douce. Je suis entrepreneur de chauffage central. Vous avez remarqué le froid qui règne dans cette pièce ?

Elle avait bien pensé. Ce petit homme était sensible aux problèmes ménagers. Comme s'il lisait dans les pensées secrètes de la baronne, il continua.

– Je suis chauffagiste, plus exactement. Fabriquant de chaudières que j'installe chez ma clientèle qui s'étend jusqu'à Paris.

– Vous... vous habitez la banlieue, demanda-t-elle en sentant le retour d'une certaine appréhension.

– Oui. Disons la très grande banlieue. C'est plus calme pour mes activités.

Malgré la crainte d'être à nouveau victime de son imagination, Adélaïde tenta l'antidote de l'humour, ce contrepoison qui sauve souvent des conversations mortelles.

– Vous n'habitez tout de même pas Gambais ? plaisanta-t-elle.

Le chauffagiste eut un sourire entendu à l'évocation du village où le sinistre Landru brûlait ses conquêtes féminines dans une cuisinière à charbon. Il voulut rassurer la baronne.

– Non. J'habite à Villedieu-les-Poêles.

Ce fut l'effet contraire. A l'écoute du nom de cette ville de la Manche, Adélaïde manqua de tirage et un jet de fumée lui sortit malencontreusement des narines. Elle se mit à tousser, en proie à une quinte tabagique.

– C'est très mauvais, la fumée, constata le sosie du sieur de Gambais. Comme dans les fourneaux, si ça fume trop, on a des ennuis. Je n'habite pas Paris pour cette raison car mes essais professionnels gêneraient trop de voisins lorsque j'expérimente mes prototypes de chauffage.

La baronne sentit une lourde crainte l'atteindre jusqu'au tréfonds. Qu'attendait le docteur Louff pour commencer ses consultations ? Quand allait-il enfin la débarrasser des stress de la vie moderne ? « Calmons-nous, pensa-t-elle en respirant profondément, ce monsieur a l'air charmant, malgré cette ressemblance. » Comme pour lui donner raison, il ajouta :

– Je suis ravi de faire votre connaissance. A part mes clients, je vois peu de gens. A tel point que je me suis décidé à faire passer des petites annonces.

Adélaïde écrasa sa cigarette à côté du cendrier. Elle se sentait vivre au début du siècle, dans l'enveloppe d'une de ces malheureuses ayant succombé au magnétisme de Landru par l'intermédiaire des petites annonces et se voyait déjà en possession d'un aller simple pour Villedieu-les-Poêles. Heureusement, le chauffagiste apporta une précision qui annula son voyage.

– Des petites annonces pour trouver un bureau à Paris car je veux étendre mon affaire de façon plus commerciale.

La baronne sentit une nouvelle vague de soulagement lui rafraîchir les idées. Cette dernière phrase lui fit l'effet d'un sédatif qui serait entré par ses oreilles pour calmer les exagérations de son esprit. Dans un grand soupir, elle expulsa ses visions déraisonnables et l'image de Landru alla se désintégrer au plafond dans les volutes de la Peter Stuyvesant.

Comment avait-elle pu imaginer une telle horreur ? Sans doute influencée par tous ces remakes cinématographiques qui font revivre les monstres à succès. Elle avait vu dix fois *Le Fils de Frankenstein, Le Retour de Nosfératu, Le Neveu de Dracula*. Ce petit monsieur avait l'air bien innocent et ça n'est pas parce qu'il était chauve et barbu que le sang de Landru coulait dans ses tuyaux personnels.

Comme pour apporter un plus à sa sérénité retrouvée, Adélaïde entendit un bruit dans le cabinet du médecin lui annonçant que son occupant s'était enfin réveillé. Elle se leva, bien décidée à s'en remettre corps et âme à celui qui allait la guérir. Elle avança vers la porte de communication au moment où celle-ci commençait à s'ouvrir.

Le docteur Friedrich Louff apparut dans un contre-jour digne du cinéma allemand d'avant-guerre. La figure carrée, l'œil noir, la moustache courte et une mèche lui barrant le front, il avait le visage d'Adolf Hitler.

La baronne de la Tronche en Biais se paralysa sur place, le regarda une fraction de seconde, poussa un petit cri et s'évanouit dans les plantes vertes.

Interlude

Parfois, à la télévision, notamment dans « Les Grosses Têtes », j'ai fait revivre la baronne de la Tronche en Biais pour le temps d'un sketch. Vingt ans après sa première apparition chez Guy Lux, cette chère Adélaïde est toujours courtisée par les producteurs. Bien sûr, elle a pris quelques rides et je refuse souvent de la fatiguer sous les sunlights, mais son impact télévisuel est toujours aussi efficace. Son entourage d'alors a évidemment bien changé mais si ses partenaires comédiens ne sont plus les mêmes, ceux qu'elle a demandés à Philippe Bouvard ont autant de talent.

Guy Montagné, Francis Perrin, Pierre Bellemare, Carlos, Castelli, Amanda Lear ont remplacé Rosy Varte, Annie Cordy, Pierre Louis, Alice Sapritch et même Coluche et Raquel Welch que j'avais reçus chez la baronne. Il m'est arrivé de remanier certains sketches pour les remettre au goût du jour et particulièrement celui que vous venez de lire. La baronne aux prises avec Landru est devenu « Le salaud des arts ménagers » et on y voyait Guy Montagné tenir le rôle du sieur de Gambais.

Je reste, malgré tout, prudent sur les rôles féminins que les producteurs voudraient me faire jouer. Ils privilégient beaucoup plus les recettes à succès que les tentatives hasardeuses et, lorsqu'un procédé a fait ses preuves, ils sont tentés de renouveler l'expérience jusqu'à son dernier souffle. C'est ainsi qu'il m'a fallu dire non à Francis Lopez qui voulait me faire jouer le premier rôle féminin dans l'une de ses opérettes, non à Robert Hossein qui me voyait dans *Arsenic et Vieilles Dentelles*, non à d'autres qui me voyaient dans *La Vieille Dame indigne* et pourquoi pas dans une *Blanche-Neige* arthritique ou une *Cendrillon* éclopée ? A ce régime, mes hormones mâles auraient disparu dans les magasins d'habillage et je serais devenu une sorte d'Amanda Lear sans sa grâce, sa beauté et sa véritable nature de femme à part entière. A force d'habituer les spectateurs à me voir travesti sur scène, c'est dans la rue que mon allure aurait paru anormale en redevenant moi-même. Il me faut donc, de temps en temps, remettre ma pendule à l'heure pour qu'on sache que je possède... une aiguille.

Même, dans ces « Grosses Têtes » où tous les débordements sont permis, je refuse beaucoup de sketches où l'on voudrait me faire jouer sans cesse des monstres femelles. Si, parfois, je porte quand même une perruque, j'exige que mon rôle ne soit pas grotesque et qu'il y ait de l'élégance dans ma caricature.

Le seul auteur qui ait su comprendre parfaitement ces restrictions est Victor Lanoux. Sans doute parce qu'il est avant tout un acteur de grande sensibilité doublé d'un dramaturge original et talentueux, sortant des sentiers battus du théâtre conventionnel. Un jour, alors que nous jouiions ensemble l'une de ses pièces,

Le Tourniquet, il me parla d'un projet qu'il avait pour Edwige Feuillère. C'était l'histoire d'une vieille dame de quatre-vingt-dix ans, perdant un peu la tête et ne gardant en mémoire que les souvenirs de sa lointaine jeunesse. Deux actes pleins de drôlerie, tendres et pathétiques à souhait. Edwige Feuillère s'étant récusée au dernier moment, Victor me demanda si je voulais accepter ce rôle. J'ai cru, tout d'abord, qu'il plaisantait car ce personnage était aux antipodes de la baronne de la Tronche en Biais et je ne me voyais pas faire bien passer les nombreuses scènes très émouvantes qui émaillaient son histoire. J'avais peur que le spectateur – habitué à mes folies parodiques – n'adhère pas un instant à un jeu qui se voulait obligatoirement sobre et authentique. Victor Lanoux a su me convaincre en croyant en moi plus que je ne le faisais moi-même. J'ai accepté le défi et je m'en félicite aujourd'hui. Ce fut certainement le plus beau rôle de ma carrière, celui qui m'a étonné autant que le public.

Cette jolie pièce s'appelait *La Ritournelle*, et nous l'avons jouée deux saisons consécutives à Paris, au théâtre Antoine, plus deux longues tournées en province et à l'étranger. Cinq cents représentations avec un succès total. J'avais complètement oublié cette baronne de la Tronche en Biais que je ne reniais certes pas mais que j'avais mise en congé sabbatique pour l'occasion. Je me suis retrouvé dans la peau de ma grand-mère pour qui j'ai eu tant d'amour. J'ai tout pris d'elle en pensant à mes souvenirs d'enfancc. Sa démarche, les positions de son corps usé par les travaux des femmes d'hier, ses gestes, ses regards, son sourire et ses larmes. Les gens qui étaient venus voir Sim pour retrouver la baronne comprenaient très vite qu'ils étaient entrés dans un univers différent. Le miracle de la comédie avait eu lieu.

Sous la direction de Victor qui ne jouait pas dans sa pièce mais qui la mettait en scène, j'ai gommé toutes les outrances qui distinguent la caricature du portrait et ma plus grande réussite a été de faire croire à mes partenaires qu'ils avaient une véritable vieille dame devant eux. Dès le lever du rideau, Sim disparaissait pour laisser place à Marguerite Bellerive, petite vieille fragile aux gestes mesurés et au regard nostalgique. Je suis fier d'avoir tenu cet emploi aux côtés de Micheline Boudet qui jouait ma fille. Le plus beau compliment que j'ai reçu d'elle fut son absence totale d'incrédulité quant à ma composition, oubliant qu'un homme se cachait sous les cheveux blancs de sa mère de théâtre. Cela, venant d'une talentueuse comédienne de la Comédie-Française, m'a profondément touché et flatté.

Micheline Boudet est restée une de mes meilleures amies dans la vie depuis cette belle aventure théâtrale. On ne peut pas oublier les « liens familiaux » qui nous ont unis sur les planches. A présent, nous continuons le jeu en mélangeant à plaisir nos anciens sentiments scéniques à ceux de nos vies privées. Il lui arrive de m'appeler « maman » lorsqu'elle me téléphone et je ne me prive pas de la présenter comme étant ma fille devant quelques personnes surprises. Possédant un esprit vif et un sens aigu de l'observation, elle avait pris quelques notes au cours de nos tournées et voici comment elle me voyait me transformer en vieille dame avant le spectacle. Je signale que le texte qu'elle m'a donné l'autorisation de reproduire est intégral. Micheline Boudet raconte :

« Je fais une visite à mon voisin de loge avant le lever du rideau. Il s'apprête à devenir ma mère. Quel spectacle ! Sim, en peignoir d'homme, en chaussettes d'homme, vient de mettre la perruque blanche qui le transformera en dame âgée. Très peu de maquillage, seulement du blanc appliqué sur les sourcils à l'aide d'une brosse à dents et une touche de poudre très pâle, sans fond de teint. A mon intention – car il sait que cela m'amuse toujours – il procède à sa métamorphose, se défaisant d'abord de son peignoir à la manière d'une strip-teaseuse pour entrer dans une gaine-culotte artistiquement rembourrée d'une sorte de boudin genre faux cul, Victor Lanoux ayant souhaité que Marguerite Bellerive laisse deviner sous sa jupe les vestiges de quelques appâts. Les jambes encore nues qu'il a fort fines, Sim ressemble, au choix, soit à un bébé en Pampers, soit à un hanneton avec un gros corps et de petites pattes.

« Il s'assied sur une chaise, enfile un épais collant d'une manière qui n'est pas sans évoquer Marlène Dietrich dans *L'Ange bleu*, puis se revêt avec grâce d'une combinaison de jersey acrylique fort peu suggestive, vous pouvez me croire. L'habilleuse lui passe sa blouse à fleurettes et lui noue son tablier à poche kangourou. Il glisse ses pieds de Cendrillon dans des mules de simili-cuir, je vais chercher dans ma loge mon manteau de simili-fourrure et, au bras de ma simili-mère, je descends faire croire au public que tout ça est authentique ! »

Voilà comment Micheline Boudet me voyait passer d'un état à un autre avec la longue-vue de l'imagination qui nous fait percevoir les choses invisibles à l'œil nu. N'est-ce pas une bonne solution pour s'évader de la terre du quotidien ? Le théâtre, c'est comme un bateau de croisière qui nous fait oublier la routine des continents et voguer sur les océans du rêve, au gré des vents fous qui décoiffent nos cheveux trop souvent bien rangés.

Où la baronne porte plainte

Adélaïde de la Tronche en Biais entrouvrit sa fenêtre. Le temps était superbe. Le printemps avait des allures de jeune fille en fleur avec sa robe végétale parsemée des couleurs du renouveau et son chapeau de ciel bleu enrubanné d'un léger voile de petits nuages.

– Écoutez, Juliette, n'est-ce pas charmant ?

– Quoi donc, madame ? cria la bonne, aux prises avec le tuyau de son aspirateur qui venait de se coincer sous la commode.

– Les oiseaux ! hurla la baronne. Écoutez les oiseaux ! Arrêtez votre appareil, voyons !

Juliette donna un coup de talon sur l'interrupteur de son engin à roulettes qui rendit le dernier soupir dans une crise d'asthme électrique.

– Vous entendez les rossignols, dans le jardin ?

La bonne mit son oreille à la fenêtre. Quelques moineaux parisiens tenaient conférence au sommet d'un platane courageux qui luttait contre l'oxyde de carbone depuis l'invention de l'automobile. Cachés dans son feuillage renaissant, plusieurs piafs se disputaient des places de parking à grands coups de cui-cui énervés.

– La nature reprend ses droits, constata Adélaïde. Regardez ma fille, là, sur la pelouse, les jonquilles refleurissent.

– Ah non, madame, c'est des papiers de crème glacée que quelqu'un a dû jeter par-dessus la grille.

– Ah oui ? Où sont mes lunettes ?

Pendant que Juliette cherchait les lunettes dans les recoins du salon, la baronne continua l'examen des prémices du printemps urbain. A travers la grille du jardin, elle pouvait voir le pollen qui s'échappait du trottoir perforé par un marteau-piqueur et les papillons de la préfecture de police se reposant sous les essuie-glaces des voitures en stationnement. A côté d'elles, trois pervenches mobiles venaient de pousser subitement dans le caniveau. Une légère brise parfumée aux essences de la rue chatouilla les narines de la baronne.

– Voyez-vous, Juliette, dès que le printemps revient, je me sens d'humeur bucolique.

– Moi aussi, madame, enchaîna Juliette en revenant avec les lunettes retrouvées. Le changement de saison, ça me donne la courante. Ma grand-mère nous purgeait toujours à la même époque. Elle appelait ça le nettoyage de printemps.

Adélaïde chaussa ses lunettes pour mieux regarder la femme de chambre. Décidément, les gens de la campagne sont les derniers à comprendre les mots qui évoquent la poésie pastorale, pensa-t-elle en refermant la croisée sur une bouffée de Diesel.

– Bucolique, Juliette, ne veut pas dire qu'on est dérangé. Vous n'avez pas lu Victor Hugo ?

– Non, mais j'en ai entendu parler. Il paraît que sa bonne amie avait le même prénom que moi.

C'était évidemment le seul point commun que Juliette pouvait avoir avec l'auteur des *Misérables*. A part l'avenue et la place qui portaient son nom, elle ignorait tout du grand écrivain. Rêveuse, Adélaïde se laissa aller à ses souvenirs de lecture.

– C'est lui qui a écrit : « Je vis aux champs, j'aime et je rêve : je suis bucolique et bergère. »

Dans un volte-face presque aérien, la baronne s'éloigna de la fenêtre en restant éclairée par le rayon lumineux du soleil de mai. Avec ses lunettes d'écaille bleue et sa robe de voile fin, telle une libellule, elle alla se poser sur le tabouret du piano. Ses doigts effleurèrent les touches du clavier pour faire naître un *Printemps* de Vivaldi atteint de perturbations plus digitales qu'atmosphériques. L'orage éclata lorsque Juliette remit son aspirateur en route.

– Oh, arrêtez cette machine ! s'écria Adélaïde. Profitons des premiers beaux jours sans les perturber par des bruits mécaniques.

Elle se releva pour attraper le vase de cristal vide qui trônait sur le piano à queue.

– Admirez ce beau baccarat. Il se meurt d'amour pour des fleurs qui l'ignorent et ses diamants se ternissent sans la caresse des roses. Allons au bois, cueillir des pâquerettes...

Ponctuée par un dernier râle du Tornado, l'envolée lyrique de la baronne força l'admiration de Juliette.

– C'est de... Victor Hugo, ça aussi ?

– Non, ma fille, c'est de moi, répondit fièrement la baronne. Que j'aimerais folâtrer dans les prés pour ramasser des colchiques !

La servante n'osa pas demander si ce nouveau mot était synonyme de dérangement intestinal. Elle se permit seulement un rapprochement hasardeux.

– Les... clolchiques, c'est aussi... bucolique ?

– Parfaitement. Je vois que vous commencez à comprendre. Du reste, dans votre région, vous ne manquez pas de ces petites fleurs roses, un peu vénéneuses, qu'on trouve dans les herbes.

– Ah oui ! On appelle ça des tue-chien.

L'appellation était plus explicite mais Adélaïde ne s'en formalisa pas, trop plongée dans son désir de senteurs nouvelles et les fraîches visions d'un printemps qui lui faisait monter la sève aux joues.

– Je me sens rajeunir, Juliette. Mettons nos robes à fleurs et allons au Bois, ramasser des marguerites.

La bonne avait gardé un très mauvais souvenir du bois de Boulogne. La Rolls Royce, la panne dans les fourrés, la rencontre avec les tapineuses et la triste fin de cette aventure au commissariat de police. Tout cela ne l'incitait pas à cueillir la marguerite en risquant de se faire effeuiller. Elle fit part de ses réticences.

– Que madame la baronne m'excuse mais je ne pense pas que le bois de Boulogne soit un lieu prudent pour y chercher des fleurs. A mon avis, il vaudrait mieux aller chez le fleuriste de l'avenue Victor-Hugo.

Adélaïde pirouetta sur ses talons comme une jeune fille insouciante, montrant du doigt le ciel bleu qui resplendissait à travers la fenêtre.

– Nous n'avons rien à craindre, voyons ! Nous sommes en plein jour et le Bois n'est dangereux que la nuit. Pendant la journée on n'y rencontre que des gens qui se promènent, des sportifs et des enfants qui jouent. Les femmes n'ont rien à craindre. Même quand elles sont jolies, termina-t-elle en tapotant ses boucles de cheveux.

Juliette pensa que, dans ce dernier cas, sa patronne ne courait aucun danger. Les antiquaires satyres ne se planquent pas dans les buissons pour y trouver les reliques fissurées. Mais sait-on jamais ! Quelques fous, amateurs de vieilleries, pouvaient s'infiltrer parmi les obsédés sexuels. Adélaïde, bien loin de lire dans les prudentes pensées de sa bonne, avait déjà pris sa décision.

– Allez, en route ! Il fait beau et les oiseaux chantent. Fuyons les gaz de la ville pour retrouver la chlorophylle...

– Nous y allons comment, madame ? l'interrompit Juliette.

– A vélo, ma fille, à vélo !

Deux vieilles bicyclettes furent extirpées du garage. Celle de la baronne, de marque « Hirondelle », datait du temps du coureur Antonin Magne et ressemblait un peu à sa propriétaire. La forme du cadre aristocratiquement courbé rappelait les révérences des courtisanes et le guidon, les moustaches des élégants de la Belle Époque. Elle grinçait légèrement des moyeux et la selle s'était un peu avachie sous des fesses d'avant-guerre mais la sonnette avait gardé le son clair des avertisseurs pacifiques.

– C'était la bicyclette de ma mère, informa Adélaïde. Elle s'en servait le dimanche, dans la forêt de Meudon, jusqu'au jour où mon père est entré dans sa vie et dans sa roue arrière avec sa première voiture.

La bicyclette de Juliette était plutôt un vélo. Un gros vélo de campagne, épais comme un bœuf et rouillé comme un brabant de charrue. En venant à Paris, elle l'avait emporté dans ses bagages pour ne pas se séparer de son premier moyen de transport.

Lorsqu'elle le sortit du garage où il dormait depuis qu'elle était employée chez la baronne, le vieux clou se mit à hurler des tambours en agitant ses pédales. A peine fut-il dehors, appuyé au mur, le phare dirigé vers la circulation, que sa peur éclata avec le pneu avant. Le pauvre caoutchouc n'avait pas résisté au changement d'ambiance. Depuis des années, il reposait avec tranquillité au fond du garage et, brusquement, on le lâchait dans la faune des engins modernes comme un vélo communiste affolé et perdu dans la Russie capitaliste.

– Prenez ma pompe, fit la baronne. Il n'est peut-être que dégonflé.

C'était exact. Sous l'air nouveau, le pneu reprit de l'embonpoint et les deux femmes purent enfourcher leurs montures et quitter la rue Tordu en zigzaguant. Les voitures étonnées ralentissaient prudemment devant le déhanchement de ces amazones dont l'indécision prenait l'entière largeur de la chaussée.

La baronne, toutes voiles dehors, cinglait vers le carrefour à grands coups de pédales. La robe maintenue entre ses genoux serrés, elle moulinait des jambes, le corps penché en avant et le chapeau au ras des sourcils. Juliette la suivait à grand-peine. Son vieux treuil rouillé protestait de tous ses rouages, faisant entendre des cris de douleur et des appels à l'huile. Lorsqu'elles débouchèrent au carrefour, il y eut un concert de freins et d'avertisseurs tandis que, sur le passage clouté, les fourmis piétonnes laissaient passer ces deux sauterelles à vélo.

Profitant d'un ralentissement de sa patronne bloquée par un autobus, Juliette la rattrapa pour se mettre en parallèle.

– Vous connaissez le chemin du Bois, madame la baronne ?

– Non, mais nous allons suivre cet autobus. Il passe par la porte Dauphine.

Le parcours fut ponctué de ralentissements et d'accélérations dus aux arrêts fréquents de la RATP ainsi qu'à une circulation en accordéon. Si le printemps donnait des ailes à la baronne, il mettait du plomb dans les mollets de Juliette. Lorsqu'elles arrivèrent enfin à l'orée du bois, la bonne à tout faire ne l'était plus à rien. Les fesses mâchées par la selle, la poitrine secouée par la suspension et les jambes tordues par le mécanisme, elle s'appuya contre un feu de signalisation. Adélaïde se retourna.

– Alors, vous venez, Juliette ?

– Je n'en peux plus, madame. Continuez sans moi, je ne veux pas vous retarder.

C'était pathétique. Comme ces explorateurs perdus au pôle Nord ou dans la forêt tropicale et dont le plus faible se sacrifie pour le bien de son équipe, on voyait Juliette, le front en sueur, se retenant au feu de circulation et suppliant qu'on la laisse seule au bord du trottoir. La baronne ne fut pas insensible à cette situation dramatique.

– Allez, ma fille, encore un effort. Nous sommes presque arrivées au Bois. On va louer une barque et vous allez ramer. Ça vous reposera.

Le vélo de Juliette s'écroula sous la menace dans un bruit de sonnette et de garde-boue. Adélaïde fut bien obligée d'attendre que Juliette se remette de sa fatigue pour qu'elles puissent traverser la place Dauphine et atteindre les premiers arbres du bois. C'est à pied, poussant leurs bicyclettes, qu'elles continuèrent le chemin.

– N'est-ce pas ravissant, ici ? fit la baronne. C'est dans ces allées que mes ancêtres se rendaient aux courses en calèches, en mail-coaches, en drags. On y faisait d'élégantes rencontres et combien d'idylles sont nées en ces endroits. Ah, comme j'aimerais croiser le beau Brummel ou Guy de Maupassant !

Juliette, poussant sa bécane en claudiquant, pensait que les temps avaient bien changé depuis cette époque. Les calèches étaient remplacées par des camions de livraison, les élégantes par des tapineuses en shorts de cuir, les Brummel et les Maupassant par des maquereaux en planque et les idylles étaient beaucoup plus tarifées que romantiques. Même, les arbres devaient avoir un aspect différent depuis que le pétrole avait supprimé le crottin de cheval. Leurs habits d'écorce pure n'étaient plus que des hardes de bois sec, trouées sur leurs troncs cagneux.

– Oh, regardez ces fleurettes ! s'exclama Adélaïde en montrant trois ou quatre choses à pétales qui tentaient de pousser derrière un vieil emballage de bière.

Devant elles, venait d'apparaître une petite clairière dans laquelle un groupe de footballeurs d'occasion maltraitaient un ballon fatigué.

– Nous allons commencer la cueillette, fit la baronne en se baissant vers les fleurs.

C'est alors qu'elle cueillit le ballon en pleine poire. La baudruche lui écrasa le chapeau sur la tête en la privant d'un seul coup de sa vision printanière. Heureusement, l'objet était assez flasque pour que le choc ne soit pas trop violent et qu'il retombe à ses pieds comme une bouillotte de caoutchouc. Dans le noir du chapeau, elle entendit simultanément un coup de sifflet et la voix de l'arbitre.

– Corner !

Juliette se précipita pour décapsuler sa patronne qui se trouvait hors-jeu pour l'instant et loin du but qu'elle s'était fixé. Délivrée de son couvre-chef, elle lança son cri de désapprobation devant un dadais boutonneux en culottes courtes.

– Vous ne pouvez pas faire attention, non ?

– Excusez-nous, madame, mais vous étiez sur la trajectoire du ballon et les bleus allaient marquer...

– Oui, eh bien, moi, jeune homme, ce sont les bleus qui vont me marquer !

L'arbitre de fortune s'éloigna en marmonnant quelques vagues excuses et après avoir récupéré son ballon mou. La baronne rajusta son chapeau, tira sur sa jupe et releva son vélo.

– Venez, Juliette, le sport est de plus en plus violent. Il y a des houligans partout !

Elles reprirent leur randonnée jusqu'au lac où l'ambiance était nettement plus calme. Barques et canoés flottaient sur une eau plate supportant des canards indifférents à la circulation nautique. Les Parisiens, transformés en marins d'eau douce, donnaient des coups de battoir à assommer les poissons. Adélaïde appuya sa bicyclette contre l'édifice du loueur de bateaux, un type sans âge occupé à épucer un briard aussi poilu que lui.

La similitude entre le maître et l'animal était frappante. Les moustaches du chien, délavées par les gamelles de pâtée, ressemblaient à celles de son propriétaire, jaunies par la nicotine. Ils avaient, tous deux, de longs poils sur les pattes et se grattaient tour à tour, sensibilisés par un échange de puces. La baronne mit provisoirement fin à l'épouillage.

– Peut-on louer un bateau ?

– Ouais ! grogna le loueur. Une barque ou un canot ?

Adélaïde regarda Juliette.

– Qu'est-ce que vous préférez ?

Quand on est bonne à tout faire, la préférence n'est pas de mise. Depuis qu'elle avait quitté son Charolais natal, Juliette avait pas mal ramé pour gagner sa vie, alors, rames, pagaies ou avirons, elle s'en battait un peu la coque.

– Ça m'est égal, madame, pourvu que ça ne soit pas trop lourd.

Le loueur désigna une embarcation verdâtre à bandes jaunâtres amarrée le long d'un ponton bleuâtre. C'était une sorte de coquille flottante, polie par des années de clapotis et aux sièges de planches lustrés par des légions de postérieurs. La baronne fut la première à enjamber le ponton. Galant, le bonhomme l'empoigna sous les aisselles à l'instant même où le chien s'approchait pour lui flairer l'entrejambe. Elle sentit le contact insolite de la truffe froide contre la naissance de sa cuisse. Sautant dans la barque, elle se retourna vers le loueur, l'œil courroucé.

– Non mais dites donc ! Ne vous gênez pas !

– C'est le chien, madame, fit Juliette.

Devant l'insistance du briard, son maître se fâcha.

– Veux-tu foutre le camp, gros dégueulasse ! Qu'est-ce qui te prend d'emmerder la clientèle, espèce d'enfoiré ? Excusez-moi, madame, ce con de clébard est aussi mal élevé qu'un chien d'andouille. En ce moment, il est en chaleur et il saute sur n'importe quoi.

Prévenue, Juliette prit place dans le bateau en y

allant presque à pieds joints. Adélaïde s'était assise sur la planche des passagers, les genoux serrés. Le briard regarda s'éloigner les deux femmes avec un air de regret et, faute de mieux, entreprit de se lécher le ventre.

La promenade dura plus d'une heure. Non que l'itinéraire fût long mais parce que Juliette avait du mal à coordonner les mouvements de ses rames. C'est au milieu du lac que la chaîne glissa du bateau et se prit dans les algues. Il y eut un arrêt technique qui obligea la bonne à effectuer de dangereuses acrobaties en se penchant à tribord. Pendant ce temps, la baronne, plongée dans ses souvenirs, évoquait d'autres voyages.

– Ah, Juliette, si vous connaissiez Venise ! J'y suis allée pour ma lune de miel avec mon premier mari. Je me souviens encore du premier baiser que nous avons échangé sous le pont des Soupirs. Le calme du Grand Canal, la douceur de la lagune, le chant des gondoliers...

Juliette se battait avec une chaîne rouillée emmêlée dans les plantes aquatiques. Les bras dans l'eau jusqu'aux coudes, elle tirait de toutes ses forces sur une ferraille récalcitrante.

– Vous ne pouvez pas savoir comme les Italiens sont galants. Ils ne laisseraient jamais une femme dans l'embarras...

Juliette venait de se rendre compte qu'elle avait mis sa montre-bracelet dans l'eau. Elle lâcha la chaîne et l'un des maillons s'accrocha à son chemisier qui se déchira jusqu'à la ceinture.

– On se laissait glisser sur l'onde, le long des palais vénitiens, allongés dans les gondoles aux coussins de velours. Le temps s'arrêtait...

Juliette constata que sa montre avait rendu l'âme. Après l'avoir ôtée elle se pencha un peu plus pour récupérer la chaîne enroulée dans les nénuphars. Un bateau passa devant elle en produisant une grosse vague qui lui baigna le soutien-gorge.

– Ah, Juliette, comme il était doux de ne rien faire au son des guitares et des mandolines, de s'abandonner aux embruns du Lido qui vous mouillaient la peau de leurs simples caresses.

C'est à ce moment précis que la chaîne se détacha brusquement des algues. La libération projeta Juliette en arrière sous un jet d'eau agrémenté de débris végétaux et elle se retrouva sur le dos, au fond de la barque, face à la baronne qui, de retour de Venise, la regardait avec compassion.

– Ma pauvre Juliette, vous n'apprécierez donc jamais les moments poétiques ? Je vous emmène au bois, faire du canotage, vous parle de Venise et vous retrouve affalée, décoiffée, dépenaillée. Est-ce une tenue pour ces moments privilégiés ?

Un autre bateau, doublant la barque d'un peu trop près, empêcha Juliette de remettre sa patronne dans le contexte dramatique qui était le sien. La grosse dame qui ramait à côté asséna un coup d'aviron malencontreux sur le bastingage de leur navire qui donna de la bande de façon inquiétante.

– Partons d'ici, décréta Adélaïde, les gens ne savent plus se tenir. Nous vivons une époque de gougnafiers.

– C'est nous que vous traitez de gougnafiers ? demanda l'avorton qui laissait ramer sa femme.

– Pas particulièrement, cher monsieur, édulcora la baronne, mais si vous vous sentez concernés...

– Pouffiasse ! lança la grosse rameuse.

Assise au fond de la barque, Juliette se demanda ce qu'elle était venue faire à Paris. Préférant ne plus entendre les échanges verbaux des gens de la ville, elle s'évada à son tour dans sa Venise charolaise et mit ses index dans ses oreilles sous prétexte d'en évacuer l'eau du lac. Les yeux fermés, elle pensa au calme de la vraie campagne, celle où il n'y a pas de place pour les autobus, le métro, les parcmètres, les feux rouges, les embouteillages, les barrières, les sens uniques, giratoires, obligatoires, interdits, les flics, les énervés, les impatients et tous ces gougnafiers urbains auxquels sa patronne venait de faire référence. Qu'elle la regrettait, cette campagne que, seuls, les intoxiqués de la ville n'apprécient pas !

Lorsqu'elle déboucha ses oreilles et rouvrit les yeux, Juliette découvrit la baronne, prostrée sur sa planche, mitraillée à bout portant par les gangsters de l'impolitesse. Bonne fille, elle chercha des paroles rassurantes.

– Nous allons rendre le bateau, madame, et essayer de cueillir des fleurs. A cette saison, il doit même y avoir des pissenlits pour faire une bonne salade.

Elles arrivèrent tant bien que mal contre l'embarcadère, où le chien les attendait avec patience. Retenu par son maître, il remuait la queue en voyant les clientes faire le grand écart pour mettre pied à terre. La baronne, prudente, se tint hors de sa portée en payant le loueur d'un bras tendu au maximum et elles s'éloignèrent du lac vers l'intérieur du Bois.

Au mois de mai, dès les premiers beaux jours, les espaces verts de Paris donnent une illusion champêtre aux habitués de la capitale. On y voit des pique-niqueurs, des joggueurs, des bronzeurs, des baladeurs.

Le bois de Boulogne est une sorte de Mister Hyde et de Docteur Jekyll à la fois, débonnaire le jour et dangereux la nuit. A cette heure de la journée, la baronne ne risquait rien. Dans la prairie que les deux femmes venaient d'aborder, le spectacle était on ne peut plus pacifique. Quelques enfants jouaient à la ronde, surveillés par leurs parents lisant des journaux sur des pliants. Sous les arbres, des amoureux se bécotaient en silence et d'autres prenaient le soleil, allongés dans l'herbe. La baronne prit sa bonne à témoin.

– Qu'est-ce que je vous disais, Juliette. Il n'y a rien de plus tranquille que le Bois en plein jour. Tenez, là-bas, près des marronniers, j'aperçois des fleurs.

Effectivement, quelques marguerites avaient réussi à sortir de terre malgré les piétinements de toutes sortes et tentaient de passer leurs collerettes au-dessus des herbes folles. Juliette fit part de son manque d'enthousiasme.

– Si ça ne dérange pas madame la baronne, je préfère rester ici pour garder les bicyclettes. J'ai du fil et des aiguilles dans la sacoche de mon vélo pour réparer mon corsage pendant que vous ferez votre cueillette. De toute façon, nous ne sommes pas loin l'une de l'autre.

– Comme vous voudrez, ma fille, je vous appellerai si j'ai besoin de vous.

Elle mit son sac en bandoulière pour avoir les mains libres et partit d'un bon pied.

L'endroit prévu tenait ses promesses. Des touffes de boutons d'or et de pâquerettes protégeaient quelques bleuets timides en jaillissant d'une pelouse déjà haute. Adélaïde commença sa moisson avec goût et adresse. Bientôt, une assez jolie gerbe se trouva couchée sur son avant-bras. Un vieux monsieur, coiffé d'un panama, complimenta son œuvre.

– Vous avez un bien joli bouquet, madame. Dès le printemps, je viens ici presque tous les samedis depuis la fin de la guerre. Ce sont des fleurs méritantes car elles ont commencé à pousser en cet endroit pendant l'Occupation. Cinquante générations de pâquerettes ont bravé les bottes des nazis et les chaussures des vandales en tout genre. C'est beau, n'est-ce pas ?

Il retourna s'asseoir sous les remerciements d'Adélaïde et continua la lecture d'un journal. La baronne reprit sa cueillette, mélangeant les couleurs et les formes. Là-bas, près des bicyclettes, Juliette raccommodait son chemisier tant bien que mal. De temps en temps, elle jetait un coup d'œil en direction de sa patronne. C'est au cours d'une de ces vérifications de routine qu'elle fut le témoin impuissant du drame qui venait de fondre sur la baronne.

Adélaïde était à nouveau penchée pour cueillir une pâquerette quand un homme déboucha comme une fusée de derrière un arbre pour se précipiter sur elle. Il stoppa net contre son arrière-train dressé et la prit par la taille sous le regard horrifié de Juliette. La baronne poussa un cri déchirant et tomba à plat ventre dans l'herbe tandis que son assaillant repartait à toutes jambes pour disparaître totalement.

Juliette et le vieux monsieur au panama furent sur place en même temps. Ils relevèrent Adélaïde, hébétée, aveuglée par des marguerites coincées sous ses lunettes. Elle avait du mal à articuler ses mots.

– Ooooh ! Il... il m'a...

– Qu'est-ce qu'il vous a fait ? madame la baronne, pressa Juliette en lui nettoyant le visage.

– Il m'a... il m'a... Ooooh !

Le vieux monsieur voulut se faire rassurant.

– Je ne crois pas qu'il l'ait... comment dire ? Qu'il l'ait, euh, enfin, qu'il lui ait... manqué de respect. Je viens ici tous les samedis et, d'habitude, ces choses-là se font moins vite. C'est la première fois que j'en vois un aussi rapide.

La baronne retrouva l'usage de la parole en poussant un autre cri.

– Il m'a... volé mon sac !

– Ah, c'est plus grave, fit le vieux monsieur. Faire ça au Bois, c'est un anormal.

– Il faut aller au commissariat, madame, annonça Juliette en aidant Adélaïde à se relever.

– Il y a celui de la porte Dauphine, dit le petit vieux.

– Oui, répondit sèchement la baronne, nous y sommes déjà connues.

Elles laissèrent le vieux assez étonné par cette dernière information. Peut-être venait-il de rencontrer des obsédées présentant des déviations sexuelles qu'il ne connaissait pas encore.

En trois coups de pédales, aidées par leur détermination et un bon vent arrière, elles furent devant le commissariat. Après avoir posé leurs bicyclettes sans ménagement contre le mur et sous les yeux d'un planton extérieur perdu dans ses pensées intérieures, elles entrèrent dans le commissariat. Un agent referma le dernier numéro de *Spirou* et demanda :

– C'est à quel sujet ?

– Je viens de me faire agresser dans le bois de Boulogne et je veux voir le commissaire, ordonna la baronne. On m'a volé mon sac !

– Encore ! s'étonna l'agent en rejetant sa casquette en arrière. Vous n'êtes pas déjà venue ici il y a quelque temps pour une affaire de racolage ?

– Oh, je vous en prie, soyez poli !

Juliette s'interposa.

– C'est madame la baronne de la Tronche en Biais, voyons !

– Bon, nous allons voir ça.

Il ouvrit un registre et commença l'examen d'une imposante colonne de noms et d'identifications diverses. Les pages se succédaient lentement, augmentant l'impatience d'Adélaïde.

– Je veux absolument voir le commissaire en personne. Où est-il ?

– Dans son bureau, mais je doute qu'il puisse vous recevoir. Il part en vacances et son avion décolle dans deux heures. Eh, ça y est ! Je vous ai trouvée ! dit-il en lisant la colonne dans laquelle figurait la baronne. Voyons... Tremblar Simone, Tronchet Monique, Tronche en Biais Adélaïde. C'est ça ?

– Baronne ! ajouta-t-elle sèchement. Annoncez-moi au commissaire.

– Je veux bien essayer mais, pour une agression au Bois, je doute qu'il vous reçoive. Dans ce quartier, on en a des paquets par jour.

Peu convaincu, il frappa à la porte d'un bureau au fond du local et entra en la laissant entrouverte. Ce qui permit à la baronne d'entendre une partie de la conversation. Quelques phrases, sous l'empire de l'énervement du commissaire, arrivèrent jusqu'à ses oreilles. « Quoi ? Encore une ?... pas le temps ! Qui ?... la baronne de la Tronche en quoi ?... Ah bon !... d'accord, mais vite ! »

L'agent réapparut et fit un signe à la baronne qui se précipita. Juliette voulut la suivre mais le gardien l'en empêcha.

– Vous êtes témoin de l'agression ?

– J'ai tout vu.

– Bon. On aura besoin de votre déposition. Asseyez-vous.

Il s'installa devant une antique machine à écrire et commença une frappe pénible à l'aide d'un gros doigt boudiné.

– Nom, prénom, adresse, qualité ?

Pendant ce temps, Adélaïde était déjà devant le commissaire, attendant qu'il ait fini de téléphoner.

– ... Oui, chérie... Non, seulement ma valise noire... Bien sûr que j'ai les billets. C'est ça... oui... non, Orly Sud ! Ne te trompe pas ! Pars tout de suite, à cause des embouteillages. Moi ? J'ai quelqu'un dans mon bureau... T'inquiète pas, ça va être vite fait ! A tout à l'heure.

Il raccrocha, regarda à peine la baronne et fouilla fébrilement dans un tiroir pour en sortir quelques objets divers dont une boîte de préservatifs qu'il fit disparaître illico dans sa poche. En regardant sa montre, il demanda :

– Vous êtes... madame ?

– Adélaïde, baronne de la Tronche en Biais, 6, rue Tordu, seizième arrondissement à Paris.

– Alors, qu'est-ce qu'il y a ?

– Je viens de me faire agresser par un homme dans le bois de Boulogne et...

Elle fut aussitôt interrompue par le commissaire qui enfournait rapidement ses objets dans une serviette en cuir ouverte sur son bureau.

– D'accord, je connais l'histoire ! Ça nous arrive quinze fois par jour. Vos nom, prénoms, adresse et qualité ?

– Je viens de vous les donner.

– Ah, oui, c'est vrai. Qu'est-ce que vous faisiez, au bois de Boulogne ?

Le téléphone se fit entendre. Le commissaire décrocha.

– Oui... Non, non ne prends pas la voiture. En fin de semaine, il n'y a plus de places au parking. Oui... C'est ça... A tout à l'heure.

Il se leva, ouvrit la porte du bureau pour s'adresser à l'agent du service.

– Chambier, vous pouvez m'appeler un taxi.

Il revint s'asseoir pour chercher machinalement quelque chose sur son bureau, les mains dans la corbeille à courrier et la tête à Orly Sud.

– Donc, vous avez agressé un homme dans le bois de Boulogne ?

– Quoi ? Non, non, c'est lui ! se défendit la baronne. Il s'est précipité sur moi et il m'a pris mon...

Le commissaire, habitué aux pudeurs des femmes violées, la coupa net, ne voulant pas entendre les détails sordides de ce genre d'affaire. Il s'étonna néanmoins que, vu l'âge de la plaignante, une telle chose ait pu lui arriver. Mais, dans son métier, il en avait vu des vertes et des très mûres.

– Oui, oui, je sais ! C'est bien désagréable si vous n'étiez pas consentante.

– Comment, consentante ? Vous voulez rire ! J'ai crié, hurlé très fort...

– Ça, c'est normal. Dans ces cas-là, on crie toujours un peu.

– Évidemment ! J'y tenais beaucoup car je l'avais depuis que j'étais jeune fille.

– Ah bon ? s'étonna le commissaire en évaluant l'âge de la baronne de façon plus attentive. Et, depuis votre jeunesse, vous n'avez jamais... comment dire...

Adélaïde attendit qu'il termine sa phrase. Ce fonctionnaire avait l'air bizarre, même absent, cherchant ses mots. Il était temps qu'il parte en vacances, pensa-t-elle.

– Non, jusqu'à présent personne n'a tenté de me le prendre. Du reste, je l'avais toujours sur moi.

– Je ne vois pas comment vous auriez pu faire autrement. Quoique ces... choses-là, ça se perd forcément un jour ou l'autre.

– Pourquoi ? Ma mère n'a jamais perdu le sien.

Le commissaire se demanda si cette femme n'était pas en train de se foutre de lui. Ou alors, c'était une originale en proie à des fantasmes irréversibles. Souvent confronté à des malades de ce genre, il ne voulut pas la brusquer.

– Ah, bon ? Votre mère avait encore son... son petit capital avant de vous mettre au monde ? C'est curieux, ça.

– Je pense bien ! Même qu'elle l'avait fait réparer plusieurs fois car il avait tendance à s'ouvrir tout seul. Dès son mariage, elle a demandé à mon père de lui mettre un fermoir.

Le téléphone évita que le commissaire ne s'étrangle.

– Allô, oui... Où ça ? Encore dans le Bois ? Bon, d'accord, je vous envoie deux hommes. On n'en sortira pas, dit-il après avoir raccroché. On dirait que certaines femmes le cherchent. Revenons à vous. Comment ça s'est passé ?

– Très vite, monsieur le président.

– Non, je suis commissaire.

Sous l'émotion, la baronne était déstabilisée. Son aventure d'aujourd'hui s'entremêlait avec sa première visite au commissariat et elle commençait à avoir peur qu'on la prenne pour une récidiviste.

– Ça s'est passé très vite. Il est arrivé derrière moi et hop !

– Et hop ? En somme, ça a été très rapide ?

– Je pense bien ! Quand je m'en suis aperçue, il partait déjà en courant comme un lapin.

– Comme un lapin ! C'est le cas de le dire. Mais vous l'avez quand même vu arriver ? Vous lui avez parlé ? Il vous a menacée ?

– Pas du tout, je vous dis ! J'étais baissée vers le sol pour cueillir des pâquerettes et il est arrivé par-derrière pour me le prendre.

Le commissaire observa un moment de silence. Sans doute, cette baronne était-elle une de ces femmes à qui rien n'arrive si elles ne font aucun appel du pied. Pour celle qu'il avait devant lui, un seul pied ne devait pas suffire pour attirer l'attention.

– Votre position était un peu provocante, non ?

Cette question fâcha tout rouge Adélaïde. Qu'est-ce qu'il avait, ce commissaire, avec ses questions à double sens ? Elle prit son air pincé.

– Provocante ? Consentante ? J'étais bien loin de penser à ça quand il s'est précipité sur moi. Pendant une seconde, j'ai bien senti que j'avais quelqu'un derrière mais je ne me suis absolument pas rendu compte de ce qu'il faisait.

– Ah, ça alors ! Mais il vous a bien renversée ?

– Non. Ça s'est passé debout. Il y a des témoins qui

pourront vous le confirmer. Un vieux monsieur, ma servante et des enfants qui jouaient à cache-cache.

Le téléphone arrêta encore l'ébahissement du commissaire.

– Allô ? Ah bon ? L'avion aura du retard ? Bon, d'accord, je vais appeler l'aéroport. A tout à l'heure.

Après avoir raccroché, il regarda Adélaïde avec curiosité. Comment était-il possible qu'une femme de son rang se livre à de telles exhibitions en public ? L'affaire devenait plus que sérieuse. Il faudrait réunir les témoins et faire une enquête de moralité auprès des relations de la baronne. Comme si elle avait deviné ses pensées, Adélaïde lui dit :

– Si vous voulez savoir comment il était, mon amie, la marquise de Piéautrain, a exactement le même. Seulement, pareille aventure ne risque pas de lui arriver car le sien est en plastique.

– En... plastique ?

– Oui, avec une fermeture Éclair.

C'était trop. Ou cette baronne le prenait carrément pour un demeuré ou il n'était pas au courant des nouvelles techniques chirurgicales. Il prit la décision de mettre fin à l'entretien avant de faire suivre l'affaire vers qui de droit.

– Bon ! Qu'est-ce que vous voulez faire, maintenant ?

– Je veux absolument que vous me retrouviez cet homme.

– Quoi ? Mais vous nous prenez pour qui ? Des entremetteurs ? Il fallait courir après lui, le rattraper, il fallait...

Le téléphone se remit à sonner, coupant la colère du commissaire.

– Allô ! Qu'est-ce que c'est encore ? Ah, c'est toi chérie ? Ah bon ? Il ne manquait plus que ça ! Les avions en grève ? Jusqu'à quand ?... Jusqu'à nouvel ordre ? Bon, tant pis... Je rentrerai plus tard... Oui, un travail à finir au bureau.

Lorsqu'il reposa le combiné, il était d'un calme presque olympien. Quant tout va mal, le boulot qui dérape, les plaignants qui se plaignent, les vacances qui foirent, le téléphone qui déconne et tous ces emmerdements de la vie quotidienne qui vous bouffent la patience et la santé, il n'y a que deux solutions. La déprime ou la philosophie. Il opta pour la seconde.

Au milieu de tous ses tracas, une phrase de d'Alembert lui revint en mémoire : « La philosophie n'est autre chose que l'application de la raison aux différents objets sur lesquels elle peut s'exercer. » Il regarda soudain la plaignante d'un autre œil et la rendit accessible sinon désirable. Ce qui, philosophiquement, est préférable au contraire. L'objet dont on ne peut se servir n'a aucune utilité, se dit-il. La femme que j'ai devant moi n'est qu'un objet vivant et je dois lui donner l'apparence équivalente au besoin que j'ai de l'utiliser. Il décida donc de la trouver consommable pour conjurer ses ennuis.

– Cela vous plairait qu'on fasse une reconstitution de... de ce qui vous est arrivé ? Air Inter est en grève et si vous n'êtes pas pressée...

– Mais oui, commissaire, accepta la baronne, sensible à cette preuve de bonne volonté. Que dois-je faire ?

– Mettez-vous près du portemanteau, là, et baissez-vous comme si vous étiez en train de cueillir des fleurs.

Adélaïde, enfin satisfaite de s'en remettre à la police, eut l'impression agréable d'être protégée. Elle prit place à l'endroit indiqué.

– Et maintenant, commissaire ?

– Baissez-vous comme dans le bois et tournez-vous. Je ne veux pas voir votre visage.

La baronne s'exécuta, offrant à l'officier de police un postérieur qui avait le mérite d'être anonyme, sans visage et, de ce fait, nullement perturbé par une quelconque disgrâce faciale. Le commissaire y fut plus que sensible. L'objet était rond, pommé, fleuri, légèrement mobile.

– Attendez, je vais prévenir le planton, dit-il.

Il ouvrit la porte de son bureau. Juliette, très détendue, était toujours assise devant l'agent. Elle fumait une cigarette et semblait apprécier le charme du policier qui, de toute évidence, ne lui parlait pas boulot.

– Chambier, faites patienter mademoiselle. Je procède à une reconstitution.

– Prenez votre temps, patron, répondit l'agent en souriant à Juliette.

Le commissaire referma la porte à double tour et retrouva la baronne, toujours courbée.

– Ne bougez pas, lui dit-il. Faites semblant de cueillir des pâquerettes. La reconstitution se fait toujours en temps réel.

La tête en avant, Adélaïde se mit à chercher des fleurs invisibles. Ce qui lui fit ramasser des brins de moquette, quelques dents de papier à timbres et deux ou trois bouts de fils de provenance incertaine. Le commissaire passa au deuxième stade de la mise en scène.

– Et c'est sans doute à ce moment-là que l'individu s'est précipité sur vous ?

Avant de répondre, la baronne tourna la tête et vit avec stupeur le commissaire en manches de chemise, sans chaussures, bretelles pendantes et les mains commençant à déboutonner son pantalon.

– Qu'est-ce que vous faites ? demanda-t-elle, stupéfaite.

– Mon métier, dit-il en avançant vers elle. Je veux avoir les preuves en main.

Dans le commissariat, l'agent Chambier venait de coller doucement son oreille à la porte du bureau. Il resta un instant dans cette position puis revint vers Juliette, un sourire encore plus charmeur aux lèvres.

– Nous avons le temps, dit-il en allant fermer à clef la porte du commissariat. Je vous offre un café ?

Le rideau tomba pudiquement sur ces paroles prometteuses, prouvant ainsi que la police n'hésite pas à faire des heures supplémentaires pour résoudre certaines énigmes. Dans ce cas précis, les présomptions étaient suffisantes pour faire penser que l'affaire était... dans le sac !

Interlude

Qui n'a pas rêvé, un jour, de changer de chair et de laisser pour un temps son enveloppe au vestiaire ? Trimballer la même carcasse pendant toute une vie, n'est-ce pas un peu fastidieux lorsqu'on y pense ? Les femmes – peut-être un peu plus sensibles à cette remarque – sont, par conséquent, davantage sollicitées par les marchands d'artifices qui leur proposent d'innombrables solutions au problème. Maquillages, teintures, chirurgie esthétique, mode, etc. Même le parfum est un moyen de déguiser son odeur naturelle. Les hommes sont moins sujets à ces métamorphoses à moins qu'ils ne soient comédiens de métier.

Souvenons-nous du mariage pour rire de Coluche et Thierry Le Luron, de Louis de Funès en femme dans *L'Aile ou la Cuisse*, de Dustin Hoffman dans *Tootsie.* Lorsque Carlos apparaît parfois en grosse blonde incendiaire sur le plateau des « Grosses Têtes », c'est un épais moment de charme.

En ce qui me concerne, j'ai toujours aimé mystifier mon entourage. Déjà, enfant, je me déguisais en petit mendiant avec des affaires trouvées dans le grenier et, avec ma sœur pareillement attifée, nous allions faire la quête à la sortie des églises. Plus tard, déguisé en troufion par l'armée, je faisais rigoler les civils de ma ville de garnison. A mon mariage, je suis arrivé à la mairie avec un faux nez et un casque de pompier. Ensuite, il va sans dire que ma profession m'a permis les plus invraisemblables excentricités dont quelques-unes me reviennent en mémoire.

Au cours d'une émission télévisée en Belgique, je me suis évadé du studio pendant la pause des répétitions et, habillé en marquis Louis XV, je suis entré chez un antiquaire pour marchander un fauteuil de la même époque. Dans un train, sous les habits d'un contrôleur, j'ai assuré les voyageurs qu'ils s'étaient trompés de parcours. Dans une grande brasserie parisienne, je me suis posté en dame pipi devant la porte des toilettes en profitant de l'absence d'une préposée. Ma recette fut assez honorable pour aller fêter l'événement avec des copains dans un café voisin.

Une autre fois, habillé en soldat allemand de l'Occupation pour les besoins d'un film que nous tournions en pleine campagne, je suis arrivé dans une ferme isolée du Vercors avec un camarade qui, comme moi, était engagé comme figurant. Notre apparition devant la fermière a provoqué une belle surprise. Comme la dame était très âgée, nous avons fait preuve d'une lâcheté évidente en lui disant que nous étions chargés de réquisitionner les sous-vêtements féminins des Françaises pour les envoyer à nos femmes, en Allemagne. Lorsque le maître de la ferme est arrivé, armé d'une fourche à foin, nous avons rapidement battu en retraite.

Au cours d'un autre film, tourné avec Jacques Dufilho et où nos rôles nous transformaient en douaniers à la recherche de stupéfiants, nous contrôlions les voitures à un péage d'autoroute pendant que nos techniciens préparaient un plan de tournage non loin de là mais invisible pour nos victimes. Méconnaissables sous le maquillage et les costumes, les malheureux obtempéraient en ouvrant leurs coffres que nous nous mettions à fouiller avec application. Il m'est arrivé, en examinant le contenu d'une valise appartenant à une énorme dame, d'en sortir un soutien-gorge impressionnant par sa taille. « Ça, c'est stupéfiant ! » avait dit Dufilho.

Michel Audiard m'ayant habillé en curé pour un de ses films, je suis arrivé ainsi dans la boutique d'un épicier arabe et lui ai dit que le Vatican m'avait chargé de trouver un château pour loger le pape lors de sa prochaine visite en France. Évidemment, l'épicier algérien n'étant pas tellement concerné par le pape en vadrouille publicitaire et n'y connaissant rien en immobilier locatif, me répondit de façon évasive. Plus j'insistais pour trouver mon château, plus l'épicier insistait pour que j'aille le chercher ailleurs. Il m'indiqua même un vague hôtel particulier délabré non loin de sa boutique. Restant sur l'idée qu'il me fallait trouver un château de préférence neuf pour le bien-être du pape, j'ai finalement désigné une étagère de son magasin sur laquelle s'alignaient des bouteilles de vin. C'est ainsi que j'ai acheté un excellent châteauneuf-du-pape.

En quarante années de carrière artistique, j'ai émaillé de plaisanteries un travail qu'il faut faire sérieusement. Je dois avoir une petite échoppe de farces et attrapes dans mon cerveau et j'y puise mes articles quand j'ai besoin de mettre mon cœur en fête.

A ce propos, nous avions une formidable caverne d'Ali Baba dans les anciens locaux de la télévision, aux Buttes-Chaumont. A cet endroit se sont tournés les plus grands téléfilms des années passées et les costumes, entreposés sur plusieurs étages de cette immense bâtisse, représentaient une fortune en valeur de matière et de confection. Toutes les époques y étaient présentes depuis que l'homme des cavernes a voulu couvrir sa nudité. C'est là que j'allais choisir les toilettes de la baronne et qu'il m'est arrivé une aventure assez exceptionnelle dans le domaine des rapports amoureux. Le fait est trop rare pour que je le passe sous silence et la personne concernée ne pourra pas m'attaquer pour divulgation de secrets d'alcôve étant donné la précaution d'anonymat que je prends en racontant ce qui suit.

Mme X était habilleuse aux studios des Buttes-Chaumont. C'était une jolie fille approchant la quarantaine et n'étant visiblement pas attirée par les hommes. Quelques-uns de mes copains, amateurs de belles rondeurs féminines, dragueurs reconnus par la confrérie des cavaleurs réunis, avaient bien essayé de tester leurs dons sur l'appétissante fringueuse mais s'étaient cassé le nez devant la porte close de son sexe blindé. J'avoue avoir essayé moi-même d'en forcer l'entrée avec mon petit trousseau de clefs, mais aucun entrebâillement ne s'était produit. En revanche, quelques comédiennes qui auraient pu tourner dans un film de Josiane Balasko semblaient avoir certaines facilités pour trouver chez l'habilleuse les outils de jardin nécessaires à l'entretien d'un gazon qu'elles n'avaient pas l'air de maudire.

Lorsque Mme X m'habillait en baronne, nos relations se détendaient peu à peu et ses gestes professionnels se faisaient plus doux, presque tendres. Pour ôter mes vêtements d'homme, elle me faisait d'abord entrer dans la cabine d'essayage. Probablement pour éviter une confrontation qu'elle ne souhaitait pas et sans doute pour ne pas voir la forme d'un biscuit qu'elle n'avait jamais trempé dans sa tasse de thé. Ensuite, elle me passait culottes, bas, combinaisons, robes par-dessus le rideau de la cabine. J'enfilais tout ça et sortait pour me présenter à la finition de l'habillage.

Chaque fois, à ce stade de ma transformation, je sentais que Mme X oubliait un peu les lois de la biologie pour ne s'adresser qu'à l'apparence du spécimen curieux qui se trouvait devant elle. Peut-être y avait-il, dans l'androgyne théâtral que je représentais, un mélange parfait qui comblait ses désirs. Curieux de nature, j'en profitais pour jouer le jeu et voir jusqu'où mes talents de transformiste pouvaient me conduire.

C'est ainsi que, fourbement, j'ai fait une cour assidue à mon habilleuse qui me déshabillait du regard uniquement quand j'étais habillé en femme. Peu d'hommes ont, je le crois, vécu une aventure sexuelle comme celle-ci. Évidemment, aux Buttes-Chaumont, dans le magasin des costumes, cela ne dépassait pas le stade du badinage et, si Mme X me touchait des mains, c'était uniquement pour poser des épingles sur ma robe. Il faut dire que, sans perruque ni maquillage, ma tête chauve dépassant d'un tailleur Chanel n'aurait pas fait la couverture du *Figaro Madame*. Un soir, j'ai voulu voir jusqu'où mon rayonnement sexuel pouvait entraîner l'habilleuse et, à l'issue de l'émission de Guy Lux, vêtu et maquillé en élégante baronne, je l'ai invitée à boire un verre dans mon appartement de célibataire.

Nous nous sommes retrouvés chez moi, plaisantant devant une bouteille de champagne. J'avais, bien entendu, gardé tout l'accoutrement de la baronne Adélaïde de la Tronche en Biais et continuais de jouer mon personnage en forçant beaucoup moins sur la caricature. Le champagne aidant, la musique adoucissant les mœurs et la lumière tamisée donnant un flou artistique à mon visage, Mme X était plongée dans un monde où les deux sexes ne faisaient plus qu'un.

Je me suis bien gardé d'aller plus loin que le flirt classique, ne voulant pas surprendre ma conquête par une absence de formes en certains endroits et une protubérance anormale en un lieu précis. Malgré toutes ces réserves, je suis assez fier de m'être infiltré dans le cercle très fermé des brouteuses de pelouses et si Mme X lit un jour ces lignes, qu'elle soit persuadée de la reconnaissance de Sim et de la baronne de la Tronche en Biais.

Où la baronne fait du spiritisme

Jusqu'à ce jour, la baronne de la Tronche en Biais avait négligé toutes les doctrines inventées par l'homme pour combattre sa solitude terrestre. Elle était trop occupée pour tenir compte de tous ces dogmes, opinions, théories et autres systèmes destinés à nous faire prendre des messies pour des lanternes. Les années l'éloignant de plus en plus de sa date de naissance, Adélaïde commençait à se poser des questions sur son devenir après la mort et l'éventualité d'une réincarnation de son esprit commençait à lui titiller le mental. Elle avait bien essayé d'en débattre avec Juliette mais celle-ci, trop occupée par les soins de la maison, ne disposait pas du temps nécessaire à l'entretien de son âme.

– Peut-être que madame la baronne a fait partie des grandes dames du passé ? avait-elle dit, un jour, avant de lui demander de l'augmentation.

Flattée, Adélaïde avait répondu, sans ambages :

– Certainement. J'ai l'impression d'avoir été très célèbre dans une autre vie. Danseuse, par exemple, comme Isadora Duncan, avec un destin tragique.

– Oui, avait répondu Juliette, ou alors comme tata Marie.

– Qui ça ?

La servante ne savait plus très bien. Elle avait lancé ce nom au hasard de ses vagues souvenirs d'études en se demandant si tata Marie avait écrit un livre de cuisine ou si elle avait été danseuse.

– Vous voulez parler de Mata-Hari ? rectifia la baronne. C'est bien possible mais ça m'ennuierait car elle a été fusillée comme espionne. Dans la réincarnation, il y a, paraît-il, des signes physiques qui subsistent et je ne vois pas lequel.

Juliette avait voulu faire de l'humour au premier degré en répondant :

– Si cette Mata-Hari a été fusillée, madame la baronne a peut-être un trou de balle quelque part ?

Grosse erreur ! L'augmentation escomptée avait due être remise à plus tard et la conversation en était restée là.

De plus en plus, Adélaïde abordait cette question avec ses amis et si certains ne se montraient pas concernés par la réincarnation, d'autres y croyaient sans réserves. Le vicomte de Fauché-Lathune pensait qu'il avait pu être grand argentier du roi, la duchesse de Schloumertberger, née Shwartzburenhaum, croyait qu'elle avait été bretonne avant l'invasion des Celtes et la comtesse de Brossarebourg pensait qu'elle avait été mince dans une autre vie.

Toutes ces croyances faisaient réfléchir la baronne qui s'était mise à dévorer les œuvres d'Allan Kardec et du docteur Evans qui fut un médium célèbre. Peu à peu, le spiritisme entra dans les occupations favorites d'Adélaïde qui délaissa les parties de bridge et d'échecs pour répondre aux invitations mondaines pratiquant cette doctrine.

Dans son hôtel particulier de la rue Tordu, elle s'y était exercée, d'abord seule, assise devant un guéridon à trois pattes acheté au marché aux puces, attendant avec patience les craquements significatifs en provenance de l'au-delà. Malheureusement, les seules choses qui craquaient étaient ses propres jointures et elle se rendit vite compte que l'arthritisme n'avait rien de commun avec le spiritisme. Pensant que son fluide n'était pas assez puissant, elle obligea la pauvre Juliette à faire partie de ses expériences. La bonne ne participa qu'à une seule séance car la peur qu'elle afficha ce soir-là avait sans doute fait fuir les esprits à toutes jambes.

C'était un soir d'hiver, avec tout ce qu'il faut pour effrayer Dracula lui-même. L'orage avait transformé le jardin en forêt des Carpates, la pluie, le vent, les éclairs, la nuit sans lune, tout y était pour attirer les revenants et les faire hurler à la mort. Elles s'installèrent autour du guéridon et, à la lueur d'une bougie posée sur la cheminée, les mains jointes à plat sur la table, la baronne posa la question rituelle.

– Esprit, es-tu là ?

Un coup de tonnerre répondit, suivit d'un jet de feuilles mortes poussées par le vent contre la fenêtre. La bonne fit un saut sur sa chaise.

– Juliette, tenez-vous tranquille, voyons ! Comment voulez-vous que ça marche si vous bougez tout le temps !

Juliette était pétrifiée. La gorge, les mains, les fesses serrées, elle s'attendait au pire. Satan allait fondre sur elle pour l'embrocher et la jeter en enfer !

– Un coup pour oui, deux coups pour non, continua la baronne.

Un silence effrayant se fit tout à coup et le temps se figea pendant quelques secondes. Devant l'absence de réponse, Adélaïde murmura :

– Allez-y, Juliette. Peut-être qu'ils vont vous répondre.

La bonne s'accrocha au bord du guéridon, les genoux joints et la tête dans les épaules. D'une voix fluette, elle demanda :

– Y a quelqu'un ?

A ce moment précis, elle sentit comme un frôlement glacé sur ses jambes, se renversa en arrière contre sa chaise pour éviter l'horrible caresse et retomba lourdement en avant. Un hurlement inhumain traversa la pièce qui fut aussitôt plongée dans le noir. Les deux femmes se mirent à crier en se jetant mutuellement dans les bras l'une de l'autre tandis qu'une insoutenable odeur de soufre envahissait le salon. La baronne eut quand même la force d'aller rallumer la lumière en rasant les murs.

Lorsque la clarté revint, elles virent le chat affolé, perché sur la cheminée et faisant des bonds pour éteindre le feu que la bougie avait communiqué à sa queue déjà meurtrie par les pieds de Juliette. La bonne et le chat refusèrent de participer aux expériences à partir de ce soir-là.

La baronne s'était vite rendu compte qu'il lui manquait des données pour obtenir un résultat concret et commença à diriger ses recherches vers les spécialistes. En l'occurrence, ce furent tout d'abord ses amis, spirites convaincus, et elle accepta leurs invitations comme celle envoyée par le colonel Vachard du Meldier la conviant dans sa propriété familiale de Bouzillon-sur-Groseille.

Le colonel était un vieux briscard à la retraite dont la carrière avait eu lieu dans l'infanterie. Durant toutes ses années d'activité, il s'était évertué à casser les pieds de ses soldats qui en avaient pourtant bien besoin pour marcher et, maintenant qu'il se trouvait au repos, sa famille devait se mettre au garde-à-vous. La propriété de Bouzillon-sur-Groseille fut construite par son arrière-grand-père, déjà militaire de haut grade sous les ordres du maréchal Bugeaud, et ressemblait à un palais arabe. Son séjour en Algérie lui avait inspiré les plans d'une grande maison bourgeoise d'art mauresque qui aurait ravi un restaurateur maghrébin. L'ancêtre du colonel Vachard du Meldier aurait été comblé de joie en voyant sa résidence de nos jours. Les producteurs de maïs, pompant dans les nappes phréatiques pour se faire du blé, avaient complètement asséché la rivière répondant au joli nom de Groseille et passant dans la propriété qui, de ce fait, se trouvait au milieu d'un sahara campagnard. Les arbres environnants prenaient des airs de cactus et la Groseille était en pleine déconfiture.

Tout cela n'empêchait pas le colonel de donner des réceptions qu'il menait à la baguette et, parfois, dans le but précis d'appeler les esprits au rassemblement. Lorsque la baronne de la Tronche en Biais arriva à Bouzillon-sur-Groseille, elle fut accueillie par l'officier supérieur en culottes de peau sur le perron de sa maison.

– Adélaïde, ma belle ! Vous avez fière allure avec ce superbe chapeau !

– Je n'ai pas de chapeau, cher Octave, ce sont mes cheveux.

Il la fit entrer au pas de charge et la mena tambour

battant jusqu'à sa chambre où elle déballa son paquetage de chez Vuitton. Les autres invités arrivèrent peu après et le colonel fit sonner le dîner. Tous les convives étaient de fervents adeptes du paranormal et la conversation ne tourna qu'autour de ce sujet. La baronne, seule néophyte de l'assemblée, écoutait avec attention les incroyables histoires racontées par chacun d'eux et certifiées exactes à grand renfort de détails. Antoinette de Barbencourt, vieille fille au visage de nèfle grise, et qui depuis soixante-dix ans protégeait son pucelage dans de longues robes coffres-forts, fut la première à aborder la question des déplacements d'objets.

– C'est de la psychokinèse, dit le colonel en reprenant du dessert.

– C'est très bon, répondit la baronne. Il faudra me donner la recette.

Le vicomte de Fauché-Lathune enchaîna aussitôt avec ses rêves prémonitoires et raconta le dernier qui lui avait fait prévoir l'emprisonnement d'un homme politique pour tripatouillages financiers et détournements de fonds publics.

– Ce n'est pas de la prémonition, rectifia le colonel, c'est de l'évidence.

Celle qui fit le plus d'effet avec un exemple de matérialisation fut Mme de Foncoutula, veuve d'un haut fonctionnaire constamment déplacé par les gouvernements successifs dans divers fauteuils de responsabilités et que ses collègues avaient surnommé « Fous ton cul là ». Elle venait de raconter les exploits d'un médium qui avait fait apparaître l'ectoplasme de son mari, décédé depuis peu.

– J'y crois, aux ectoplasmes, approuva franchement le colonel.

– Surtout à la moutarde, fit Benoît Lefourbe, ancien ministre toujours enrhumé et sourd comme un pot.

Contrairement à lui, Adélaïde ouvrait grandes ses oreilles. Profane en la matière, elle ne demandait qu'à s'instruire et tous ces phénomènes paranormaux lui déclenchaient une irrésistible curiosité.

– Vous croyez que je pourrais revoir mes époux, moi aussi ? demanda-t-elle à la cantonade.

– Oui, sans doute, affirma le colonel, mais pas tous en même temps car le salon n'est pas assez grand.

Après le café, le maître de maison convia tout le monde à prendre place à l'endroit spécialement agencé pour les séances de spiritisme. C'était une pièce petite mais confortable. Une grande table ronde entourée d'une douzaine de chaises trônait en son centre, posée sur un parquet à point de Hongrie. Il n'y avait aucun autre meuble dans ce cabinet feutré par un velours tendu au mur. Une ampoule à long fil descendait du plafond. Sans abat-jour, nue, elle diffusait une lumière rougeâtre due à la teinte de son verre.

Les invités prirent place dans un ordre dispensé par le colonel. A sa gauche et à suivre, se trouvaient Mme de Foncoutula, le vicomte de Fauché-Lathune, Antoinette de Barbencourt, la baronne de la Tronche en Biais, le ministre Benoît Lefourbe, la comtesse de Brossarebourg, le banquier Jeudé-Millefrand et la marquise de Piéautrain. Neuf corps vivants pour attirer les âmes des trépassés en formant une ronde avec leurs mains jointes. Le colonel Vachard du Meldier, contrairement à son habitude, parla à voix basse.

– Mes amis, bien qu'il ne soit pas encore minuit, nous allons commencer la séance car les esprits agissent peut-être à l'heure d'été et, dans le doute, il ne faut pas s'abstenir. Je pense que vous serez d'accord que nous appelions mon arrière-grand-père, le général Vachard du Meldier. Étant donné qu'il a vécu dans cette maison, il sera moins dépaysé que quelqu'un d'autre.

Des hochements de tête lui répondirent. Le colonel se concentra et dit, d'un ton pénétré :

– Papy, c'est moi, Octave... Il y a des mois que j'essaie de t'avoir... M'entends-tu ?

Un silence parfait répondit à la question. Le colonel la renouvela.

– Grand-papy, es-tu là ? Réponds-moi... Un coup pour oui, deux coups pour non...

A part un raclement de gorge du ministre sourd et la respiration sifflante de la comtesse de Brossarebourg, aucun bruit ne se fit entendre. Le banquier Jeudé-Millefrand s'impatienta.

– Il s'est peut-être fait brancher aux fantômes absents ? Il serait préférable de lui envoyer un fax.

La plaisanterie ne fit rire personne. Les spirites sont comme les amateurs de films pornos. Ils n'aiment pas qu'on se moque du sujet qu'ils affectionnent et le colonel le fit sentir vertement au banquier.

– Mon cher Jeudé, le général est mort des suites d'une blessure par les troupes d'Abd el-Kader en 1850. Il y a donc presque cent cinquante ans et, à cet âge, il est difficile de répondre tout de suite quand on vous appelle à l'improviste.

Antoinette de Barbencourt s'interposa.

– Pourquoi n'appelleriez-vous pas son fils, votre grand-père ? Il est plus jeune.

Comme si une réponse venait de l'inconnu, une

sorte de bourdonnement plana sur la table puis un claquement sec figea l'assistance.

– C'est une mouche, annonça Fauché-Lathune qui venait de la rater en tapant à côté.

La baronne, qui jusqu'alors n'avait jamais été témoin de manifestations surnaturelles, commençait à s'impatienter.

– Il faudrait peut-être s'y prendre autrement ? J'ai entendu dire qu'il fallait toujours le concours d'un médium pour servir d'intermédiaire.

– Vous avez raison, Adélaïde, accorda le colonel. Jusqu'à présent, le médium était notre cher ministre ici présent mais il est devenu tellement sourd qu'il n'entendrait même plus les esprits frappeurs.

La baronne se pencha vers l'ancien ministre et lui cria dans l'oreille :

– C'est le moment ! Vous voulez essayer ?

– Quoi ? hurla-t-il. Le gouvernement est renversé ?

– Qu'est-ce que je vous disais, baronne ! calma le colonel en reprenant les mains de ses voisins. Quelqu'un veut-il tenter une liaison avec un parent ? Adélaïde ? L'un de vos époux ?

Mme de Foncoutula parla du succès de l'apparition de son défunt mari. Ce fut au cours d'une séance de spiritisme organisée par Gérard Majax pour une émission de TF1 sur la magie. Bien qu'elle ait émis quelques réserves sur la ressemblance de son époux avec le truc informe apparu sur un grand écran influencé par le médium Zoubida Laboudou, Mme de Foncoutula avait voulu y croire.

– Évidemment, si je pouvais entrer en communication avec Anselme, rêva la baronne.

– Je veux bien vous servir de médium, proposa la

marquise de Piéautrain. Je suis d'une nature hypersensible.

La séance reprit dans une parfaite concentration. Tous les regards étaient braqués sur la marquise de Piéautrain qui, les yeux fermés, le visage agité par de légers tremblements, essayait de diriger sa pensée vers l'au-delà. Antoinette de Barbencourt souffla imperceptiblement à Adélaïde :

– Allez-y ! Appelez votre mari.

La baronne, très émue, murmura le nom de son époux. Tant d'années étaient passées depuis. Où était-il, à présent ? Peut-être loin ? Peut-être près ? Elle l'imagina, errant dans le labyrinthe des trépassés comme le pauvre Thésée à la recherche d'une issue salvatrice. La marquise de Piéautrain pouvait-elle être l'Ariane qui lui tendrait le fil du secours ?

– Encore, souffla Antoinette de Barbencourt. Insistez !

– Anselme, es-tu là ?

– Vous sentez quelque chose, marquise ? demanda le colonel.

La marquise de Piéautrain venait de changer d'expression. Le cou tendu, le menton relevé, elle fixait la lampe rouge pendant au-dessus de la table. Une attention subite avait modifié son comportement.

– Oui, je vois une ombre.

Le silence revint, total, pesant. Adélaïde, les mains moites et la gorge sèche, regarda à son tour l'ampoule autour de laquelle une mouche volait.

– C'est la mouche que j'ai ratée, confirma Fauché-Lathune.

– Non, non, insista la marquise-médium. C'est une ombre qui me cache entièrement la lampe. Elle est énorme, immobile, grande, épaisse.

Comme tous ses voisins, la baronne ne voyait toujours rien mais la description de la marquise concordait avec le physique de feu Anselme. Ce fut un homme de haute taille, massif et calme. Que son image apparaisse près de l'ampoule ne surprenait pas la baronne outre mesure car il adorait les abat-jour sous lesquels il lisait son journal, le soir au coin du feu.

– Alors ? Alors ? demandèrent les invités, haletants.

– Ah ! fit la marquise. Ça vient de bouger !

– C'est toi, Anselme ? s'écria la baronne.

L'instant était d'une rare intensité. Un ectoplasme allait enfin apparaître, déchirant le voile du doute, apportant la preuve d'une vie après la mort. Changés en statues, les officiants, fascinés par cette lampe qui allait éclairer leur ignorance, attendaient l'impossible, le fantastique, l'irréel.

La marquise se leva, irrésistiblement attirée par l'ombre qui s'épaississait de plus en plus jusqu'à rendre flou tout ce qui l'entourait. Puis, levant les bras en offrande, elle les tendit en avant pour les rapprocher de son visage et, lentement, ses mains s'appliquèrent sur ses yeux pour leur cacher l'insupportable. D'une voix étranglée, elle révéla l'atroce vérité.

– C'est ma lentille qui se décolle !

La déception fut générale. Adélaïde abandonna tout espoir d'un contact avec Anselme et lâcha les mains de ses voisins. Le colonel maîtrisa difficilement son impatience et envoya tout le monde se coucher au pas de gymnastique.

En guise de manifestations surnaturelles, la baronne entendit toute la nuit les gémissements des vieux meubles de sa chambre et ceux de la charpente qui se dilatait la rate. Si ces bruits étaient dus à des causes anormales, cela prouvait que les revenants ne manquaient pas d'esprit.

Plusieurs jours après ce fiasco chez le colonel Vachard du Meldier, Adélaïde rencontra la comtesse de Brossarebourg au cours d'un cocktail organisé par le congrès annuel des Voyants extra-lucides. Il y avait là tout ce qu'on peut compter de spécialistes dans le domaine hors matière. Des astrologues, des augures, des devins, des mages, des aruspices, des prophètes, des pythies, des pythonisses, des sorciers, des voyants, des visionnaires, des envoûteurs, des cartomanciens, des gourous, des enchanteurs. Il y en avait des blancs, des noirs, des jaunes, des rouges, bref, de quoi en voir de toutes les couleurs. L'exotisme de leurs noms renforçait la valeur de leurs pouvoirs : Brunellia, Astrid, Vanessa, etc. Ceux qui s'étaient spécialisés dans la recherche de l'argent et de la réussite se prénommaient Richardo, Fortuné. Ceux qui voulaient faire croire à leur sincérité s'appelaient Franco, Clarina ou Perfecto. Cette nouvelle génération d'extra-lucides avait une fois pour toutes délaissé les noms surannés de leurs prédécesseurs. On n'imagine pas, aujourd'hui, un voyant faire de la pub dans les journaux de télé sous les pseudonymes de Marcel Mafflu ou de Paulette Lenglumé. La première à sauter le pas fut Mme Soleil. Avec une telle appellation, comment ne pas penser à sa clairvoyance ? Un voyant homosexuel avait bien tenté de s'appeler M. Lune mais il fut victime d'une clientèle trop dirigée vers son centre occulte.

En résumé, la baronne et la comtesse ne savaient plus où donner de la croyance dans cette foire au merveilleux. Elles avaient assisté à différentes conférences données par les maîtres du genre et en étaient ressorties convaincues. En particulier par un mage répondant au nom original de Maginax et qui prônait le spiritisme touristique sur des tables d'orientation, le spiritisme financier sur des tables de multiplication, le spiritisme érotique sur des tables à repasser et, enfin, le spiritisme gastronomique sur des tables de restaurants trois étoiles. L'esprit prévalant sur la matière, tout lui était matière à faire de l'esprit.

A l'issue du cocktail, la comtesse de Brossarebourg avait présenté le mage Maginax à la baronne. C'était un homme grand, brun de poil et au visage régulier inspirant confiance. La cinquantaine argentée sur les tempes, un léger bronzage se mariant parfaitement avec son costume anthracite, il faisait penser à un patron d'hôpital en tenue de ville.

– Venez me voir à mon cabinet, madame la baronne, avait-il dit en s'inclinant sur un élégant baise main. Les séances de spiritisme amateur réussissent rarement car il y a trop d'influences néfastes.

– Le maître est formidable, avait renchéri la comtesse. Il m'a fait entendre la voix de mon mari. Un peu déformée, mais c'était bien elle.

Convaincue par cet argument irréfutable, la baronne se présenta le lendemain même à la clinique spirite du maître, une villa cossue du Vésinet, plantée au milieu d'un parc arboré. Devant la grande porte vitrée, des cygnes s'ébattaient sur un étang bordé de saules et entouré de superbes massifs fleuris. Lorsqu'elle entra, Adélaïde vit un bureau d'accueil circulaire au centre d'un hall décoré de plantes rares. Elle se présenta à l'employée vêtue d'une blouse blanche.

– Je suis la baronne de la Tronche en Biais et j'ai rendez-vous avec le professeur Maginax.

– Oui, nous vous attendions. Le maître est encore en consultation et il vous prie de patienter un peu. Si vous voulez bien vous asseoir...

Adélaïde prit place sur une chaise située entre deux philodendrons majestueux et son regard fut attiré par un grand tableau fixé au mur d'en face et sur lequel étaient inscrits plusieurs noms avec des indications correspondantes. « *Moktar Lahoussine, parapsychologue, 1er étage, porte B.* » « *Mamadou, travaux occultes, 2e étage, porte C.* » « *Madame Rosina, conseillère en politique, 3e étage, porte D.* » « *Iris Prunel, voyance directe, 3e étage porte E.* » « *Maginax, médium, 4e étage, portes A,B,C,D,E,F.* »

C'était un véritable centre médical pour les soins de l'âme comme il en existe pour ceux du corps. Tous ces prestidigitateurs du surnaturel s'étaient réunis en société à responsabilité très limitée, à l'exemple de ces polycliniques traitant toutes les maladies. La baronne se demanda si les consultations étaient remboursées par l'Insécurité sociale.

Plusieurs personnes s'étaient présentées à l'accueil durant son attente. Si elles avaient toutes l'air préoccupé, leurs aspects étaient différents. Des femmes, genre petites ménagères ou grandes bourgeoises, des hommes de tous âges dont certains montraient des signes de respectabilité et d'autres d'insignifiance. L'hôtesse d'accueil appela enfin la baronne.

– Madame de la Tronche en Biais, le professeur Maginax vous attend.

Dans son immense cabinet, presque ministériel, le maître était aux prises avec deux ouvriers ramoneurs qui n'en finissaient pas de racler la cheminée monumentale.

– Ça va durer longtemps ? J'ai des clients à recevoir, moi !

– Excusez-moi, monsieur, mais mon patron est sur le toit avec ses outils et je ne peux pas lâcher la corde.

Depuis une bonne heure, les ramoneurs nettoyaient le conduit de fumée et le mage attendait patiemment qu'ils aient terminé leur travail. Devant le retard qui s'installait, il venait de prendre un coup de sang.

– Votre patron n'a qu'à se débrouiller tout seul. Quant à vous, vous allez me débarrasser le plancher tout de suite ! J'ai quelqu'un à recevoir maintenant.

Celui à qui il venait de s'adresser était un tout jeune homme n'ayant rien d'un ramoneur, probablement entré dans l'entreprise pour payer ses études. Sa chevelure noire et bouclée, la mue de sa voix lui donnaient des airs de fille. Répondant à l'ordre de Maginax tout en tenant son hérisson de ramoneur, il passa la tête sous le manteau de la cheminée pour héler son patron sur le toit.

– Ho, m'sieur Mimile ! Je dois laisser le bureau libre pour un moment. Vous pouvez continuer tout seul ?

La voix du ramoneur en chef parvint jusqu'à lui par le conduit.

– Ouais ! Mais avant, va chercher la brosse dure. Tu me la passeras avec la ficelle. Je vais nettoyer le capuchon en attendant.

L'apprenti quitta aussitôt le cabinet du mage. Adélaïde y fit son entrée quelques secondes après.

– Ravi de vous accueillir, chère madame. Soyez la bienvenue et essayez de vous détendre. Schubert et moi allons nous y employer.

En disant cela, Maginax avait ouvert le rideau de ses lèvres sur les touches de piano de ses superbes dents blanches. Un vrai dentier de concert laissant passer une voix aux inflexions mélodieuses, un Stenway dentaire que n'aurait renié aucun musicien classique. Joignant le geste à la parole, il déclencha un magnétophone et une œuvre de Schubert se fit entendre.

– C'est « *Gesang der Geister uber den Wassern* », annonça le maître avec un parfait accent allemand. Cela veut dire « Chant des esprits au-dessus des eaux ». Asseyez-vous, nous allons invoquer celui de votre mari.

La baronne prit place devant un guéridon marqueté de nacre et d'ivoire. Impressionnée par les lieux et la musique, ses mains tremblantes déjà posées sur le meuble, elle demanda :

– Anselme va vraiment me répondre, vous croyez ?

– Je suis entré psychiquement en relation avec lui hier au soir, avoua Maginax. Les cartes et la boule de cristal m'ont informé de sa présence dans l'immatériel.

– Ah ! Vous lisez dans le marc de café ?

– Non. Dans le marc de Bourgogne.

Le maître ne souriait plus. Le visage impassible, il regarda la baronne au fond des yeux après lui avoir pris les mains puis, commença ses incantations.

– Ô toi, Anselme Pourleudeux qui erres à présent dans le fluide universel à la recherche d'une autre enveloppe charnelle, abandonne pour un moment le domaine des morts et que ton périsprit transmette ses ordres au simple intermédiaire que je suis. Fais-nous savoir où tu te trouves et si tu m'entends nous accepterons tes désirs et tous les moyens que tu choisiras pour établir la communication.

Le téléphone se mit à sonner. Adélaïde se raidit.

– C'est lui, j'en suis sûre !

Maginax se leva, l'air excédé.

– J'avais dit qu'on ne me dérange pas ! Excusez-moi, baronne, je vais répondre dans l'autre pièce. Concentrez-vous pour ne pas perdre le bénéfice de notre travail préliminaire. Je reviens de suite.

Il la laissa seule dans le cabinet où la musique de Schubert était toujours diffusée dans un discret fond sonore. Elle avait fermé les yeux et son être tout entier était tendu vers cet époux impalpable dont la présence éthérée planait sur sa tête. Tout à coup, une voix venant du ciel passa par la cheminée et entra dans la pièce comme un coup de tonnerre.

– Alors, ça vient, oui ?

La baronne fit un bond énorme sur sa chaise, propulsée par le ressort d'un étonnement sans nom.

– Mon Dieu ! Anselme ! C'est lui ? C'est toi ?

– Parle plus fort ! cria la voix. Je t'entends pas !

Adélaïde regarda autour d'elle, en proie à un étonnement mêlé de frayeur. L'endroit était vide ! Un frisson la parcourut de haut en bas et tout son corps se glaça malgré les bouffées de chaleur qu'elle ressentait, pareilles à des spasmes. Comme dans un film fantastique, l'œuvre de Shubert se feutra d'elle-même, presque jusqu'au silencc, ne laissant entendre qu'un violoncelle grave qui mourait peu à peu dans le bas de la gamme.

Et, soudain, tout éclata en même temps. Les cuivres, les cymbales, la grosse caisse. Une explosion symphonique emplit la pièce, couvrant à peine le cri d'effroi que poussa la baronne à l'écoute de ce « bang » musical.

– Au secours ! hurla-t-elle en renversant sa chaise.

La voix passa à nouveau par le conduit de la cheminée.

– T'as des emmerdes ?

Compréhensive, la musique retomba dans le pianissimo. Malgré sa surdité, l'esprit de Schubert dirigeait l'orchestre qui se fit plus discret devant l'affolement d'Adélaïde. Les violons partirent sur la pointe de leurs pizzicati, apportant un calme relatif à la baronne qui s'entendit répondre faiblement.

– Non... tout va bien... et... et toi ?

Une vague réponse, plus lointaine, arriva à ses oreilles. N'ayant pu la saisir, elle osa demander :

– Si tu m'entends, réponds-moi. Un coup pour oui, deux coups pour non.

Une série de coups de marteau descendit en cascade. Devant cette avalanche peu commune dans le cadre de l'entretien avec les esprits, la baronne sentit sa peur se transformer en perplexité. Que voulait dire cela ? Anselme avait-il des ennuis dans le royaume des morts pour que cette bousculade de coups détruise à ce point les conventions ? Elle voulut s'en assurer.

– Anselme ! Je ne comprends pas. Tu as des ennuis ? Tu es en difficulté ?

– En difficulté ? Tu veux dire que je me fais carrément chier en t'attendant ! En plus, ces conards de pigeons m'ont bouffé mon sandwich.

Ces indications plus terre à terre que célestes étonnèrent un peu Adélaïde mais elle les mit sur le compte de sa déstabilisation. Sans doute n'avait-elle pas bien compris. Même la voix de son époux était déformée. Il est vrai qu'elle venait de si loin !

– Qu'est-ce que tu branles ?

– Je viendrais te rejoindre un jour lorsque Dieu m'appellera.

– Quoi ? Parle plus fort ! Je t'entends pas !

La baronne se concentra davantage, appuya fortement ses mains sur le guéridon et donna de la voix le plus fort possible.

– Je te suis restée fidèle !

– T'as paumé la ficelle ?

La théorie de l'évolution des esprits en voie de réincarnation effleura la pensée d'Adélaïde. Elle ne reconnaissait plus le phrasé délicat d'Anselme qui, à présent, tenait beaucoup plus du jargon que de la langue pure. Peut-être que son âme était en régression. Elle s'inquiéta.

– Tu es heureux, là-haut ?

– Heureux ? Tu te fous de ma gueule ! Y a une plombe que j'attends la brosse ! Où es-tu, j' te vois pas ?

– Mais je suis là, Anselme, ici-bas.

– Je l' sais bien que t'es en bas ! Passe la tête dans la cheminée, je vais t'envoyer une pince pour resserrer tes écrous. Vérifie ton entonnoir, t'as l' conduit qui s' débine !

Devant l'incohérence des propos, la baronne souhaita ardemment le retour de Maginax. L'absence d'un médium déréglait sans doute le code de la conversation avec l'au-delà. La voix continua.

– Ho ! Tu m'entends ? Viens dans la cheminée, tu me verras. Je suis juste au-dessus.

Comme un automate, la baronne avança vers la

pierre monumentale, énorme bouche noire d'où sortait cet appel. Oscillant entre l'incrédulité et le désir de voir ses désirs se réaliser, elle demanda :

– Tu es au paradis ? Je pourrai te voir ?

– J'ai pas de parapluie ! Y va pas pleuvoir !

Adélaïde se courba pour mettre l'un de ses pieds dans l'âtre. A ce moment, une grosse corde tomba devant elle, lui frôlant le front. Elle entendit :

– Bon ! Fais gaffe ! J' vais te donner du mou pour ton hérisson.

Elle n'essayait plus de décrypter ce langage ésotérique, s'en remettant aux forces inconnues qui l'attiraient irrésistiblement. Voulant saisir la corde qui se balançait devant son visage, sa main entra dans le nœud coulant jusqu'au poignet et elle sentit son bras happé vers le haut. Dans une brutale ascension, Adélaïde de la Tronche en Biais disparut dans le conduit de fumée en poussant un hurlement bientôt étouffé par la brique réfractaire.

Maginax revint alors dans son cabinet, regarda autour de lui et, bien sûr, ne vit pas sa cliente. Pensant qu'elle avait perdu patience en l'attendant, il haussa les épaules dans un geste fataliste et s'installa à son bureau, face à la cheminée. Son attention fut aussitôt attirée par un frottement bizarre et un gros nuage noir émergea de l'âtre. Avant qu'il n'ait eu le temps de réaliser, une chose recouverte de suie tomba sur les dalles du foyer, une sorte de masse sans forme qui se mit à gigoter, suffoquer, tousser, souffler, éternuer. Maginax regarda ça avec stupeur puis s'approcha.

Sans pouvoir vraiment identifier ce qui se trouvait sous ce revêtement charbonneux, il crut reconnaître l'apprenti-ramoneur à sa chevelure noire et bouclée et dont le visage était recouvert de suie. D'un geste rageur, il le prit par le col, l'emmena sans ménagement jusqu'à la porte et s'en débarrassa d'un coup de pied dans l'arrière-train.

– Foutez-moi le camp d'ici, espèce d'incapable ! Je ne veux plus vous voir et votre patron aura de mes nouvelles ! Avec vos conneries, vous m'avez fait perdre une cliente !

De sa main blanche, Maginax épousseta les débris de charbon qui mouchetaient sa veste anthracite et appuya sur le bouton de son interphone. Au bout du fil, la secrétaire enregistra les ordres du maître.

– Il faudra envoyer des fleurs à la baronne de la Tronche en Biais pour la récupérer. Elle m'a paru dépressive et maintenant j'ai peur qu'elle broie du noir.

Épilogue

La vie n'est faite que de rideaux qui se lèvent et retombent successivement sur les différentes scènes de notre passage sur terre. Si les hommes sont les acteurs de leur existence, certains ont besoin d'être acteurs pour exister. Sans conteste, je fais partie de ceux-ci. Sans la possibilité de m'évader de mon enveloppe habituelle pour jouer ou écrire, je serais mort d'ennui depuis bien longtemps. J'aime être caméléon pour changer ma couleur, terre à modeler pour prendre des formes différentes, instrument de musique pour varier mes tonalités. J'aime toucher à tout pour des expériences nouvelles qui mettent en mon esprit l'irremplaçable désordre des greniers où l'enfant se sent heureux dans la découverte des trésors cachés. Je fouille en moi pour y trouver l'inconnu, pour avoir l'impression que je renais dans un enthousiasme que l'on perd souvent avec l'habitude d'être toujours le même.

Quelques amis trop sérieux me disent, parfois, que je me disperse. Ils ont raison si l'on veut traverser sa vie en empruntant l'autoroute tracée par la rigueur, mais cette façon de voyager de la maternité au cimetière ne m'intéresse pas. Il me faut les départementales et les chemins vicinaux qui me mènent en terre inconnue. J'y découvre quelquefois des ornières et des bâtisses en ruine, mais je suis si heureux quand mes allées sont belles et que je me sacre empereur dans mes châteaux en Espagne.

La vie est à la fois trop courte et trop longue, trop banale et trop rare, trop superbe et trop affreuse, trop intelligente et trop con pour qu'elle nous laisse l'embrasser avec des lèvres prudentes et la toucher avec des mains gantées. Il faut l'empoigner comme une fille de joie qui aurait des élans de tristesse et lui dire : « Tu es moche, mais je te trouve belle. » A ce moment-là, vous la verrez se pavaner devant vous en faisant la roue de toutes les bonnes fortunes.

C'est ce que j'ai fait et continue à faire malgré mes soixante-dix carats auxquels j'ai du mal à croire quand je me vois faire autant de pitreries télévisuelles. Je plains beaucoup les septuagénaires qui ne peuvent pas plonger dans une bassine, la tête en avant, ou faire des sauts de carpe dans un lit de théâtre avec Amanda Lear. Bon sang, qu'il est bon de refuser à tout jamais d'être un petit vieux !

Je sais, toutefois, que mes moyens sont limités mais je vais jusqu'au bout de leurs limites, quitte à faire péter les joints d'une prudence qui ne m'a, malgré cela, jamais quitté.

Sous mes habits de clown, j'ai un cœur de midinette et je pleure aussi facilement que je ris. Je suis heureux de cet amalgame qui rend mes extravagances folles et sympathiques à la fois. Je n'aime pas les comiques méchants car le rire qu'ils font naître fait appel aux mauvais sentiments des hommes. Le rire est fait pour faire du bien et non pas du mal. Dans ce bien, il peut y avoir autant de moquerie que de respect pour les déshérités qui nous amusent, autant d'impertinence que de correction et autant de dureté que de tendresse. La fusion de tous ces sentiments fait les plus grands comiques. Charlie Chaplin n'est certainement pas le patron des amuseurs issus de la violence de notre temps et qui ne décochent que des traits acides à leurs pauvres victimes.

La baronne de la Tronche en Biais aurait pu être la fille de Charlot car je l'ai voulue désavantagée par la nature et les circonstances afin qu'elle nous amuse par son physique et ses maladresses. Pendant l'écriture de ce livre, je l'ai fait jouer sur un écran de papier, filmée par une plume caméra. Elle n'obtiendra jamais de récompenses professionnelles mais qu'importe ! Elle s'en bat l'œil et s'en tamponne le coquillard.

En choisissant ce bouquin, vous lui avez décerné le « César » de la préférence et l'« Oscar » de la fidélité. Dans une dernière noble révérence, la baronne vous en remercie et Sim vous salue bien.

Table

Cet ouvrage a été réalisé par la
SOCIÉTÉ NOUVELLE FIRMIN-DIDOT (Mesnil-sur-l'Estrée)
pour le compte de LA LIBRAIRIE PLON

Achever d'imprimer en mai 1997

Imprimé en France
Dépôt légal : mai 1997
N° d'édition : 12823 – N° d'impression : 38374

Clara Truchot

LA VOIE DU YOGA

DE VECCHI POCHE
20, rue de la Trémoille
75008 PARIS

Photos de Bernard Gaulin

Every words written on yoga will become immortal. Record my words [1]

Swami Satyananda

[1] *Chaque mot écrit sur le yoga deviendra immortel. Retenez mes paroles*

Note de l'auteur

L'auteur remercie vivement l'adepte du Yoga qui a aimablement accepté d'être photographié pour ce livre.

Préface

Une insatisfaction d'être, propre à notre époque, conduit les hommes à chercher dans leur corps un apaisement à leur malaise profond.
L'instabilité, le doute, la violence de notre monde moderne, suscitent une quête irrésistible vers ce qu'on peut appeler un “retour aux sources”. L'individu vit aujourd'hui dans un monde qu'il ne comprend plus. Même les hommes de science les plus éminents admettent la nécessité, pour l'être humain, de retrouver le contact avec les lois qui gouvernent l'Univers.
L'homme sent instinctivement qu'il est autre chose que ce robot dépersonnalisé, conditionné, enchaîné... Les tensions permanentes qui lui sont imposées ont des conséquences aussi imprévisibles que redoutables sur son état d'être.
Notre époque très mécanisée oublie trop souvent que si l'homme est matière, il est également esprit, sensibilité, sentiments, rêves... Tous les progrès techniques, aussi stupéfiants soient-ils, ne peuvent résoudre les conflits émotionnels qui risquent de le démolir à tous moments.
Et un jour, l'homme désemparé se met à chercher une issue... La nature dit-on fait bien les choses et le remède se trouve, comme il se doit, à côté du mal... Notre XXᵉ siècle si prompt à nous déséquilibrer nous offre un éventail de possibilités extrêmement large pour récupérer cet équilibre.

Un de ces moyens, et non le moindre, est le YOGA, cet inestimable cadeau venu de l'Inde et qui, depuis la nuit des temps, n'a jamais cessé d'exister, résistant à toutes les vicissitudes et à tous les changements.
Il est de fait que l'Orient, avec sa richesse spirituelle millénaire, a beaucoup à nous offrir au moment même où, paradoxalement, mais par la loi du juste équilibre de l'Univers, il se laisse gagner avec plus ou moins de bonheur par la science occidentale.

PREMIÈRE PARTIE

Questions sur le yoga

Connais-toi toi-même et tu connaîtras l'Univers et les Dieux.
SOCRATE

Qu'est-ce que le yoga?

Le yoga n'est ni une science occulte, ni une technique de relaxation, encore moins une méthode d'hypnose. Ce n'est pas non plus une religion.

Le yoga est basé sur les lois du *Dharma*, c'est-à-dire sur les lois fondamentales de la vie et il semble même qu'à l'origine le yoga était athée.

Les religions s'en sont ensuite emparé pour parfaire leur ascèse, mais en lui-même le yoga est resté ce qu'il était : une science précise, un ensemble de techniques coordonnées dont le but ultime est de faire retrouver à l'homme ses liens avec l'Univers.

C'est le sens même du mot yoga dont la racine *yug* signifie unir, joindre, lier.

N'est-ce-pas également le sens attribué au mot "religion" du latin *religare* : relier?

On peut donc admettre que, par la prise de conscience et la compréhension de la nature profonde de tout ce qui forme l'Univers, un non-croyant, sans adhérer à aucun dogme, peut acquérir un état religieux, alors qu'un croyant ne peut qu'être fortifié dans ses convictions religieuses.

Quoi qu'il en soit, le yoga est une recherche intérieure qui, en commençant par réconcilier l'homme avec lui-même, lui permet ensuite de se mettre en harmonie avec son entourage, son environnement et finalement avec l'Univers.

Le yoga arrive donc à modifier peu à peu la façon de vivre de celui qui le pratique, mais très subtilement, sans bouleversement spectaculaire : fortuitement l'adepte s'aperçoit un jour que presque à son insu "quelque chose" en lui a changé.
Il est évident que ce résultat ne s'obtient pas aisément; un effort régulier, persévérant, mais à la portée de tous, est l'unique facteur de cette réussite.
Si la modification de son état d'être n'est pas immédiatement perceptible, des résultats plus concrets pourront être notés et encourager le pratiquant dans son effort :

— meilleure santé générale
— souplesse corporelle maintenue ou améliorée
— contrôle plus aisé de la respiration
— meilleur contact avec les autres.

Tout ceci à travers ces "clés" du yoga que sont les postures, la respiration, la concentration et une discipline mentale qui peu à peu s'impose naturellement à l'adepte.
Nous insistons sur le fait que, sans expérience vécue, il est impossible de comprendre les effets et les buts du yoga. *Comment connaître le goût du sel sans avoir goûté au sel?...*
A celui qui est tenté par cette voie, nous pouvons citer des exemples, montrer des écueils, indiquer une direction, mais c'est à l'aspirant lui-même qu'il conviendra de défricher le sentier sur lequel il va cheminer.

Pourquoi le Yoga

Mais pourquoi le yoga s'est-il tout à coup imposé avec tant de force à l'Occident?...
On peut affirmer aujourd'hui que, hors de tout engouement ou de tout snobisme, il commence à faire ses preuves...
Mais on peut se demander pour quelle raison un individu,

un jour, prend la décision de "se mettre au yoga"... A cette question les grands maîtres répondent: "Peu importe la motivation, c'est déjà une grâce d'être porté vers le yoga..." Le fait est qu'à partir des motifs les plus différents, le yoga, sans être une panacée, arrive à satisfaire la plupart des gens qui se sont engagés dans cette Voie. Sa grande force est peut-être de prendre l'homme tel qu'il est, au point où il en est, et, à partir de ses limites, de le mener à une meilleure Connaissance de Soi. La modification de son état intérieur éclaire peu à peu les moindres actes de sa vie quotidienne. C'est un long chemin, escarpé mais combien "gratifiant", où chacun voyage à son propre rythme vers un but qui est le sien.
En bref, le yoga apprend à vivre mieux à travers la prise de conscience des possibilités latentes que tout être porte en lui. C'est pourquoi on a pu dire qu'il est un véritable art de vivre, générateur de bien-être.
Cela suffit à justifier la faveur dont jouit cette science millénaire dans tous les pays.

La légende de Shiva

Il va de soi que ce petit ouvrage ne prétend en rien être une œuvre philosophique ou scientifique. Il essaie simplement de présenter un exposé de certaines théories et pratiques utilisées dans le yoga et accessibles à tous. Tant de chercheurs, écrivains, historiens, se sont penchés avec compétence et talent sur les sources et la philosophie du Yoga que les lecteurs intéressés pourront se documenter sans difficultés à ce sujet.
Disons que le yoga, tel que nous le connaissons aujourd'hui fut utilisé, au moins sous une forme rudimentaire, il y a

5 000 ans. Différentes statues trouvées dans ce qui est aujourd'hui le Pakistan en font foi.
Les premiers livres qui mentionnent le yoga sont des Vedas (2 000 ans av.J.C.). Mais pour notre part, il nous plait d'admettre, comme certains auteurs, que le Yoga fut révélé aux hommes par des Instructeurs Divins inspirés, comme en témoigne cette jolie légende de Shiva, Le dieu Yogin.
Tandis que Shiva enseignait la science du yoga à son épouse la déesse Parvati, un petit poisson, poussé par la curiosité, s'immobilisa dans la rivière qui coulait à leurs pieds pour écouter la leçon. Parvati l'aperçut et le désignant à Shiva, lui demanda de récompenser le petit poisson pour l'attention et la sagesse dont il faisait preuve. Le Dieu Yogin accepta. Changeant le petit poisson en homme, il lui donna mission d'aller transmettre aux humains toute la science qu'il venait d'apprendre.
C'est ainsi que Matsyendra, Seigneur des Poissons, devint un Grand Yogi et fit connaître les postures de yoga aux hommes.
L'une de ces postures porte d'ailleurs son nom : Matsyendrasana. Nous vous la décrirons à la page 111.

Les étapes classiques du yoga

C'est à Patanjali, savant et yogi qui vécut 300 ans av.J.C. environ (les historiens ne sont pas d'accord à ce sujet), que nous devons ce qu'on appelle la "codification" du yoga. Grâce à son remarquable traité, les *Yoga-sutras* (aphorismes du yoga) ouvrage le plus classique et le plus connu en Occident, nous pouvons bénéficier d'une analyse précise de toutes les pratiques yogiques connues à l'époque et éprouvées par des siècles d'expérience. Mais il faut ajouter que, sans les nombreux commentaires dont il a fait l'objet, ce livre très concis, réservé à une élite d'initiés, serait probablement resté incompréhensible.

Les *Yoga-sutras* développent les "8 étapes du yoga" qui mènent l'homme à la découverte de son identité absolue avec le soi cosmique universel.

Schématiquement, ce sont :

Hatha-yoga	*Yama* : refrènement, abstinences *Niyama* : disciplines, règles de vie *Asana* : postures (contrôle du corps par l'immobilité) *Pranayama* : contrôle du souffle
Raja-yoga	*Pratyahara* : abstraction (du témoignage) des sens. *Dharana* : concentration *Dyana* : méditation *Samadhi* : état de supra-conscience

Les quatre premières étapes visent à ce qu'on pourrait appeler une purification du corps et du mental. Elles constituent le Hatha-yoga et préparent au Raja-yoga formé par les quatre dernières étapes. Pranayama, le 4e stade, représente l'étape charnière entre les deux systèmes.

Principaux systèmes de yoga

Il existe différents types de yoga qui correspondent à la nature et aux aptitudes de chaque être.

Chacun peut ainsi choisir la forme qui lui convient le mieux dans son propre contexte, mais il faut souligner qu'en fait toutes les formes de yoga se complètent et s'interpénètrent.

Sans entrer dans une étude approfondie, que nous invitons nos lecteurs à trouver dans des livres plus qualifiés, nous pouvons citer entre autres :

- *Le Hatha-yoga* : yoga de l'équilibre des énergies, considéré comme la base de tous les yogas. Il convient aux Occidentaux car il s'adresse au corps et à la respiration.
- *Le Raja-yoga* : yoga royal qui constitue la suite logique du Hatha-yoga, dont il est le couronnement, mais il contient en lui toutes les autres formes de yoga et permet de parvenir à une parfaite maîtrise du mental à l'aide de techniques d'introspection de plus en plus affinées.
- *Le Jnana-yoga* : yoga de la connaissance où la réalisation est atteinte par l'analyse discursive des lois qui régissent l'homme et l'Univers.
- *Le Bhakti-yoga* : yoga de la dévotion. Yoga qui s'adresse aux tempéraments mystiques vivant dans la visualisation, l'adoration de l'objet de leur amour, tous les grands Saints peuvent être considérés comme des Bhakti-yogi.
- *Le Karma-yoga* : yoga de l'action désintéressée, c'est-à-dire yoga qui exige de celui qui le pratique une abnégation, un détachement total dans tous les actes de la vie. Le Karma-yoga est admirablement défini dans un grand document : *La Bhagavad-gita*, livre sacré des Hindous.

Dans le courant de cet ouvrage, par commodité, nous utilisons souvent le mot yoga à la place de Hatha-yoga.

Il est évident qu'il n'est pas indispensable de connaître le sanskrit pour pratiquer le yoga. Si nous employons certains mots sanskrits, ce n'est pas par snobisme, mais bien parce que nous considérons qu'une appellation a sa raison d'être et permet de mieux comprendre le sens de ce qu'elle est chargée de définir.

Les questions qui se posent

Qui peut pratiquer le yoga?
Sauf contre-indications médicales, le yoga est accessible à tous, à tout âge, sans aucune distinction. Citons encore les paroles d'un grand maître de notre époque: « "Mère" yoga a une même affection pour tous ses enfants, ils peuvent être sages ou turbulents, riches ou pauvres, jeunes ou adultes, croyants ou athées, princes ou bergers. La couleur de leur peau ne compte pas, pas plus que leur nationalité. Tous les êtres sont égaux dans le yoga. »

Faut-il être souple pour faire du yoga? (question absolument rituelle).
Non! On acquiert de la souplesse en faisant du yoga!
Si vous êtes déjà souple, tant mieux, mais ne croyez pas que ce soit un grand avantage. Au contraire. Le yoga ne se borne pas à une satisfaction "plastique". Vous pouvez faire apparemment des postures merveilleuses et rester complètement à côté du yoga, voire arrêter le yoga parce que réussissant ce que vous croyez être tout, vous n'y trouvez rien.
Evidemment, si, avec cette souplesse naturelle, vous persévérez parce que vous sentez qu'il y a "autre chose", alors... vous avez beaucoup de chance. Admettez-le, et remerciez le ciel d'avoir mis un bel instrument à votre disposition. Car, en dehors des gens dont l'ankylose est due à un manque

d'exercice (la grande majorité), il y a des êtres "hyper-raides" pour lesquels chaque posture pose un problème... Doivent-ils renoncer au yoga? Surtout pas! Le yoga, à travers la difficulté, peut être pour eux une véritable découverte lorsqu'ils se seront acceptés tels qu'ils sont, en travaillant avec ce qu'ils ont. Admettre l'état de fait, et, à partir de là, s'améliorer est un des objectifs du yoga.

Vous pouvez arriver à modeler votre corps, le rendre plus souple, plus harmonieux; vous ne pouvez en modifier la morphologie. Sachez que vous pouvez être longiligne, bréviligne, avoir des muscles souples, durs, mous; vous pouvez être nerveux, lymphatique, sanguin, bilieux; vous pouvez être l'héritier d'une lignée de rhumatisants ou de variqueux ou... de tout autre chose.

Il faut, comme dit l'expression populaire, "faire avec". La pratique du yoga dans les conditions requises vous permettra, à plus ou moins long terme mais avec certitude, d'améliorer votre raideur articulaire, de redonner à vos muscles une juste tonicité, d'équilibrer vos fonctions, de limiter vos troubles vasculaires, digestifs, nerveux, etc., en bref, de vieillir au mieux sans vous dégrader et d'avoir "un esprit sain dans un corps sain".

Peut-on pratiquer seul?

Il est toujours préférable de travailler sous la conduite d'un professeur qualifié auquel, le cas échéant, vous aurez fait part des troubles dont vous souffrez. Il demandera, s'il le juge nécessaire, un certificat médical pour vous faire travailler. Cependant, si vos conditions sociales et familiales s'y prêtent et... si vous avez une volonté de fer, rien ne s'oppose à ce que vous pratiquiez seul les postures de Hatha-Yoga. Mais sachez qu'il ne faudra jamais vous aventurer sans guide pour des exercices poussés de Pranayama (contrôle du souffle) et pour les dernières étapes du yoga.

Nous attirons ici votre attention sur le danger réel que représente un cours de yoga mal conduit. Le yoga met en action des forces énergétiques dont vous ne pouvez soupçonner la puissance et qu'il faut savoir contrôler. Mal dirigées, elles peuvent avoir des conséquences imprévisibles.

Faut-il prendre des cours particuliers?

Oui, si vous avez des problèmes qui exigent un cours spécialement étudié pour vous.

Peut-être deux, trois, quatre fois, pour permettre à votre professeur de vous tester et au besoin de vous aider à vous insérer dans un cours d'ensemble. Rien ne remplace l'atmosphère à la fois chaleureuse, détendue, recueillie d'un cours de groupe. Mais, pour l'apprécier, les mots, une fois de plus, sont inutiles. Il faut y participer soi-même et contribuer à créer cette atmosphère...

Les cours de groupe n'excèdent généralement pas sept à huit adeptes, ce qui permet au professeur d'être attentif à chacun d'eux.

A quelle cadence doit-on pratiquer?

L'idéal serait de suivre deux cours par semaine chez un professeur et, après quelques temps d'expérience, de travailler chez soi une demi-heure à trois quarts d'heure par jour. Mais nous avons remarqué que, pour différents motifs, il est difficile aux adeptes de pratiquer chez eux. Peu importe. Deux cours par semaine — voire un seul — suivis très régulièrement suffisent à produire des résultats surprenants. Mais, en yoga comme ailleurs, seule l'assiduité est payante. Les velléitaires n'ont pas leur place.

Rappelez-vous que le yoga est une discipline librement consentie et que cette discipline commence par l'engagement que vous prenez en vous inscrivant dans un cours (ou vis-à-vis de vous-même si vous travaillez seul).

Les enfants peuvent-ils pratiquer le yoga?

En Occident où les enfants sont soumis comme les adultes au stress de la vie moderne et de la sédentarité, de nombreux enseignants — eux-mêmes adeptes du yoga — font pratiquer avec bonheur aux enfants des exercices adaptés à leur croissance.

Il n'est jamais trop tôt pour leur apprendre à savoir respirer et à pouvoir se détendre lorsqu'ils sont fatigués physiquement ou cérébralement. Mais un enfant doit toujours être confié à un professeur spécialisé.

Le yoga peut-il guérir?

Tous les Textes, tous les grands maîtres s'accordent à dire que le yoga est fait pour les gens biens portants, physiquement et mentalement.

Les postures, soutenues par la respiration, ont pour but de garder le corps en bonne santé afin qu'il soit le parfait instrument des recherches spirituelles caractérisant le yoga.

L'objectif du yoga n'est donc pas de guérir. Si vous êtes souffrants, de nombreuses thérapeutiques s'offrent à vous: allopathie, homéopathie, acupuncture, aromathérapie (soins par les plantes).

Le yoga s'avère néanmoins d'une aide précieuse: par son action directe au niveau musculaire et articulaire, il peut prévenir l'ankylose et la dégradation du corps; grâce à l'équilibre énergétique qu'il instaure, il peut réduite des troubles organiques, favoriser le sommeil, relâcher des tensions.

Encore faut-il qu'il soit pratiqué dans les conditions requises et avec persévérance.

Le yoga fait-il maigrir?

Disons que le yoga, à plus ou moins long terme, affine les formes et harmonise la silhouette, mais à condition qu'il soit soutenu par une discipline alimentaire répondant aux be-

soins réels de l'organisme. Dans notre civilisation contemporaine riche en perturbations psychologiques de tous ordres, la nourriture devient souvent une compensation et une drogue au même titre que le tabac.
Par son action pacifiante et la prise de conscience qu'il implique, le yoga permet un réajustement des besoins nutritionnels, base de tout équilibre pondéral. Cependant, ici encore, il faut tenir compte de votre tempérament, de votre morphologie, de votre hérédité et, en conséquence, vous armer de patience et ténacité. Il faut également tenir compte de votre âge: des désordres hormonaux peuvent se produire au moment de la ménopause. Un traitement médical est alors nécessaire.

Où faut-il s'installer?

1. A l'intérieur

Il vous faut un endroit clair, aéré, calme et propre que vous pouvez, si vous l'appréciez, "purifier" avec quelques baguettes d'encens. Si vous avez la chance de pouvoir disposer d'un local, même exigu mais bien à vous, n'y entrez jamais pour "faire la causette", mais uniquement pour votre séance de yoga ou lorsque vous éprouvez le besoin de vous isoler. Le fait de pénétrer dans ce lieu à part suffit souvent à vous apaiser. Notez cependant que les Maîtres recommandent de ne jamais entrer dans une salle de yoga avec des idées noires ou des pensées agressives.
Si vous n'avez pas ce local personnel, ne vous désolez pas: créez-vous un espace de trois à quatre mètres carrés, à l'aide d'un paravent au besoin, où vous pourrez travailler en paix. Pour des raisons de magnétisme — que nous ne pouvons développer dans le cadre de ce livre — essayez de vous installer de façon à avoir le visage face au nord (nord-est) dans la position assise, la tête au nord-nord-est dans la position couchée.

2. Au dehors

Une séance de yoga en plein air semble être l'idéal — tout au moins pendant les beaux mois de l'année. Il est vrai que rien ne remplace le contact avec la nature.

Pensez cependant :

— que vous devez être à l'abri des curieux
— que vous ne devez pas avoir froid
— que vous ne devez cependant jamais travailler en plein soleil, mais à l'ombre et à l'abri des courants d'air
— que vous risquez d'être gêné par des insectes, des animaux...

Si vous avez la chance de trouver un "coin" qui réponde à ces impératifs, n'hésitez pas! Adoptez-le et essayez d'y travailler le matin de bonne heure pour bénéficier en plus de l'énergie solaire 'montante".

Que vous soyez à l'intérieur ou dehors, travaillez sur un sol dur, isolé par une couverture, un drap de bain, un petit tapis de laine, afin que vos vibrations ne soient pas absorbées par le sol, ce qui pourrait vous créer une certaine fatigue.

Pour ces accessoires, comme pour vos vêtements de yoga, bannissez les fibres synthétiques (à cause de leur électricité statique) et la couleur noire.

Quelle tenue adopter?

Si vous êtes chez vous, bien au chaud, rien de tel que la tenue d'Eve ou d'Adam, car vous avez une perception plus précise de votre corps. Autrement, adoptez une tenue chaude et légère, en laine ou en coton suivant la saison : slip ou collant, tee-shirt... gardez les pieds nus, ou mieux les jambes nues.

Attachez-vous à ce que rien ne vous gêne : ceinture, soutien-gorge, etc. : les centres d'énergie du corps doivent être libres de toute entrave afin que les postures et la respiration puissent agir avec efficacité. Otez également tous vos bijoux.

Quand pratiquer?

Le meilleur moment est le matin, après la toilette, avant le petit déjeuner, mais comme cela n'est pas toujours possible, attachez-vous à pratiquer soit avant les repas, soit trois à quatre heures après (la digestion doit être achevée).

Quoi qu'il en soit:

— pensez à vider vessie et intestins avant la séance
— ne prenez jamais de douche ou de bain immédiatement après, sous peine d'interrompre les effets énergétiques des postures dont l'action se prolonge dans les heures qui suivent
— ne pratiquez jamais après un bain de soleil intense
— madame, soyez modérée dans votre pratique les deux premiers jours de vos règles. La grossesse n'est pas un obstacle si vous étiez déjà une yogini avant, mais surtout ne travaillez pas sans être guidée par un professeur
— ne pratiquez jamais si vous êtes sous l'effet de la colère, si vous vous sentez tendu ou agressif. Rappelez-vous que Santosha, le contentement, fait partie des règles du yoga: soyez content, heureux de disposer de ces quelques moments de détente où vous ne devez penser qu'à vous.

L'idée d'une séance de yoga doit éclairer votre journée. De plus, sachez que lorsque vous travaillez en groupe, l'ambiance du cours se teinte de toutes les vibrations réunies. Si les vôtres sont mauvaises, sombres, tout le groupe, professeur compris, s'en ressent et la séance de yoga en est troublée.

Donc, ne serait-ce que par égard pour les autres, dès que vous vous apprêtez à partir pour votre cours, obligez-vous à modifier le fil de vos pensées. Dites-vous que vous avez la chance de pouvoir vivre un moment privilégié dans un îlot de paix et que vous devez le vivre pleinement. Surtout ne vous croyez pas égoïste et, selon les détracteurs du yoga (il y en a comme partout), "toujours en train de vous regarder le nombril"... Quel jugement à courte vue! Au contraire, en

vous mettant en accord avec vous-même, en devenant votre meilleur ami, en étant "bien dans votre peau", vous vous rendez disponible et vous vous ouvrez aux autres...
Renvoyez à plus tard les problèmes qui vous tracassent et que vous pourrez ensuite affronter avec plus de lucidité et d'efficacité.

Comment se passe un premier cours de yoga chez un professeur?
Quand un futur adepte arrive dans un cours de yoga, il convient, avant de le "lancer" dans les postures, de lui donner quelques conseils, de lui apprendre à se détendre et à respirer.
Supposons que vous êtes cet élève, un peu timide et hésitant, tels que nous le sommes tous en poussant une porte inconnue pour la première fois (le yoga se charge de corriger peu à peu cette attitude et de donner une assurance de bon aloi).
Après un petit entretien destiné à vous "situer" un peu, le professeur vous donne quelques conseils qui peuvent vous sembler enfantins mais qui ont tous leur importance:
— En entrant dans cette salle, oubliez pour un moment tout ce qui est au-dehors, vous le retrouverez ensuite avec un esprit plus calme et objectif.
— Oubliez tout esprit de compétition envers les autres, mais surtout envers vous-même. Ne souriez pas! C'est la chose la plus difficile à obtenir pour nous autres Occidentaux qui, depuis l'enfance, sommes entraînés à toujours mieux faire.
Donc, ne cherchez pas à vous surpasser, à vous juger, à vous sanctionner. Pendant un cours, personne ne regarde personne. Le yoga est une discipline absolument individuelle où chacun travaille pour son propre compte suivant sa propre morphologie et ses propres aptitudes, ce qui exclut toute performance. Contentez-vous de "faire"

et de “laisser faire”: ne pensez pas, mais sentez, éprouvez, soyez à l’écoute de votre corps.

— Ne forcez ni vos muscles, ni vos articulations. Ils céderont une ou deux fois, puis se vengeront en vous faisant souffrir et en limitant davantage vos possibilités.

Le yoga est une leçon d’humilité. C’est à partir de ce que vous êtes que vous progresserez et non à partir de ce que vous souhaitez ou de ce que vous pensez être.

Vous serez étonné de la facilité d’adaptation de votre corps, cette terre fertile qui ne demande qu’à produire à condition que vous lui accordiez un minimum de soins.

Deuxième Partie

Entrons dans la Voie

Nos rapports avec les autres
sont le miroir dans lequel vous vous
découvrez vous-même.
Sans rapports avec les autres,
vous n'êtes pas.
Krishnamurti

Yama et Niyama
Première et deuxième étapes

Yama et Niyama, du sanskrit *Yam* (dompter) sont des disciplines qui ont pour but de purifier le mental en domptant les instincts.
Il est évident qu'en son temps Patanjali avait écrit les Sutras à l'intention de ceux qui se destinaient à la recherche spirituelle. Ainsi, à travers Yama et Niyama les novices devaient-ils faire la preuve de leurs aptitudes avant d'être admis comme disciples.
Mais force est de constater aujourd'hui que les règles inflexibles qui étaient un préalable au Hatha-Yoga, dans l'Inde ancienne, ne peuvent plus être appliquées sous cette forme en Occident. A une époque où les gens viennent au yoga pour se retrouver à travers leur corps, la pratique des postures est devenue, en fait, la première étape. Et c'est à travers une pratique bien conduite que peu à peu l'adepte du yoga redécouvre et applique tout naturellement ces règles qui contribuent à le mettre en accord avec lui-même et avec les autres. Yama et Niyama vont de pair et se développent par la progression même du pratiquant.

Yama: refrènement, abstinences

Ces règles concernent particulièrement l'éthique du yoga; les

5 prescriptions qu'elles comportent ont pour but de modeler et de pacifier le mental pour mettre le yogi en harmonie avec ceux qui l'entourent.

Ahimsa

Signifie ne pas faire de mal, non-nuisance. Certains auteurs traduisent également Ahimsa par non-violence. Mais il semble qu'il faille prendre ce mot dans son sens le plus large: une parole injuste, une mauvaise pensée envers autrui sont une nuisance (qu'est-ce que la malédiction sinon une pensée violente?).

Avec le temps, l'adepte verra peu à peu disparaître de son esprit tout sentiment d'hostilité, d'agressivité, sans pour autant tomber dans la passivité. Les yogis disent qu'il existe trois sortes de colères:

— la colère de pierre, dure, obstinée,

— la colère de sable qui s'efface vite,

— la colère d'eau qui ne laisse aucune trace: c'est la colère des Sages...

Satya

Etre sincère, dire la vérité, ne pas mentir. Mais "toutes les vérités ne sont pas bonnes à dire et il y a des mensonges pieux"... Vieux proverbes qui ont fait leurs preuves et qui s'appliquent parfaitement ici: le discernement, Viveka, étant une des qualités acquises par la pratique du yoga.

Asteya

Etre honnête, ne pas voler, ne pas convoiter, c'est-à-dire ne pas s'approprier le bien d'autrui, ni en actes ni en paroles, ni en pensée. Cette prescription se passe de commentaire.

Brahmacharya

La traduction de ce mot est aussi délicate que variée: con-

trôle sexuel, être pur, chasteté, pureté, continence, abstinence, tempérance... Voici ce qu'en dit un grand maître contemporain: "Brahmacharya n'est pas la chasteté, les grands sages étaient mariés. La continence sexuelle doit faire l'objet d'un choix délibéré en vue d'une recherche mystique précise. Brahmacharya représente la pureté d'intention qui doit accompagner tous les actes de la vie."
Ce qui signifie que toutes les fonctions doivent être ajustées, maîtrisées, équilibrées, en bref apurées de tous leurs excès.
Les pensées sont la nourriture de l'esprit. En n'acceptant que des pensées "pures" on élimine les toxines mentales.
N'oublions pas que la pensée est une onde d'énergie, un véhicule qu'on peut charger, diriger, aussi bien vers soi que vers les autres.
Un esprit purifié retentit sur toutes les fonctions de la vie.

Aparigraha
Ne pas être possessif, non-accaparement. Ici encore, différentes traductions s'offrent à nous mais l'esprit en reste le même: par la compréhension des lois naturelles de la vie, le yogi arrive à saisir l'inanité d'un attachement abusif à ses biens matériels. Il s'aperçoit que l'esprit de possession nuit à l'indépendance du mental. Il découvre qu'aimer n'est pas accaparer...

Niyama

C'est à la fois un complément et un prolongement de Yama. Les 5 prescriptions qui les composent et qui se développent également au cours de la pratique aident le Yogi à se mettre en harmonie avec lui-même pour cheminer sur la route ardue qu'il s'est choisie.

Shaucha

Purification, propreté, pureté. Cette discipline concerne aussi bien le physique que le mental.

Les yogis incluent dans cette prescription des techniques de nettoyage interne dont nous dirons quelques mots dans un prochain chapitre.

La pureté du corps doit également passer par le contrôle de la nourriture absorbée. Une nourriture saine fait un corps équilibré capable d'être aussi bien l'instrument d'une vie harmonieuse que celui des plus hautes recherches spirituelles. Ici encore, Viveka, le discernement, permettra à l'adepte de savoir choisir ce qui lui convient. La pureté de l'esprit, elle, s'obtient à travers la pratique d'un yoga bien compris.

Santocha

Contentement, optimisme. Peu à peu le yogi devient optimiste, heureux de ce qu'il est, heureux d'être où il est, ce qui lui permet d'aborder les problèmes journaliers avec plus de quiétude et de lucidité.

Le contentement est le résultat tangible d'un yoga bien pratiqué. Mais ne croyez pas que les résultats sont miraculeux. Il faut du temps, beaucoup de temps pour y parvenir... C'est pourquoi nous conseillons vivement à nos adeptes de prendre une résolution : celle d'être, ne serait-ce qu'une heure par jour, optimiste envers soi, et bienveillant avec les autres... Cela vaut la peine d'essayer...

Tapas

Endurance, ascèse. S'il le souhaite, le pratiquant peut développer et fortifier sa volonté par des ascèses : jeûne, silence prolongé, etc. Ici encore, il parviendra à discerner ce qui lui convient. Mais rappelons que l'excès en tout est nuisible et que la vie de tous les jours offre mille occasions de se perfectionner.

Swadyaya
Développement de soi et lecture des Textes. Selon ses aptitudes, le pratiquant éprouvera peut-être le besoin d'en savoir davantage sur une discipline qui le satisfait. Depuis les livres de vulgarisation jusqu'aux Textes Sacrés, toute une gamme d'ouvrages qualifiés s'offrent à lui. Mais nous insistons sur le fait que, s'il est toujours intéressant de parfaire son érudition, celle-ci n'a absolument rien à voir avec la Connaissance qui ne peut être qu'une expérience personnelle vécue.

Ishwara Pranidhana
Dévotion. Voici ce qu'en pense un grand maître : "Selon ses croyances et ses aptitudes, le pratiquant doit faire l'offrande de toutes ses actions à Dieu, à la Conscience Suprême, au Soi Universel, à la Force Cosmique, voire au Guru (maître spirituel) afin de parvenir à l'humilité qui caractérise le vrai yogi."
N'est-ce pas ce qu'exprime si justement cette phrase de Saint-Exupéry : *Tout acte est prière, s'il est don de soi?*

L'énergie vitale

Avant d'aborder la troisième étape du yoga, il nous semble indispensable de consacrer quelques paragraphes à une notion que les Occidentaux ont beaucoup de mal à concevoir. alors que les Orientaux la considèrent comme faisant partie de leur essence même : c'est la notion de Prana, l'énergie vitale, subtile, qui anime tout l'univers y compris la matière qui semble inerte. Cette notion n'est pas propre aux Indiens et, à travers des cultures pourtant différentes, on la retrouve chez tous les peuples anciens. Les Grecs l'appelaient Pneuma, les Chinois Chi, les Egyptiens Ka, les Hébreux Rvah, etc. L'acquisition, la manipulation, l'assimilation et la distribution de cette force subtile sont la raison d'être même du yoga.

Comment définir le Prana?

Ce n'est pas simple. Les Hindous déclarent : "C'est la somme des énergies contenues dans l'univers." Comme pour eux il y a analogie entre le macrocosme qu'est l'univers et le microcosme qu'est l'homme; on peut en conclure que le Prana est la somme des énergies qui animent l'être humain. Les yogis, dont le but est de se mettre en parfaite harmonie avec la nature, vont donc rechercher cette identification à travers le seul agent dont ils disposent et qui est universel : le Prana. Considérant que le Prana est à la fois la force motrice de la respiration et la force subtile qui se manifeste à travers le souffle, c'est sur celui-ci que les yogis vont s'appuyer pour atteindre leur objectif.

Ce mystérieux Prana n'est cependant pas l'air. Il n'entre absolument pas dans sa composition chimique et pourtant il est dans l'air... Il n'entre pas davantage dans la formule de l'eau, mais il est dans l'eau. Il est dans la lumière solaire. Il est dans la nourriture. Il est dans la parole (dont il assure par ailleurs l'émission...). Bref, le Prana est immatériel, impondérable, imperceptible, mais il est partout, il imprègne notre vie et c'est de lui que nous tirons notre substance.

Si l'homme ordinaire l'utilise inconsciemment, les yogis passés maîtres dans la science de l'homme, ont trouvé et prouvé que le Prana obéit à la pensée et qu'à travers cette pensée, ils pouvaient sentir et faire circuler le Prana dans le corps (et au-delà puisque la pensée est une onde d'énergie, de Prana, qui se propulse et œuvre dans l'espace).

Un maître contemporain du yoga donne cet exemple à ses élèves débutants pour leur faire comprendre ce qu'est le Prana : "Prenez un corps mort, bourrez-le de nourriture, donnez-lui de l'eau, insufflez-lui de l'air autant que faire se peut, reviendra-t-il à la vie?"

Non, parce que — disent les Hindous — "ses Pranas se sont échappés...".

"Ses" Pranas... car, pour les yogis, nous sommes animés par plusieurs Pranas qui se différencient à l'entrée dans le corps et dont les fonctions sont bien définies : un Prana préside à la digestion, un autre à l'assimilation, un troisième à l'élimination, etc. Lorsque tous les Pranas se sont échappés, il n'y a plus aucune possibilité de vie...

Mais le Prana, cette énergie vitale, cosmique, qui se spécialise à son arrivée dans le corps et lui donne la vie, ne peut agir directement sur le corps physique: son action sur celui-ci s'exerce par l'intermédiaire de ce qu'on appelle le corps pranique.

Qu'est-ce que le corps pranique?

D'après la conception orientale, le corps pranique est formé par la totalité des énergies qui circulent dans notre corps physique. Il est alimenté par le Prana, et double, en quelque sorte, le corps physique. Mais, bien que les deux corps soient solidaires et interdépendants, le corps pranique dispose de sa propre anatomie et de sa propre physiologie.
C'est un véritable organisme, subtil certes, mais structuré, agencé, dont chaque partie concourt à la vie de l'ensemble et à celle du corps physique.
Corps pranique et corps physique sont donc superposés; leur forme est pratiquement similaire, mais le corps pranique déborde le corps matériel et l'entoure d'un halo lumineux qu'on appelle l'Aura. Certaines personnes entraînées arrivent à percevoir ce halo et même à l'interpréter, car il varie en fonction de la vitalité et du comportement de chacun.
En Occident, cette notion d'Aura était restée longtemps dans le domaine de l'ésotérisme pur, jusqu'au jour récent où la presse a porté à la connaissance du grand public les travaux des Soviétiques Semiour et Valentina Kirlian. Ceux-ci, grâce à un appareil de leur création, avaient réussi, dès 1939, à photographier le "brouillard" plus ou moins coloré, plus ou moins opaque, qui entoure tous les corps vivants, hommes, animaux, plantes. Les couleurs et l'intensité de ce "vêtement lumineux" varient selon qu'il s'agit d'un homme ou d'une femme, d'un tempérament actif ou contemplatif, d'un être sain ou malade, calme ou violent, énergique ou lymphatique, etc. Une telle découverte donne une valeur de fait à

l'existence du corps pranique dont la notion remonte à l'Antiquité. On peut donc dire que fondamentalement l'être vivant est constitué par le corps pranique et que le corps physique n'est qu'une matière animée par ce corps pranique, lui-même soumis à la loi du Prana, c'est-à-dire à la loi des énergies opposées.
Le corps pranique modèle et conditionne le corps physique : s'il est en bon état, le corps physique est en bonne santé; s'il est perturbé, le corps physique est malade; si son action cesse de s'exercer, le corps physique meurt et redevient une matière inerte.

Comment fonctionne le corps pranique?

Sa structure est différente, mais aussi complexe que celle du corps physique, à laquelle elle peut correspondre mais ni se superposer, ni se substituer.
Le corps pranique absorbe, assimile, emmagasine, élabore, distribue, rejette le Prana par l'intermédiaire de deux groupes d'organes qui se partagent la tâche : les nadis, conduits subtils, et les chakras, foyers d'énergie.

Qu'est-ce qu'un nadi?

Nadi signifie tube, vaisseau. Les yogis le définissent comme un conduit subtil formé de corps pranique condensé servant de véhicule au Prana (il n'a, cela va de soi, aucune réalité anatomique). D'après la tradition, il y aurait soixante-douze mille nadis qui ont tous un rôle précis, chacun d'eux étant en relation avec une posture de yoga.
Ils tapissent littéralement le corps et aboutissent à la peau. Ils ont comme fonction d'assumer la circulation et la distri-

bution de l'énergie à l'intérieur du corps pranique. Cette action est constante, même si nous l'ignorons, comme est constante la fonction du cœur ou des poumons par exemple. Deux d'entre ces nadis sont considérés comme vitaux. Ils se chargent de capter et de différencier le Prana à son arrivée dans le nez puis de le distribuer de façon spécifique dans les différents chakras (foyers, centres d'énergie) "étagés" le long de la colonne vertébrale.

— *Pingala*, qui correspond à la narine et au côté droits du corps, sert de véhicule à l'énergie positive, dite "solaire" (reliée au système nerveux sympathique qui tend à accélérer les fonctions du corps).
— *Ida*, qui correspond à la narine et au côté gauches du corps, transporte l'énergie négative dite "lunaire" (reliée au système parasympathique qui tend à ralentir, à freiner, toutes les fonctions du corps).

Pour le commun des mortels, même s'il l'ignore, l'énergie circule par ces deux nadis. Les grands yogis, par contre, qui savent soumettre le Prana à leur volonté, arrivent à le faire passer par un Nadi "Roi", Shushumna, longeant la moelle épinière. Ils obtiennent ainsi des pouvoirs psychiques bien évidemment hors de notre portée.

Rappelons et soulignons que le corps, à l'image de l'univers, est polarisé en force positive et force négative. Pour les Orientaux, une seule loi gouverne le monde, c'est la loi des énergies opposées, base de tout l'univers, base sur laquelle est édifié le Hatha-Yoga dont le but est d'équilibrer ces énergies.

Qu'est-ce qu'un chakra?

C'est un foyer d'énergie, réel, qui reçoit le Prana, l'assimile, l'élabore puis le distribue dans un rayon d'action spécifique par l'intermédiaire des nadis. Aucune preuve anatomique ne peut témoigner de l'existence des chakras. Cependant, grâce à l'électronique, ces centres d'énergie ont pu être détectés et utilisés. C'est la vision intérieure des Rishis, grands sages de l'Inde ancienne, qui les a localisés, a pu en déceler la forme et même la couleur — car chaque chakra a une couleur qui dépend du nombre de vibrations auxquelles il correspond —. La photographie de l'aura par l'appareil Kirlian, comme la vérification expérimentale des chakras et des points d'acupuncture — ceux-ci étant des chakras en miniature — permettent d'espérer que bien d'autres phénomènes yogiques pourront dans l'avenir trouver une explication scientifique à leur efficacité.

Le chakra se présente comme une roue en mouvement, d'où son nom qui signifie "roue" en sanskrit.

Il y a un grand nombre de chakras, dont sept principaux. Ils sont échelonnés le long de la colonne vertébrale dans le crâne et solidaires par l'intermédiaire de Ida et Pingala. Ils ont aussi leur propre rayon d'action.

Par les postures, la concentration, la respiration, les grands yogis arrivent à soumettre ces centres d'énergie à leur volonté et à orienter leur action. Ils peuvent les "éveiller" et maîtriser ainsi toutes les fonctions de l'organisme qu'elles soient physiques ou psychiques.

Chaque chakra représente un plan de conscience, c'est-à-dire un niveau d'évolution. Les plans les plus bas sont ceux des instincts, le plus élevé celui de l'état de perfection spirituelle.

La recherche de cette perfection fait l'objet des techniques poussées de Raja-yoga que nous ne pouvons qu'évoquer dans cet ouvrage. A titre simplement indicatif, nous vous présentons un tableau succinct des chakras avec leurs correspondances physiques et leurs attributions.

Il faut souligner que si les chakras sont situés au niveau des plexus nerveux, ils ne se confondent pas avec eux. Ils se

Dessin n° 1

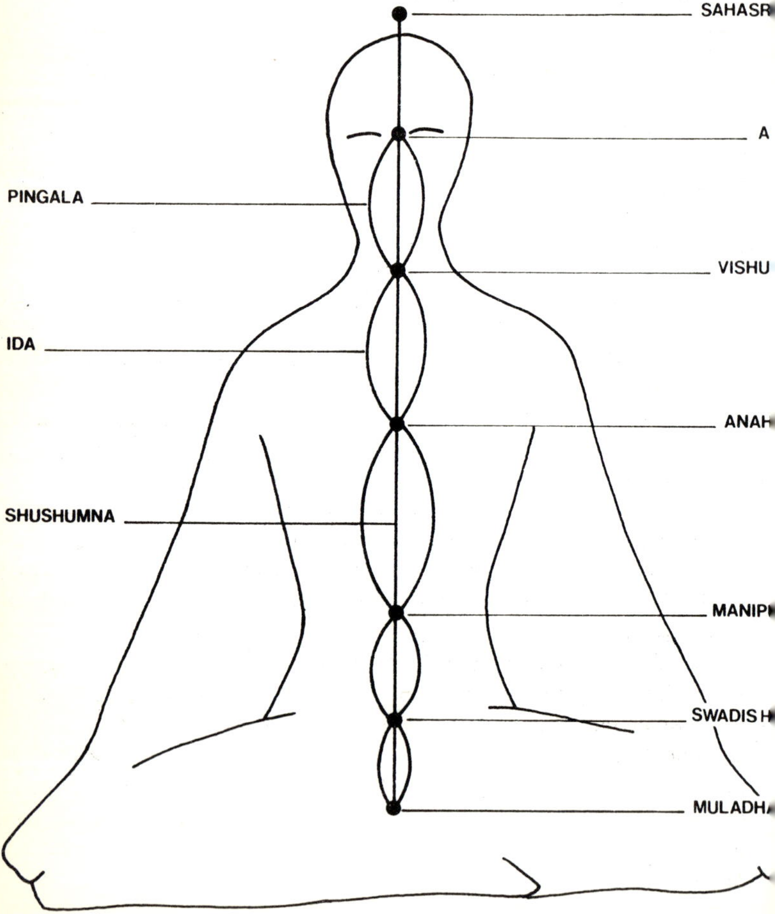

SAHASR
A
PINGALA
VISHU
IDA
ANAH
SHUSHUMNA
MANIP
SWADISH
MULADH

superposent, sont solidaires, mais ne sont pas de même nature (v. dessin n° 1).

Chakras	*Plexus*	*Attributions*
Sahasrara	crânien	plan de la super-conscience
Ajna	frontal	plan de la clairvoyance
Vishudda	pharyngien	plan de la connaissance intellectuelle
Anahata	cardiaque	plan de l'amour pur
Manipura	solaire	centre de toutes les énergies du corps
Swadishtana	prostatique	siège des instincts
Muladhara	sacré	siège de l'énergie individuelle

Muladhara est le chakra le plus bas. Il correspond à l'aspect grossier de la matière. C'est en lui qu'est condensée la force vitale individuelle.

Bien que mentionnée sur la charte des chakras, *Sahasrara* n'est pas considéré comme un chakra : le "lotus aux mille pétales" est au-delà du manifesté, au-delà des formes : c'est le plan de la conscience pure.

La recherche essentielle, mystique du yogi, consiste à éveiller successivement tous les centres afin de permettre le cheminement de la force latente individuelle, symboliquement représentée par un serpent "lové" (*Kundalini*) depuis le chakra de base jusqu'à Sahasrara où elle fusionne avec la force cosmique universelle. C'est alors l'état de super-conscience, de *Samadhi*.

Le Prana et son rythme

Il faut souligner que si le Prana est absorbé par son milieu, c'est-à-dire par le corps pranique, ce processus ne peut avoir lieu qu'avec l'aide du corps physique qui lui fournit les organes d'absorption : le nez, la bouche, la peau...
Le nez, par l'intermédiaire de l'air, reste le principal organe d'acquisition du Prana. Mais il ne faut pas sous-estimer le rôle de la bouche, plus exactement de la langue, et de la peau, que nous examinerons le moment venu.
L'air est notre aliment primordial. C'est en lui que nous puisons pratiquement toute notre substance. Les yogis estiment que le Prana de l'air est leur nourriture de base et savent l'utiliser magistralement.
Le Prana est donc solidaire de la respiration. Il est inspiré par le nez et sélectionné par les nadis Ida et Pingala. Il pénètre dans le corps au rythme du rythme respiratoire mais, élément capital, il possède également son propre rythme, c'est-à-dire que l'énergie est polarisée différemment au cours de la journée, l'énergie positive ou l'énergie négative prédominant à tour de rôle selon les heures. Vous pouvez en faire l'expérience par vous-même : obturez alternativement les narines. Vous constaterez que le volume d'air aspiré est différent. S'il domine à droite, vous êtes dans la phase d'absorption positive, s'il domine à gauche, vous êtes dans la phase d'absorption négative. Entre ces deux processus, il y a toujours un moment étale où les souffles sont parfaitement équilibrés.
Les yogis disent joliment que

— lorsque l'énergie positive domine, c'est l'heure de l'action, des grandes décisions, des grandes entreprises,
— lorsque l'énergie négative l'emporte, c'est l'heure de la lecture, des travaux de l'esprit,
— pendant le moment étale, c'est l'heure de la méditation..."

Afin de prolonger ce moment privilégié, les maîtres du yoga, par les techniques les plus diverses, ont cherché à équilibrer les deux énergies opposées.
Il est certain que si nous représentons une force potentielle énorme, nous n'utilisons qu'une très faible partie des ressources de notre corps. C'est la raison pour laquelle les yogis se sont attachés à connaître, manipuler, maîtriser cette réserve de Prana qui leur permet d'obtenir aussi bien une parfaite santé que des pouvoirs psychiques très développés.

Troisième Partie

Les postures

Les pas ne conduisent pas seulement
vers le but: chaque pas est un but.
Alain

Asanas: troisième étape du yoga

Nous abordons maintenant une étape des Sutras qui représente pour les Occidentaux l'image de marque du yoga : les asanas ou postures.

Les postures font partie du système de yoga appelé Hatha-Yoga, système convenant, semble-t-il, le mieux à l'Occidental qui n'est pas particulièrement contemplatif.

Vous avez pu comprendre, à travers tout ce qui précède, la nécessité impérieuse d'équilibrer les énergies dans le corps :

— pour la bonne harmonie de l'homme avec ses fonctions
— pour la bonne harmonie de l'homme avec son entourage et son environnement.

C'est le but fondamental du Hatha-Yoga.

L'étymologie de Hatha est très symbolique : *Ha* : Soleil; *Tha* : lune; *Yoga* : union; *Hatha-Yoga* : union du soleil et de la lune, c'est-à-dire de tous les aspects "duels" de notre être.

Le soleil, énergie positive, contrôle toutes les fonctions physiques et vitales : un homme trop "solaire" est extraverti et plutôt disposé à l'effort physique.

La lune régit toutes les fonctions mentales : un être trop "lunaire" est rêveur, pacifique, introverti.

Ceci s'applique à tout un chacun et la recherche du Hatha-Yoga est, en définitive, de réconcilier l'homme avec toutes ses fonctions.

Comment y parvenir?

Tout d'abord à l'aide des postures et de la respiration "juste". Mais, en fait, qu'est-ce qu'une posture? Ce n'est pas, comme le pensent certains néophytes, une position plus ou moins farfelue prise par des gens bizarres dans des buts mystérieux. La posture a été créée voici des millénaires. Rien n'a été laissé au hasard: elle a été "calculée" et expérimentée dans des buts précis, elle porte un nom choisi selon le symbolisme qu'elle représente et l'esprit qui doit l'animer.

C'est une véritable "formule" qui a pour objectif:

— d'entretenir en parfait état les rouages du corps,
— d'équilibrer et d'assainir le corps pranique qui agit et réagit sur le corps physique,
— de pacifier le mental par l'attention qu'elle exige,
— d'exercer un contrôle sur la respiration (dont la maîtrise constitue la quatrième étape du yoga: Pranayama).

On peut dire que, dans la posture, il y a une action du "dehors" et une action "du dedans" qui s'interpénètrent et forment un tout; l'action du dehors provoque un "dérouillement" musculaire et articulaire immédiat. Elle concerne le corps physique.

L'action du dedans a lieu à partir des centres d'énergie et des nadis. Elle concerne le corps pranique.

Ici encore, même si le pratiquant en est inconscient, le Prana véhiculé par les nadis est dirigé, par la posture elle-même, vers sa destination.

D'où cette sensation de bien-être exceptionnel observée, à l'issue d'une séance bien conduite, par tous ceux qui font du yoga.

Il va sans dire que la puissance de la posture est accrue lorsque le Prana est dirigé consciemment vers tel ou tel point. En fonction de cette connaissance du Prana, la posture prend une valeur beaucoup plus large qu'on ne peut l'imaginer au départ:

1. La posture elle-même a une action bien déterminée sur l'énergie pranique.
2. La conscience de cette action et la concentration augmentent l'efficacité de cette circulation d'énergie.

Comme on est loin, ici, de la gymnastique à laquelle le yoga est souvent comparé! Ceci n'est nullement une critique pour ce sport qui a ses qualités propres et peut d'ailleurs être pratiqué parallèlement au yoga (lire *Sport et yoga* de S. Yesudian).

Il existe deux sortes de postures ou asanas :

— *dynamiques* : ce sont les plus nombreuses et variées. Elles ont pour but d'entretenir le corps et d'équilibrer les énergies.
— *statiques* : en petit nombre, encore appelées postures "méditatives", le nom expliquant la fonction.

Ajoutons que les premières préparent aux secondes, pour lesquelles la colonne vertébrale doit être, elle aussi, parfaitement équilibrée : droite vue de dos, avec ses courbures naturelles vues de profil.

La colonne vertébrale est formée par sept vertèbres cervicales, douze dorsales, cinq lombaires, cinq sacrées, trois ou quatre coccygiennes, en tout trente-deux ou trente-trois vertèbres séparées, sauf pour le sacrum et le coccyx, par des disques cartilagineux qui font office d'amortisseurs (V. dessin n° 2).

Les courbures vertébrales contribuent également à l'élasticité de l'épine dorsale et la rendent résistante aux chocs.

A chaque vertèbre correspond un segment de moelle épinère d'où émergent des nerfs dits "rachidiens". Ces nerfs, afférents et efférents, commandent les fonctions de notre corps, mécaniques et organiques : un nerf "pincé" peut aussi bien provoquer une sciatique que des troubles intestinaux par exemple.

L'action des postures sur la colonne vertébrale s'avère par-

Dessin n° 2 COLONNE VERTÉBRALE

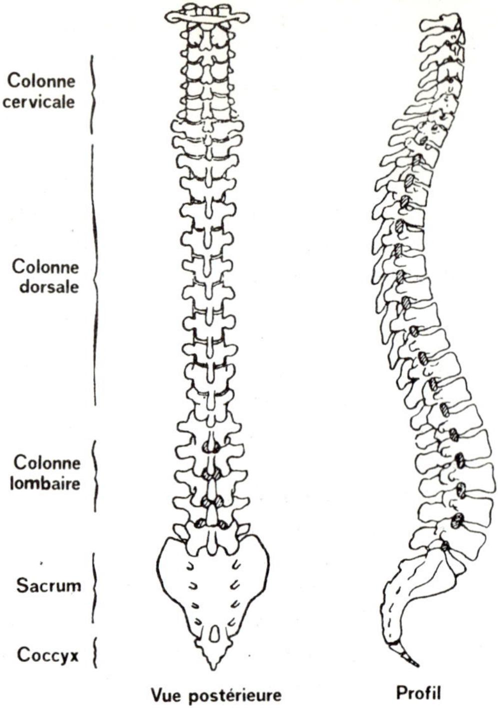

ticulièrement efficace pour réduire les troubles fonctionnels engendrés par une épine dorsale déformée.

De plus, des vertèbres "libérées" permettent le jeu articulaire du thorax — exactement du "gril" costal — dont la souplesse conditionne une respiration aisée, instrument de la maîtrise du Prana.

Il est probable qu'à l'époque où elles ont été conçues, les

postures ne visaient qu'à rapprocher davantage l'être humain de la nature. Les conditions difficiles de la vie primitive devaient le maintenir dans un état de souplesse quasi animale. Si les postures contribuaient à entretenir son corps, leur but principal était de permettre à cet homme, par une "juste" attitude, de communier avec les éléments même de la nature, d'où le nom soigneusement étudié des asanas.
De nos jours, les progrès de la technique substituent la machine à l'individu : les rouages d'un organisme inemployé s'atrophient peu à peu et nous devons patiemment reconquérir les quelques six cents muscles et trois cent cinquante articulations dont nous devrions disposer sans problème...
Non seulement le yoga améliore et maintient en bon état les rescapés qui ont échappé au naufrage de l'inaction, mais de plus il nous permet de retrouver l'usage de la plupart des possibilités fonctionnelles de notre corps. N'est-ce pas encourageant?
Nous vous présentons dans cet ouvrage une série de postures qui constituent l'un des nombreux enchaînements d'une séance de yoga. Au fur et à mesure de leur description, nous vous en indiquerons les avantages. Mais disons, d'ores et déjà, que, dans leur ensemble, toutes les asanas ont une action bénéfique profonde sur les "composantes" du corps à condition qu'elles ne soient pas pratiquées dans l'anarchie et la méconnaissance des règles de base de leur déroulement. Car le déroulement d'un cours de yoga n'est pas fortuit. A l'intérieur de la progression d'une séance, il faut tenir compte, certes, des poses et contre-poses mais, de plus, à travers les différentes sortes de postures et la respiration, il est nécessaire d'observer une répartition judicieuse de l'énergie dans le corps. Le bon enchaînement d'une séance de yoga doit conduire insensiblement le pratiquant à une sensation privilégiée où physique et mental se trouvent unifiés dans la conscience d'une paix profonde.

Cette prise de conscience représente une étape préparatoire. Avec le temps, elle permettra au yogi d'accéder à des niveaux de plus en plus subtils de son être.

Note: il faut souligner qu'il existe des contre-indications au yoga. Elles peuvent être permanentes ou momentanées, particulières à chaque posture ou valables pour l'ensemble des exercices (ce qui est heureusement rarissime). Tenez bien compte des recommandations que nous vous donnons. Rappelez-vous que vous devez être modéré en tout, pour les postures comme pour les respirations. Le juste milieu est la règle d'or du yoga.

Si vous avez le moindre doute, n'hésitez pas à prendre conseil d'un médecin qui pratique lui-même le yoga.

Maintenant, passons à la pratique.

La respiration "yogique"

Avant tout, vous allez apprendre à respirer et à vous détendre. Détente et respiration vont de pair; elles sont solidaires, imbriquées, l'une ne pouvant se concevoir sans l'autre. Commençons cependant par la respiration puisque rien n'existe sans le souffle. La respiration "yogique", première "clé" du yoga doit être parfaitement maîtrisée avant d'aborder la quatrième étape du yoga de Patanjali: Pranayama.

Aussi paradoxal que cela puisse paraître, tout le monde respire, mais peu de gens savent respirer... Et c'est à un véritable apprentissage que doivent se soumettre la plupart de ceux qui viennent au yoga.

Cette méconnaissance de ce qui représente pourtant la base même de la vie entraîne avec les années des troubles fonctionnels — voire une infirmité — de l'appareil respiratoire. A ces perturbations, viennent s'ajouter peu à peu les désordres engendrés par les troubles eux-mêmes... C'est alors le cycle sans fin des conséquences de cause à effet... joyeux tableau!...

Mais, une fois encore, le remède se trouve à côté du mal: les Occidentaux ont la chance d'avoir à leur disposition cette merveille qu'est la respiration "yogique". Les yogis attribuent à l'acte respiratoire un caractère cosmique, sacré. C'est dans le "grand océan de la Vie", disent-ils, que l'être humain puise sa substance. Le souffle de la vie est le souffle de l'univers. Chaque respiration est une communion renouvelée entre l'homme et tout ce qui l'entoure... Pensez-y de temps en temps: non seulement vous prendrez conscience de la valeur de la respiration, mais de plus vous prendrez conscience de la dépendance mutuelle qui existe entre tous les êtres vivants... Avant de passer à la pratique, il faut prendre note de trois particularités qui sont les caractéristiques de la respiration du yoga:

— la respiration se fait uniquement par le nez (pour les raisons exposées dans le chapitre concernant l'énergie vitale);
— le mouvement respiratoire se décompose en trois phases, qui s'enchaînent pour former un tout, mais qui doivent pouvoir être dissociées pour les besoins d'une posture ou d'une technique de Pranayama;
— la respiration elle-même, en dehors de l'inspiration et de l'expiration, comporte une pause plus ou moins longue entre chaque phase.

La technique

Pour comprendre et réussir votre exercice, il faut commencer par détendre votre corps:

— Allongez-vous sur le dos, jambes légèrement écartées, pieds relâchés, lourds, tournés en dehors à "10 h 10", bras plus ou moins éloignés du corps, dos des mains au sol, doigts détendus, naturellement entrouverts.
— Fermez les yeux, sans tension.
— Entrouvrez les mâchoires... relâchez la langue... les lèvres s'effleurent à peine... Le relâchement des lèvres, des mains et des pieds est à la base de toute détente.
— Au besoin, ajustez votre corps au sol par quelques lé-

gers mouvements, de façon à en trouver le parfait équilibre (pour plus de détails, voyez le chapitre suivant consacré à la détente). Vous devez arriver à trouver l'équilibre de votre corps aussi bien couché que debout ou assis. Cet équilibre est obtenu lorsque vous n'éprouvez plus du tout le besoin de bouger et qu'une sensation de pesanteur commence à vous gagner...

— Portez alors votre attention sur votre respiration. Observez quelques instants votre souffle, prenez conscience de l'acte respiratoire lui-même, c'est peut-être la première fois que vous pensez à votre respiration..., aidez-vous: répétez mentalement "*j'inspire... j'expire...*" sur un rythme que vous essayez de ralentir sans effort... Continuez...

— Puis cessez et retrouvez la sensation de pesanteur de votre corps au sol...

La respiration abdominale

— Observez maintenant où se manifeste votre souffle... Si vous n'avez pas de problèmes particuliers, vous constaterez que vous le décelez au creux de l'estomac par le très léger mouvement de va-et-vient qui se produit à ce niveau. C'est à partir de ce léger mouvement que vous allez faire connaissance avec la première phase de la respiration yogique: la respiration dite "abdominale" ou encore "diaphragmatique" qui concerne la partie basse des poumons.

C'est la respiration de la détente, du bébé, des chanteurs aussi qui la connaissent bien, puisque c'est sur elle qu'ils "s'appuient" pour tenir une note.

— Toujours sans modifier votre respiration, posez une main au creux de l'estomac et sentez votre abdomen se soulever et se creuser sous votre main...

— Essayez maintenant, en respirant un peu plus fort, d'augmenter ce mouvement de va et vient...
— Cessez, reprenez quelques instants votre pose-détente...
— Puis, consciemment cette fois, avec ou sans votre main, respirez de la même façon en essayant d'équilibrer votre inspiration et votre expiration (veillez à ne pas faire intervenir le thorax proprement dit). Très vite, vous arriverez à comprendre le processus et à débloquer cet "étage" de votre corps, souvent spasmé par un diaphragme tendu qui travaille "à l'économie". Cette simple respiration est un merveilleux massage pour toute la masse abdominale et suffit parfois à réduire sensiblement certains troubles organiques.
— Si vous avez des difficultés, procédez de la façon suivante : expirez, contractez (rentrez) fortement le ventre et attendez le besoin d'inspirer... Laissez-vous alors inspirer par le nez : le ventre se soulève, se gonfle naturellement.

La respiration thoracique

Voyons maintenant la phase dite "thoracique moyenne" ou "costale" qui concerne la partie médiane des poumons :
— Placez les mains sur chaque côté du thorax, au niveau des côtes mobiles (partie basse du thorax).
— Expirez à fond, rentrez le ventre, maintenez-le rentré et inspirez en écartant les côtes, sentez sous vos mains l'élargissement du thorax. Aidez-vous de l'image mentale de l'accordéon (qui s'ouvre en largeur).
— Expirez : les deux parties du thorax se rapprochent.
— Continuez ainsi sans forcer en maintenant l'abdomen rentré. Si vous avez des difficultés dans la position couchée, asseyez-vous au sol en tailleur (avec éventuel-

lement un coussin sous les fesses pour avoir le dos droit) ou à la rigueur sur une chaise, position où l'abdomen est plus facilement maintenu.

La respiration claviculaire

La respiration dite "claviculaire" ou "thoracique supérieure" concerne la partie haute des poumons.
Elle est assez difficile à isoler, aussi contentez-vous simplement de reprendre la phase précédente et de continuer à inspirer: après l'écartement latéral du thorax, la poitrine se soulève aussitôt et le haut des poumons qui reçoit l'air se gonfle et soulève les clavicules.
Certains maîtres indiquent quatre "étages" pour cette respiration yogique: abdomen, thorax, poitrine, clavicules. C'est une finesse supplémentaire et une prise de conscience plus subtile.
L'aération de la partie haute des poumons est d'autant plus importante qu'elle est le siège électif du bacille de Koch (bacille de la tuberculose).

La respiration complète

La respiration complète, yogique, est la fusion successive de ces trois phases respiratoires en un seul mouvement ample. Pour vous aider, au début, posez une main sur l'estomac, l'autre sur le côté du thorax:
— Expirez à fond pour vider les poumons.
— Inspirez lentement, sans bruit, en gonflant légèrement la partie haute de l'abdomen (sous la main), puis écartez les côtes, soulevez la poitrine et les clavicules.
— Marquez une courte pause.

— Commencez ensuite à expirer. L'expiration se fait dans le même ordre: expirez en rentrant le ventre, refermez le thorax, abaissez la poitrine et les clavicules.
— Marquez une courte pause... et reprenez.

Notez que chez un être en bonne santé, cette "pause expiratoire" existe sans intervention de la volonté dans la respiration normale automatique.

Dans la pratique, la respiration n'est pas "scandée" comme elle le semble par les explications: tout l'appareil respiratoire doit se mouvoir lentement, sans discontinuité pendant le passage de l'air. Assimilez le mouvement de votre souffle à celui d'une vague, paisible, calme, ample, profonde, un instant suspendue entre flux et reflux... Souvenez-vous que l'air doit passer uniquement par le nez sans bruit, et surtout sans pincement des narines. Est-il besoin de souligner que la concentration est indispensable pour réaliser cette respiration complète?

Lorsque vous avez maîtrisé ce processus, ce qui est relativement aisé, vous pourrez y ajouter une notion de temps. Par exemple: inspirez pendant six à huit secondes, faites une pause, expirez pendant six à huit secondes, faites une pause, etc.

Le rythme respiratoire est un élément capital de la respiration. En fait, les yogis ne parlent jamais de secondes, mais de "temps". Ces techniciens du yoga ont découvert que quatre battements de cœur correspondent à une respiration: en réglant la respiration sur les battements du cœur, ils obtiennent un rythme qui correspond à leur rythme biologique.

Par la pratique et l'expérience, ils arrivent à ralentir cette cadence en prolongeant chaque phase de la respiration. Il faut dire que les Hindous considèrent que chaque personne en venant au monde dispose pour sa vie d'un nombre donné de respirations: ralentir le souffle, c'est donc augmenter la durée de la vie...

Vrai ou faux, il est cependant exact qu'une respiration rapide, saccadée, superficielle — comme les Occidentaux ne la connaissent que trop — est toujours le signe manifeste de tensions diverses : craintes, angoisse, précipitation, qui ne peuvent que nuire à l'ensemble de l'organisme et raccourcir la vie.

C'est dans le but de vivre longtemps et dans les meilleures conditions possibles que les yogis ont mis au point des techniques destinées à ralentir le souffle en chargeant chaque respiration d'un maximum d'énergie.

Partant du principe que les émotions agissent sur le corps et que le corps réagit sur le mental, d'où gaspillage énergétique et mental, les yogis s'imposent une respiration calme, pensée, qui contrôle cette double action.

Ne croyez surtout pas que cela vous soit inaccessible. Il faut du temps, de la patience, de la persévérance, mais les résultats se produisent un jour inévitablement. Fort de cette certitude, essayez de pratiquer pendant au moins cinq minutes, chaque jour, la respiration complète dans les conditions requises (position allongée, détente, etc.) Vous pouvez prolonger l'exercice à loisir à condition que vous pratiquiez sans effort ni tension. Au moindre signe de fatigue, cessez : vous reprendrez à un autre moment.

Vous pouvez aussi vous exercer en marchant, en travaillant, en fait chaque fois que vous y pensez. La conscience de respirer doit d'ailleurs devenir permanente, faire partie de votre vie et être le support de toutes vos activités. Non seulement cette pratique améliore votre respiration habituelle, mais de plus elle représente à elle seule une mini-détente au milieu de vos tensions journalières.

La respiration yogique donne un sentiment de plénitude incomparable.

Et, sachant que les yogis relient :

— la respiration abdominale au corps physique,

— la respiration thoracique aux sentiments et aux émotions,
— la respiration claviculaire au mental,

attachez-vous à comprendre et à perfectionner cette extraordinaire source de jouvence et de santé générale qu'est la respiration complète.

Comment respirer pendant les postures?

C'est une question particulièrement importante, puisque c'est de la qualité de la respiration que dépend la qualité de la posture. La respiration est véritablement le support des postures de yoga: sans elle, la posture serait ramenée à un simple exercice d'assouplissement.

On ne répétera donc jamais assez que la posture est fonction du souffle et n'existe qu'à travers lui.

S'il fallait représenter ceci sur un graphique, la posture serait en pointillé et le souffle en trait plein et épais. Il va de soi que la prise de conscience augmente la valeur énergétique et spirituelle du souffle proprement dit et donc la qualité de la posture qu'il conduit.

Deux éléments conditionnent la respiration posturale:

1. Le dosage de l'air
2. Le rythme

Dosage de l'air

Voilà qui peut vous sembler surprenant. Pourquoi et comment doit-on contrôler le débit de l'air?

Voyons d'abord le "comment".

Ce contrôle s'exerce à l'aide d'une technique respiratoire appelée Ujjayi. La traduction littérale de Ujjayi est assez ambiguë. Aussi, préférons-nous l'interprétation d'un grand maître: "respiration chuchotée". Ujjayi est un mode de respiration spécifique du yoga. Il fait partie des techniques poussées de la quatrième étape: Pranayama, mais il a la particularité de pouvoir être également utilisé pendant la pratique des postures pour une raison dont vous comprendrez l'évidence à travers ce qui va suivre. Nous vous demandons de lire et de relire ce paragraphe avec une attention toute particulière: il est capital pour la qualité de votre pratique à venir. Ujjayi, mode respiratoire caractéristique du yoga, introduit un élément inhabituel dans la technique de la respiration puisqu'il s'agit d'exercer un contrôle conscient sur la glotte.

Technique aussi délicate à expliquer qu'à comprendre...

Asseyez-vous dans une position confortable. Fermez les yeux. Détendez-vous un instant...

— Baissez la tête et contractez les muscles du cou, ce qui bloque partiellement la glotte, puis inspirez et expirez — par le nez — en maintenant la contraction.

  L'air freiné par le passage "rétréci" de la glotte produit un bruissement caractéristique, doux, feutré, "chuchoté". Il est fort probable que vous n'obtiendrez pas ce résultat d'emblée. Exercez-vous tranquillement. Essayez ces "trucs":

  - baissez la tête et soupirez très fort par la bouche en émettant une ébauche de "ah"; ne donnez pas de voix, c'est un ah "vibré" du fond de la gorge;
  - ou encore, faites, sans bruit sonore, le simulacre de vous "gratter" la gorge.

    Observez où se place cette vibration de l'air expulsé, fermez la bouche et reproduisez le même son... Continuez en respirant...

Vous sentirez très vite si vous "y êtes". De plus, si votre action est bien conduite, vous éprouverez dans le creux de la gorge une sensation de fraîcheur à l'inspiration et de tiédeur à l'expiration. Cette vibration, ce "chuchotement" de l'air doit être pratiquement inaudible pour votre entourage et, pourrait-on dire, invisible, car aucune contraction, aucun frémissement ne doit apparaître sur le visage.

En définitive, vous devez avoir la sensation que le nez n'est qu'un couloir de passage, la véritable entrée de l'air dans les poumons se faisant par le portillon de la glotte.

Pourquoi se donner tant de mal, direz-vous? Et bien simplement parce que ce contrôle de la glotte permet un ralentissement du débit de l'air et donc un dosage très subtil de la durée du souffle.

Et si vous vous souvenez que les yogis ont toujours cherché à ralentir le souffle, vous aurez aussi compris le "pourquoi" de cette technique absolument extraordinaire.

Lorsque vous aurez fait plus ample connaissance avec Ujjayi, exercez-vous souvent. Vous remarquerez que plus le bruissement de l'air est ténu, plus la respiration est longue, aisée, et inversement. Vous apprendrez ainsi à jouer avec votre souffle (cependant, ne respirez pas trop fort, vous risqueriez de vous irriter la gorge). Il est un autre petit jeu auquel vous pourrez vous livrer et qui ne manquera pas de vous surprendre — mais en yoga finit-on un jour de s'étonner — vous comprendrez alors vraiment pourquoi la respiration en Ujjayi est utilisée dans la pratique des postures. Notez ceci:

1. pendant les postures, la respiration est pratiquement thoracique.
2. par un phénomène physiologique curieux, qu'il serait trop long d'exposer ici, l'inspiration en Ujjayi provoque un écartement latéral spontané du thorax.

Conclusion

Si la respiration posturale est thoracique et si Ujjayi provoque un écartement du thorax, il s'avère absolument lo-

gique que la respiration en Ujjayi soit appliquée pendant la pratique, et qu'elle facilite le déroulement de la posture.
Par ce même phénomène physiologique étonnant, on peut encore observer que l'inspiration naturelle par le nez provoque un gonflement de l'abdomen. Il n'est donc pas surprenant que, pendant la détente, le souffle se manifeste à ce niveau dès que la respiration automatique est installée. Essayez d'appliquer ces principes à la respiration complète, c'est-à-dire : inspiration par le nez pour la phase abdominale se poursuivant avec Ujjayi pour la phase thoracique puis, expiration identique.
Vous pourrez observer que la respiration devient plus souple, aisée, fluide et que le thorax semble se développer comme par enchantement, sans même que vous le sollicitiez. Plus que jamais, assimilez cette respiration à un mouvement de vague : vous serez même aidé par le bruissement... Quand vous aurez maîtrisé ce processus, vous pourrez moduler votre souffle sans rupture de son, comme le chanteur module sa voix sans rupture de mélodie.

Le rythme

Le rythme respiratoire conditionne la durée et la qualité de la posture : qualité ne signifiant pas perfection. Une posture bien "respirée" est une posture dont les effets sont assurés. Il est évident qu'au début, il est difficile de synchroniser souffle et mouvement. Attachez-vous néanmoins à établir un rythme calme, régulier et surtout équilibré, même si c'est un rythme court. Respectez toujours un petit temps de pause entre les phases.
Rapidement, vous arriverez à plus d'aisance et de maîtrise. Pensez néanmoins que le rythme respiratoire reste soumis aux circonstances extérieures et que, selon le lieu, la saison, la

disposition du moment, il peut subir des variations sensibles. La même remarque est d'ailleurs valable au sujet de la souplesse corporelle. Il reste à régler un dernier détail quant à la durée de la posture.

Selon l'enseignement que nous avons reçu, nous pratiquons et vous présentons les postures dynamiques (sauf indication particulière) avec une seule respiration : inspiration, pause, expiration. La durée de la posture est donc fonction de la durée de la respiration et les deux progressent ensemble.

Cette formule a l'avantage de supprimer toute idée de perfectionnisme. Une des règles du yoga est de vous faire donner d'emblée le meilleur de vous-même puisque la posture n'est jamais reprise une deuxième fois sous la même forme : ce qui est fait est bien fait et vous tirez en un seul souffle la quintescence de la posture. Mais ne croyez surtout pas qu'il soit faux ou contre-indiqué de préparer la posture et de la conserver en s'appuyant sur plusieurs respirations, dès l'instant où celles-ci sont aisées, équilibrées et surtout conscientes.

"Le yoga ne consiste pas à prendre des positions mais à agir en accord avec une respiration très ralentie sur laquelle il est capital de se concentrer mentalement sans défaillance" (Docteur Hanrotte).

Avec la respiration, vous venez de faire un grand pas dans la voie du yoga. A partir de là, toutes les possibilités vous sont offertes, y compris celles dont vous ne soupçonnez même pas l'existence...

Shavasana
La détente

Shavasana se traduit littéralement par "posture du corps mort" (du corps, non du mental). Cette détente est une posture et non des moindres puisqu'elle précède, jalonne et achève une séance de yoga. Elle a, en outre, l'avantage de pouvoir être pratiquée isolément, à tout moment, en cas de fatigue, après un effort physique ou intellectuel (v. photo nº 1).
Dire qu'elle est capitale n'est pas exagéré puisque la détente est une prise de conscience du corps, différemment conduite selon qu'il s'agit d'une simple décontraction entre deux postures ou d'une relaxation plus poussée.

Photo nº 1

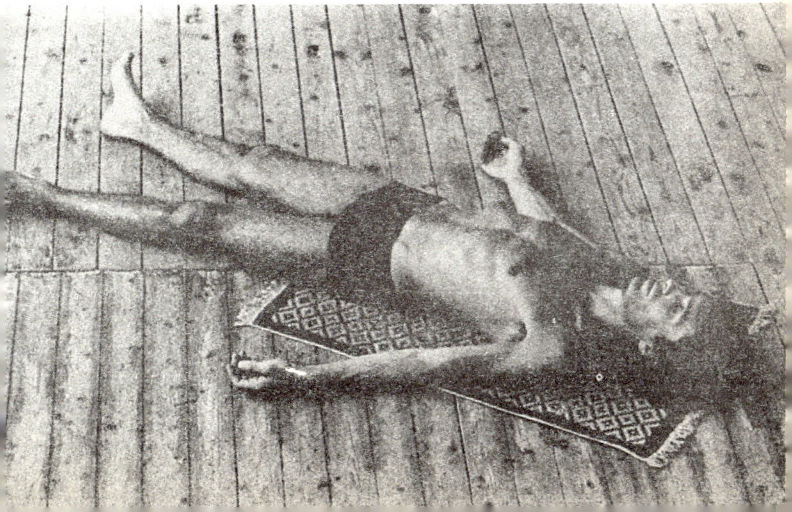

Technique

— Allongez-vous sur le sol, jambes légèrement écartées, pieds relâchés, lourds, tournés en dehors à “10 h 10”. bras plus ou moins éloignés du corps, dos des mains au sol, doigts détendus naturellement.
— Fermez les yeux, sans effort.
— Laissez s’entrouvrir les mâchoires, langue relâchée, lèvres s’effleurant à peine et amorçant une ébauche de sourire.
— Ajustez au besoin votre corps au sol par quelques légers mouvements, de façon à vous sentir en parfait équilibre. Celui-ci est obtenu lorsque vous n’éprouvez plus du tout le besoin de bouger et qu’une sensation de pesanteur commence à vous gagner.

Cette première partie est commune à toute détente. La suite en sera modifiée selon qu’il s’agit :
— d’une détente en début de séance,
— d’une détente entre deux postures,
— d’une détente en début de séance,
— d’une détente faite isolément.

Détente en début de séance

— Prenez conscience globalement de la position de votre corps au sol...
— puis des principaux points d’appui : talons, mollets, cuisses, fesses, dos, tête, bras, mains,
— portez ensuite votre attention sur votre respiration et observez quelques instants votre souffle,
— imaginez que vous découvrez l’acte respiratoire pour la première fois... répétez mentalement “j’inspire... j’expire...” sur une cadence que vous ralentissez sensiblement.

— faites ensuite quelques respirations abdominales avec la sensation que chaque expiration vous alourdit un peu plus au sol,
— continuez avec quelques respirations complètes en suivant mentalement le mécanisme du mouvement.

Si vous avez bien conduit cette première détente, vous êtes déjà en étant d'intériorité et prêt à commencer votre cours proprement dit.

Détente entre deux asanas

Cette détente est d'autant plus rapide et spontanée que le mouvement précédent était intense et prolongé.

Ces quelques instants de relâchement sont essentiels : pendant ce court laps de temps, la posture s'achève, s'épanouit en vous : le prana passe du plan superficiel au niveau des échanges profonds. Essayez de prendre conscience de ce processus. Découvrez les réactions de votre corps qui "s'imprègne" des effets de la posture. Ceci ne s'obtient pas d'emblée, mais peu à peu ce phénomène vous deviendra familier et vous pourrez même l'améliorer par la pensée.

Eventuellement, quelques respirations abdominales équilibrées vous permettront d'aborder dans le calme la posture suivante; mais ne prolongez pas outre mesure ces instants de pause afin de ne pas vous "refroidir".

Détente en fin de séance

Nettement plus longue (cinq à dix minutes), elle achève une séance et précède les exercices respiratoires qui complètent le cours.

— Après la prise de conscience des principaux points de

contact de votre corps, faites à nouveau circuler votre pensée en sentant bien la pesanteur de votre corps au sol : talons, mollets, cuisses, etc.

— Encore une fois... alourdissez votre corps... marquez l'arrêt sur chaque point...

Votre corps doit vous donner l'impression de s'inscruster au sol. Si vous n'arrivez pas à obtenir cette sensation de pesanteur, ne vous désolez pas, ne cherchez pas le résultat coûte que coûte, vous ne feriez que provoquer des tensions et vous éloigner du but poursuivi. Continuez à pratiquer régulièrement et bientôt votre corps obéira, avant même, pourrait-on dire, que la pensée ne soit formulée. Surtout ne bougez pas. Le moindre mouvement met en action toute une série de muscles qu'il faudrait à nouveau décontracter.

— A la sensation de pesanteur succède peu à peu une sensation de "flou"... votre corps semble ne plus avoir de limites... vous êtes bien... très bien... si bien que vous glisseriez volontiers dans le sommeil...

Evidemment, ce ne serait pas un bien grand mal, mais vous ne pourriez plus bénéficier du plaisir lucide de la détente. Attachez-vous à rester vigilant... "accrochez-vous" à votre souffle... sans en modifier le rythme. Restez conscient de respirer... : j'inspire... j'expire... Découvrez votre souffle à chaque respiration... sentez l'air frais pénétrer en vous et vous apporter la vie... sentez passer l'air tiède avec lequel vous chassez toutes vos toxines, vos tensions, vos problèmes, vos énergies usées...

Même si des pensées parasites surgissent, ne vous en inquiétez pas. "Regardez"- les passer... et ramenez votre attention, votre conscience sur votre souffle.

Continuez à respirer paisiblement...

Lorsque le moment est venu d'abandonner Shavasana, faites-le calmement, toujours consciemment.

Si vous devez pratiquer des exercices respiratoires, asseyez-vous très lentement, sans ouvrir les yeux, sans vous déconcentrer et installez-vous dans la posture indiquée tout en continuant votre "pensée-respiration".

Détente pratiquée isolément

Le processus reste le même que pour la détente précédente, mais au lieu de vous asseoir, continuez votre relaxation en pratiquant la variante simplifiée d'une respiration que nous décrivons page 150: la respiration alternée.
Cette respiration est très apaisante pour le mental.
Maintenez-la suivant le temps dont vous disposez, puis laissez reprendre la respiration naturelle et observez pendant quelques instants le climat intérieur que vous avez obtenu.

— Ramenez ensuite votre attention sur votre corps: retrouvez mentalement sa position au sol, ses limites, sa pesanteur, ses points de contact: talons, mollets, etc.
— Expirez profondément et sur ce soupir revenez à la mobilité en commençant par bouger les orteils, puis les pieds, les chevilles, etc.
— Et enfin, au choix, étirez-vous en inspirant longuement ou contractez votre corps sur place et... lâchez "sec".
— Ouvrez les yeux.
— Asseyez-vous quelques instants avant de vous mettre debout.

Avec l'expérience, cette technique de détente peut être affinée davantage. Mais sous cette forme de base classique, elle est déjà très suffisante.
Si vous suivez des cours avec un professeur, vous n'aurez aucune difficulté, mais si vous travaillez seul, vous avez intérêt à vous faire guider au début par quelqu'un de votre entourage.

La pratique des postures

Vous allez maintenant faire connaissance avec les postures de yoga. Il est probable que plusieurs d'entre elles ne vous seront pas accessibles immédiatement. C'est pourquoi, nous vous indiquons des postures simplifiées qui peuvent leur être substituées. Elles auront pour vous plus d'efficacité qu'un mouvement forcé et vous prépareront peu à peu à la posture souhaitée.

Nous vous recommandons tout particulièrement d'être très prudent avec Padmasana, la posture du lotus, qui demande en général une longue préparation, et qui demeure malgré tout souvent inaccessible à la plupart des Occidentaux.

En vous acharnant, vous risquez d'endommager pour longtemps les ligaments si fragiles des genoux ainsi que les ménisques. Et, de ce fait, vous vous priveriez de toutes les postures qui sollicitent l'articulation des genoux.

— Rappelez-vous que quelques instants de détente sont indispensables après chaque posture, afin que celle-ci s'achève et s'épanouisse en vous.
— Concentrez-vous sur le souffle ou sur le point d'impact de la posture. Vous arriverez à le découvrir en prêtant attention à ce que vous êtes en train de faire.
— Expirez toujours avant la première inspiration qui commande la posture.
— Il existe de multiples variantes de chaque asana. Dans

les limites de ce petit livre, nous vous décrivons l'une d'entre elles — en principe la posture "clé" — vous laissant le loisir de découvrir les autres dans les nombreux ouvrages consacrés au Hatha-yoga.

Suryanamaskar
La salutation au Soleil

Surya signifie Soleil. (La narine droite Pingala est aussi appelée Surya Nadi. Elle représente la force positive, solaire, de notre corps).
Namah: s'incliner. *Kar*: faire acte.
Suryanamaskar: faire acte de s'incliner, de se prosterner devant le soleil qui est, rappelons-le, le symbole de la force cosmique dont dépend toute vie.

Bien que ne faisant pas partie intégrante des postures traditionnelles du yoga, Suryanamaskar a été adoptée et adaptée par les yogis pour sa valeur symbolique et spirituelle autant que physiologique. Elle fut introduite en Inde tardivement, par les Aryens, peuplades nomades, adorateurs du soleil. La salutation au soleil ouvre toute séance de yoga, mais elle a l'avantage de pouvoir être pratiquée isolément. Faite le matin au réveil, elle permet une parfaite mise en route. Précédant une séance de yoga, elle échauffe et dérouille tout le corps avant la pratique posturale proprement dite.
Dans les deux cas, surtout en tenant compte de tout ce qu'elle représente, elle contribue à placer le pratiquant dans un climat mental bénéfique.
L'être humain est le lieu de rencontre de la terre et du ciel: Suryanamaskar permet une prise de conscience des relations étroites qui existent entre les énergies qui gouvernent l'univers et l'homme, reflet de cet univers. Cette "prière" dynamique régénère l'être tout entier par les échanges de Prana

qui s'effectuent pendant son déroulement. Mais il ne faut pas oublier que seule la concentration constante sur le souffle — lien vital entre l'homme et ce qui l'entoure — donne à ce processus toute son efficacité.

Ajoutons, à titre indicatif, mais pour bien comprendre toute l'importance attribuée par les yogis à la salutation au soleil, que chacune des positions qui la composent est accompagnée d'une formule sacrée (Mantra) destinée à accentuer la puissance de ces gestes rituels.

Suryanamaskar est un enchaînement de douze positions qui correspondent aux douze mois de l'année et aux douze signes du zodiaque. En Inde, elle se pratique, le matin, au lever du soleil, et le soir, au soleil couchant.

Pour notre part, il faut nous contenter de la pratiquer dans les meilleures conditions possibles, sachant qu'à toute heure du jour le soleil est source de lumière, de chaleur et de vie.

Chaque position de Suryanamaskar se coordonne avec une phase respiratoire.

Il est indispensable d'obtenir une parfaite synchronisation du mouvement et du rythme respiratoire pour éviter tout essoufflement ou fatigue. Avec le temps et l'expérience, le pratiquant trouve la bonne cadence et peut accomplir aisément un nombre important de cycles. En règle générale, pour la salutation au soleil comme pour toute autre posture du yoga, l'inspiration correspond à une extension, l'expiration à une flexion.

Durant le déroulement d'un cycle, les gestes doivent rester liés, chacun d'eux préparant et appelant le geste qui lui succède.

Technique

A. Joignez les mains en "prière" devant la poitrine.
— Fermez les yeux, visage détendu.

Restez immobile. Relâchez tout le corps et en particulier les épaules.
— Respirez doucement par le nez en vous “recueillant” en vous-même (conscience du corps, du souffle, de ce que symbolise Surynamaskar). Attachez-vous à garder cet état de conscience pendant tout le déroulement de la salutation.
— Expirez profondément.

Photo 1.

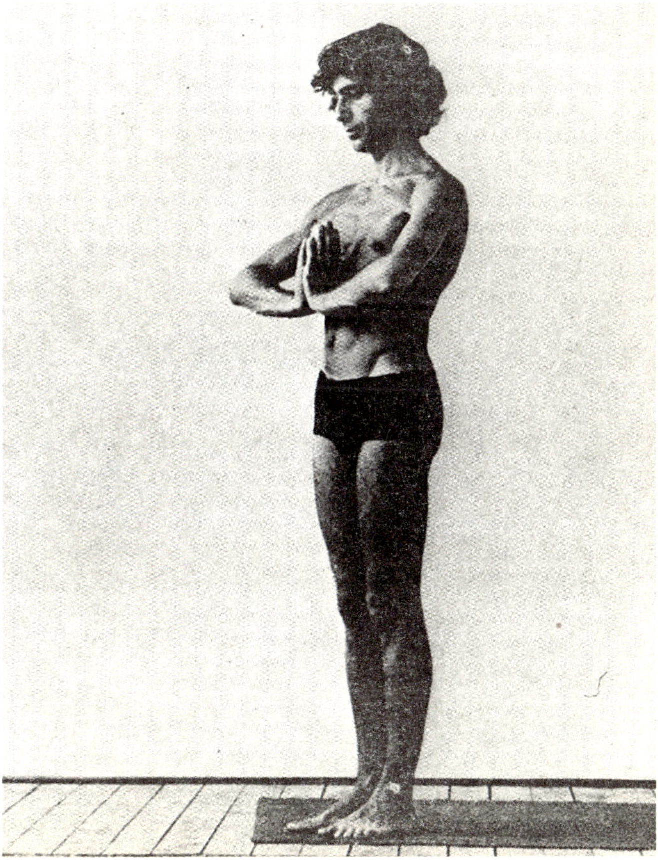

B. Inspirez en levant et en tendant les bras dans le prolongement du corps. Etirez-vous bien.
Puis, séparez et écartez les mains d'une largeur d'épaules en présentant les paumes en avant.
— Cambrez légèrement le buste, tête en arrière, ventre rentré.
Veillez à ne pas "casser" au niveau des reins : des mains aux pieds, le corps doit former un arc, fesses rentrées, bassin - plus exactement pubis - en avant.

Photo B.

C. Expirez lentement en vous inclinant vers l'avant, bras toujours tendus. Si possible, maintenez la bascule du bassin : commencez le mouvement en restant cambré et en poussant les fesses vers l'arrière, puis continuez en détente pour aller poser les mains au sol au niveau des pieds. Ne forcez pas, le mouvement doit être lent en régulier.
— Gardez les jambes tendues, rentrez le ventre puis rapprochez la tête des genoux.
Si vous avez des difficultés pour réaliser cette phase, ne vous découragez surtout pas, même si le sol semble loin de vos doigts, persévérez: vous serez surpris de la rapidité de vos progrès. Contentez-vous, au début, de poser les mains au moment où vous abordez la phase suivante.

Photo C.

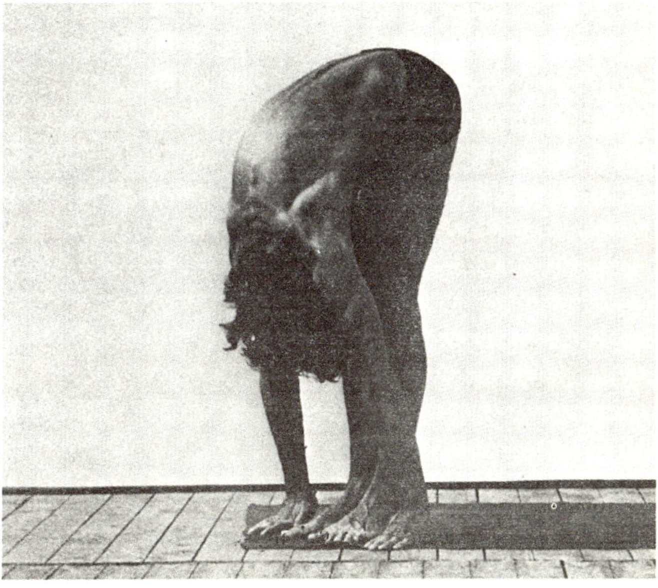

D. En rétention de souffle, glissez la jambe gauche bien en arrière. Posez le genou au sol. Restez en appui sur la pulpe des orteils.
— Inspirez en redressant le buste. Tendez les bras. Relevez la tête et abaissez les épaules.

Photo D.

E. En expirant, allongez la jambe droite contre la jambe gauche.
Gardez le corps "en planche": ventre rentré, bras bien tendus, épaules basses.

Photo E.

F. En rétention de souffle, posez au sol les genoux, la poitrine (en pliant les coudes) et le front.
L'abdomen et les cuisses restent décollés du sol. C'est la posture dite des "huit points de prosternation" où seuls les pieds, les genoux, la poitrine et les mains sont en appui au sol.

Photo F.

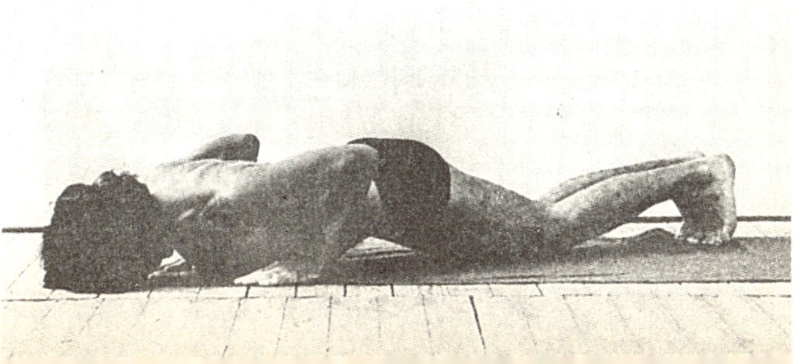

G. En inspirant, redressez et cambrez le buste en tendant les bras. Relevez la tête et veillez à avoir les épaules basses.

Photo G.

H. Sans déplacer ni les mains, ni les pieds, expirez et soulevez les fesses en repoussant le corps en arrière, jambes et bras toujours tendus. Baissez la tête et essayez de poser les talons au sol (sur la photo, la tête n'est pas encore en place).
Etirez bien tout le corps.

Photo H.

I. Inspirez en ramenant le pied gauche en avant entre les mains. Vous vous retrouvez dans la position D, jambes inversées. Le retour présente souvent des difficultés mais tout s'arrange avec le temps et la persévérance.

Photo I.

J. Expirez en baissant la tête et en rapprochant la jambe droite de la jambe gauche, les pieds au même niveau.
Tendez les jambes et rapprochez la tête des genoux (position C).

Photo J.

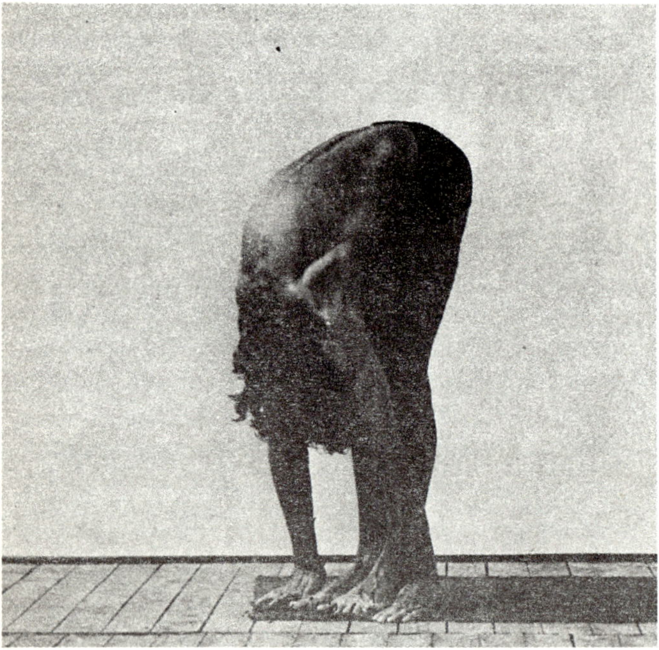

K. Inspirez en redressant le buste et en levant les bras dans le prolongement du corps. Etirez-vous bien (position B).

Photo K.

L. Joignez les mains et, en expirant, ramenez les mains jointes devant la poitrine (position A).
Reprenez votre souffle avec quelques respirations naturelles, puis recommencez en inversant le mouvement des jambes dans les positions D et I.

Photo L.

Quand votre salutation au soleil est terminée, allongez-vous en Shavasana suffisamment longtemps pour récupérer.
Il existe quelques variantes de Suryanamaskar. Elles présentent entre elles quelques différences de forme, se pratiquent plus ou moins rapidement, mais l'esprit en reste toujours le même.
Il n'y a pas de règles précises quant au nombre de cycles à exécuter : avant une séance de yoga, deux à quatre salutations suffisent à préparer le corps pour les postures. Pratiquée isolément, vous pouvez peu à peu en augmenter le nombre. Traditionnellement, Suryanamaskar doit être exécutée douze fois dans chaque sens. Rappelez-vous que la concentration constante est indispensable soit sur les mouvements, soit sur le souffle.
Nous insistons sur le fait qu'une détente, proportionnelle à l'effort, doit suivre la pratique de la salutation.

Précautions

Soyez mesuré si vous êtes sujet à la sciatique ou aux troubles vertébraux, en particulier dans les positions C et J.

Contre-indications

Ne pratiquez jamais pendant une crise aiguë : lombalgie, arthrite, sciatique, etc.
C'est d'ailleurs une règle générale pour toutes les postures de yoga.

Bienfaits

Les avantages de Suryanamaskar sont considérables. Vous vous en rendrez compte lorsque vous aurez assimilé son déroulement et que vous la pratiquerez avec aisance.

Accessible à tous, à tout âge, elle régénère tous les rouages et toutes les fonctions prédominantes du corps : muscles, articulations, organes, système nerveux, circulation sanguine, digestion, etc.

Padmasana
La posture du Lotus

C'est l'image de marque du yoga et la posture de méditation par excellence.
La position par elle-même induit une attitude de calme mental et physique qui favorise les exercices de Pranayama et de méditation. Elle symbolise la stabilité et la pureté de la fleur de lotus qui, malgré les remous sous-jacents, éclot et demeure à la surface d'une eau trouble (v. photo n° 2).

Technique

— Asseyez-vous jambes tendues et jointes, dos et tête droits, épaules relâchées, regard de face.
— Repliez la jambe gauche devant vous, face latérale externe au sol et en vous aidant des deux mains glissées sous le côté externe du talon, rapprochez le mollet de la cuisse et placez le pied sur la cuisse droite, plante du pied tournée vers le haut, talon en contact avec l'abdomen.
— Repliez ensuite la jambe droite et opérez de même pour placer le pied sur la cuisse gauche.
Dans l'idéal, les deux genoux touchent le sol.
— Redressez le dos et la tête, sans forcer; posez les mains sur les genoux. Fermez les yeux. Restez quelques instants, puis inversez la position des jambes. La posture ainsi réalisée peut servir de base pour d'autres postures ou pour des exercices de Pranayama et de méditation.

Photo n° 2

SUBSTITUTION

— Sukhasana : la posture aisée, en "tailleur".
— 1/2 lotus : un seul pied sur la cuisse, l'autre jambe repliée en dessous.
— Vajrasana : la posture du diamant, à genoux (v. page 92).

Précautions

Aidez-vous, au besoin, d'un coussin placé sous les fesses. Opérez très calmement quand vous relâchez la position.

Contre-indications

Sciatique, douleurs des genoux.

Bienfaits

C'est la posture idéale pour obtenir la rectitude de la colonne vertébrale. Elle assouplit les articulations des hanches et des jambes. La circulation sanguine, ralentie dans les jambes, est accélérée dans le bassin, renforçant et tonifiant tous les organes pelviens et abdominaux.

Yoga Mudra
Le geste du yoga

Yoga Mudra découle directement de Padmasana. C'est le symbole même du yoga et, en quelque sorte, un geste de respect et d'humilité envers celui-ci (v. photo n° 3).

Technique

— En position de lotus, prenez derrière le dos le poignet droit dans la main gauche. Réunissez le pouce et l'index droits en gardant les autres doigts tendus. Fermez les yeux. Expirez doucement.
— Inspirez en vous redressant.
— En expirant, inclinez-vous en avant pour poser le sommet de la tête au sol.

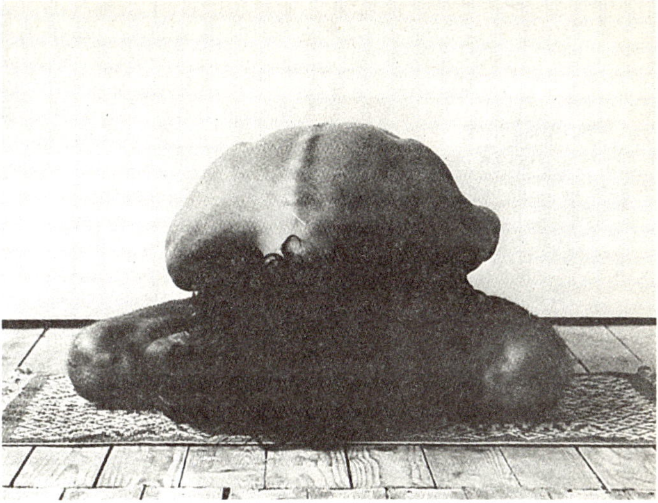

Photo n° 3

— Restez en rétention, ventre rentré, aussi longtemps que vous êtes “confortable”.
— En inspirant, revenez à la position de départ. Attendez quelques instants et relâchez doucement.

Des détails plus complets sur le symbolisme de Yoga Mudra sont donnés au chapitre Les Mudras page 147.

Substitution

Position à genoux : Vajrasana.

Précautions et contre-indications

Les mêmes que pour Padmasana.

BIENFAITS

Venant s'ajouter à ceux de la posture du Lotus : l'étirement intervertébral permet le dégagement et la détente des nerfs spinaux.
Le massage abdominal plus intense agit efficacement sur la constipation.

Janu Shirshasana
La posture de la "tête au genou"

TECHNIQUE

— Assis jambes tendues, mains sur les genoux.

— Pliez la jambe gauche en plaçant, avec l'aide des mains, la plante du pied gauche contre la cuisse droite, talon au périnée, genou au sol. Repoussez ce genou en arrière de façon à avoir une bonne ouverture de jambes. Dos et tête droits sans tension (v. photo n° 4).
Placez les mains sur la jambe tendue.
Expirez.

— En inspirant, redressez le buste en creusant légèrement le dos afin de provoquer une bascule du bassin que vous essayez de maintenir.

— En expirant, penchez-vous en avant en laissant les mains glisser le long de la jambe tendue.

Prenez alors le talon ou crochetez le gros orteil entre le pouce et l'index.

— Posez la tête sur le genou et les coudes le plus près possible du sol (v. photo n° 5).

— Maintenez la posture, ventre rentré, sans forcer votre rétention.

— Redressez-vous en inspirant, puis changez de côté.

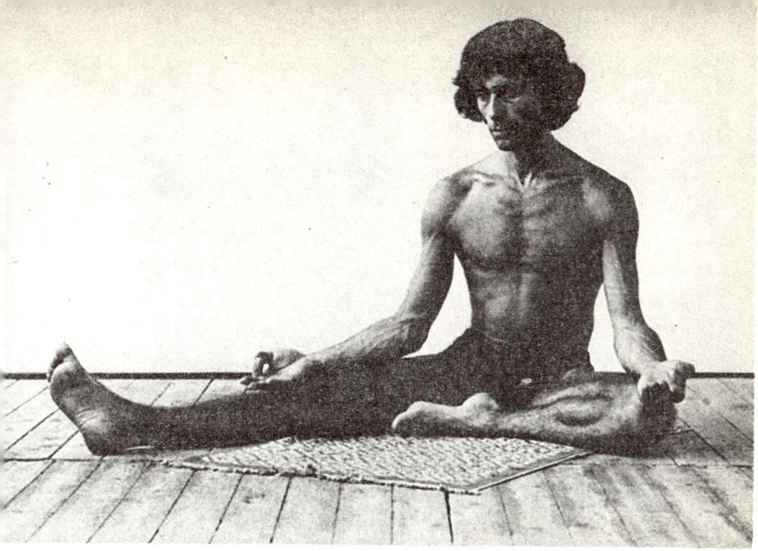

Photo n° 4

Photo n° 5

Observations

La souplesse dorsale ne s'acquiert que progressivement. Ne pliez pas les jambes mais, suivant vos possibilités, laissez glisser les mains jusqu'au genou, au mollet, à la cheville.

Contre-indications

Hernie discale, sciatique.

Bienfaits

Janu Shirshasana étire les muscles postérieurs des jambes, contribue à faire fondre le ventre, tonifie tous les organes abdominaux, réduit la constipation, l'aérophagie. Elle harmonise les énergies dans le corps, préparant ainsi aux exercices de Pranayama et de méditation.

Paschimattanasana

Paschima signifie dos, postérieur, "ouest". *Uttan*: étirer. C'est la posture de "l'étirement postérieur", de l'étirement de "l'ouest" en direction de "l'est". Les yogis associent chaque partie du corps à un point cardinal: ouest pour le dos, est pour la face, nord pour la tête, sud pour les pieds.
Probablement par commodité, cette posture est souvent appelée la "pince" assise.

Technique

— Dans la position assise, gardez les deux jambes jointes tendues.
— Le bassin étant fixe, l'étirement est surtout lombaire.

C'est par une action à ce niveau qu'il faut chercher à rapprocher les épaules des genoux. Expirez.

— Inspirez en redressant et en creusant le dos (bascule du bassin).

— Expirez lentement en vous inclinant vers les jambes. Laissez glisser les mains jusqu'aux talons.

— Posez la tête sur les genoux et les coudes le plus près possible du sol (v. photo n° 6). Maintenez la posture, ventre rentré, le temps d'une rétention confortable.

— Puis redressez-vous calmement en inspirant.

OBSERVATIONS. CONTRE-INDICATIONS. BIENFAITS.

Les mêmes que pour la posture précédente Janu Shirshasana.

Photo n° 6

Vajrasana
La posture de la Foudre - du Diamant

Vajra signifie à la fois "foudre" et "diamant". On peut comprendre cette double définition dont les sens se confondent lorsqu'on sait que, pour les yogis, la foudre représente la force, l'éclair de l'énergie latente et, par extension, l'éclat, la dureté, la pureté : le diamant.
C'est une posture de méditation qui peut se substituer à la posture du Lotus (v. photo n° 7).

Photo n° 7

TECHNIQUE

— Mettez-vous à genoux et, en vous asseyant, écartez les talons, gros orteils joints, de façon à former une "cuvette" où viennent se placer les fesses. Les pieds doivent supporter tout le poids du corps (v. photo n° 8).
— Posez les mains à plat sur les genoux. Fermez les yeux. Respirez doucement et relâchez consciemment tout le corps. C'est la position finale, utilisée pour les exercices de respiration ou de méditation, et base d'autres postures.

Photo n° 8

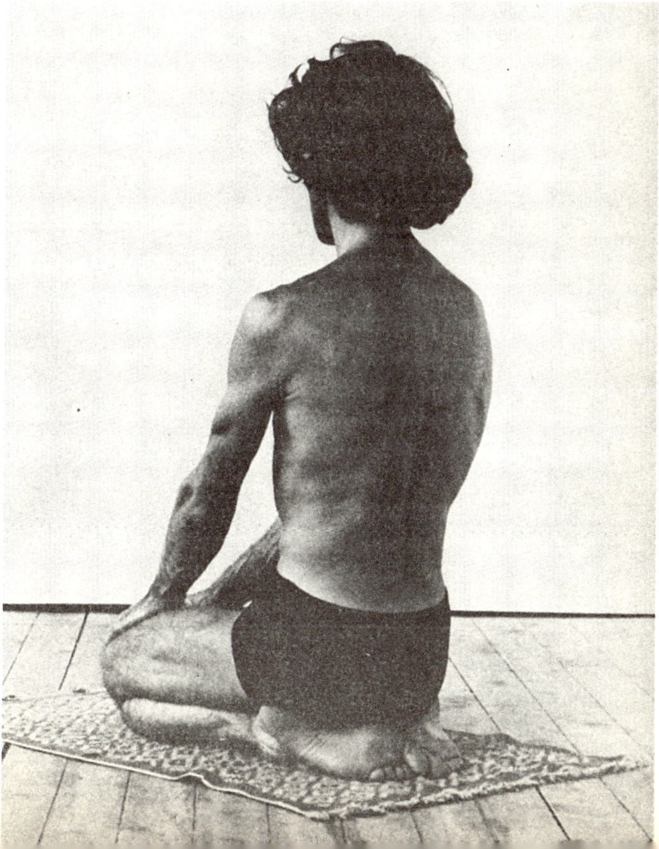

Précautions

Asseyez-vous très progressivement, de façon à ne pas léser les ligaments des genoux et des chevilles.

Bienfaits

C'est la posture dans laquelle le bassin et la colonne vertébrale sont aussi bien placés que dans Padmasana (posture du Lotus). Vajrasana est une des rares positions qui puisse être pratiquée après les repas car elle favorise les digestions difficiles. Dans ce cas, elle doit être maintenue jusqu'à sensation de fourmillement dans les pieds.

Dhrityasana
La posture de la Fermeté

Pour des raisons qui nous demeurent mystérieuses, cette posture, suivant les écoles, porte le nom de posture de la Fermeté ou posture du Chameau (Ushtrasana)... Nous vous en laissons le choix (v. photo n° 9).

Technique

— Placez-vous à genoux dressés, légèrement écartés. Le poids du corps doit être et doit demeurer sur les genoux pendant toute la durée de la posture. Poussez le pubis en avant — bascule du bassin —. Placez les mains sur les hanches, pouces vers la colonne vertébrale.
— Expirez en rentrant le ventre. Veillez à maintenir le bassin en avant.
— Sans relâcher le ventre, inspirez en étirant et bombant le torse. Sortez la poitrine. Effacez les épaules. Glissez la

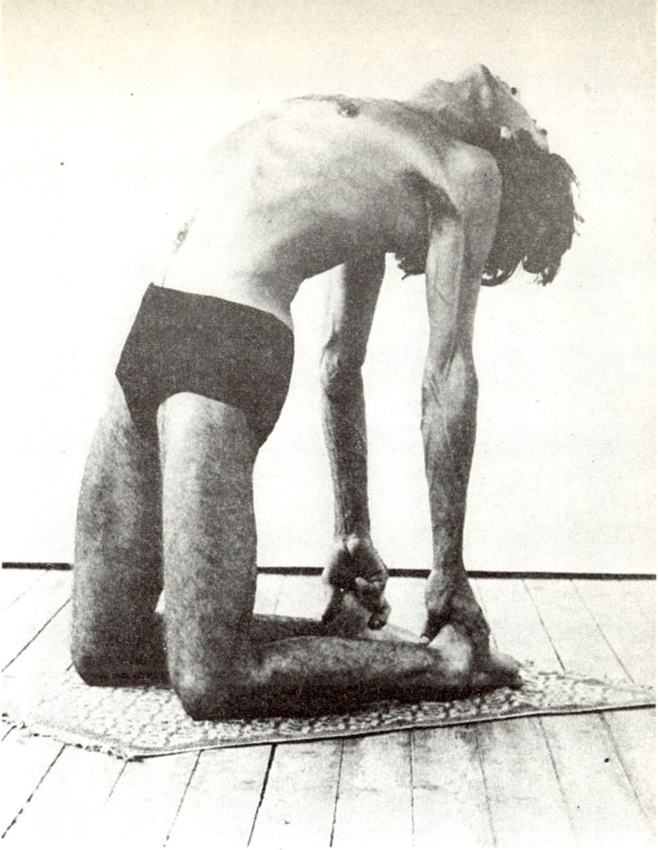

Photo n° 9

tête en arrière, puis posez les mains sur les talons et écartez encore le thorax en plaquant les omoplates.

— Maintenez la posture en rétention pleine tant que celle-ci est confortable.

— Le retour à la position de départ se déroule en lâchant d'abord les mains — ne les replacez pas sur les hanches — puis en redressant le dos depuis le sacrum vers les cervicales.

Observations

Dans la posture finale, le pubis se trouve en avant des genoux; les mollets sont relâchés. Vous devez avoir la sensation que vos bras vous empêchent de basculer en avant.

Précautions

Posture à éviter en cas de lumbago. Ne mettez pas la tête en arrière si vous éprouvez une sensation de vertige.

Contre-indications

Hyperthyroïdie, hypertension.

Bienfaits

Dhrityasana agit de façon profonde sur les organes pelviens et abdominaux. Elle stimule le péristaltisme intestinal. Son action sur les surrénales est particulièrement importante. Les nerfs cervicaux sont massés et tonifiés.

Halasana
La Charrue

Cette posture est ainsi nommée pour la ressemblance qu'elle présente dans la phase finale avec la charrue de bois utilisée dans l'Inde ancienne et, paraît-il, encore de nos jours... Halasana fait partie des postures **inversées** (v. photo n° 10).

Photo n° 10

TECHNIQUE

— Allongez-vous sur le dos, jambes jointes, bras le long du corps, paume des mains au sol.
— En expirant, rentrez le ventre et basculez le bassin (vertèbres lombaires au sol). Soulevez la tête en plaçant le menton dans le creux de la gorge pour que la nuque se trouve bien étirée. Ceci n'est pas obligatoire, mais nous avons remarqué que les pratiquants creusent souvent la nuque pendant la phase suivante et ont ensuite des difficultés à la replacer correctement.
— Souffle retenu, en maintenant la bascule du bassin, levez lentement les jambes tendues jusqu'à la verticale.
— Inspirez.
— En expirant, rapprochez les jambes du visage ("pince" inversée), puis soulevez les fesses et le dos (les jambes glissent

vers l'arrière). Laissez les orteils se poser au sol, jambes toujours tendues, mais sans tension.

— Restez en rétention à vide, ventre rentré, un moment.

— Pour le retour, déroulez votre dos en inspirant lentement. Quand les fesses touchent le sol, soulevez la tête, expirez et abaissez les jambes tendues, pieds fléchis, en maintenant jusqu'au bout la bascule du bassin, c'est-à-dire en gardant le plus possible les vertèbres lombaires plaquées au sol.

Observations

Le déroulement de la posture doit être très lent et surtout très lié. Suivant les écoles, il peut aussi bien être exécuté sur une seule inspiration ou une seule expiration.

Contre-indications

Hernie discale, sciatique, hypertension.

Bienfaits

Le déroulement régulier de la colonne vertébrale constitue un remarquable automassage. Tous les muscles dorsaux et cervicaux sont étirés. Les organes sont décongestionnés, la thyroïde stimulée. Outre ces avantages physiologiques, Halasana induit déjà chez le pratiquant un état de Pratyahara, — retrait des sens — cinquième étape du yoga.

Matsyasana
La posture du Poisson

Posture ainsi nommée parce que, dans la position finale, les jambes liées en lotus évoquent la queue d'un poisson...

Matsyasana devrait aussi son nom au fait que, pratiquée dans l'eau, elle permettrait de flotter aisément.

TECHNIQUE

— Assis en posture de Lotus, inclinez-vous légèrement en arrière pour poser les coudes au sol, l'un après l'autre. Expirez en rentrant le ventre.
— En maintenant le ventre rentré, inspirez en bombant le torse et en écartant bien le thorax. Effacez les épaules et penchez la tête en arrière. En laissant au besoin les coudes glisser un peu vers l'avant, posez le sommet de la tête au sol. Fermez les yeux.
Creusez, arquez le haut du dos en déplaçant prudemment la tête, comme si vous vouliez la rapprocher des fesses.
Vous pouvez laisser les mains au sol ou bien agripper les gros orteils. Relâchez les bras.
— C'est la position finale que vous gardez le temps d'une rétention pleine (v. photo n° 11).

Photo n° 11

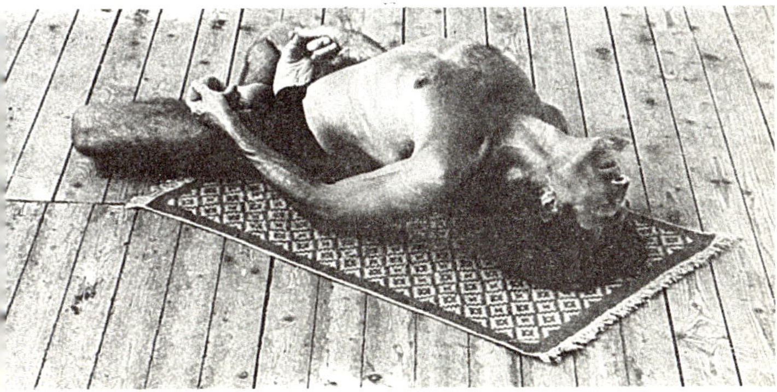

— Pour abandonner la posture, glissez la tête en allongeant la nuque et posez le dos au sol. Puis "dénouez" lentement les jambes; allongez-les. Vous vous trouvez ainsi directement en posture de détente: Shavasana.

Observations

Pour bien bomber le torse, "rentrez" les coudes dans le sol.

Substitution

Remplacez la posture du Lotus par la posture en tailleur ou, plus simplement, laissez les jambes jointes allongées (v. photo n° 12).

Précautions

Posture à éviter si vous éprouvez une sensation de vertige lorsque la tête est en arrière.

Contre-indications

Ulcères de l'estomac, hyperthyroïdie.

Photo n° 12

Bienfaits

En plus des avantages offerts par la posture du Lotus, Mâtsyasana favorise l'élasticité du thorax et permet une ventilation profonde des poumons.
Elle est recommandée en cas d'asthme, de bronchite et s'avère remarquable pour dégager les nez obstrués.
Elle stimule la thyroïde et tout le système nerveux.
Elle prévient ou améliore la voussure du dos.

Sarvangasana

Sarvangasana signifie littéralement : la posture du corps tout entier. Par commodité, les Français l'appellent "la chandelle", les anglais "shoulder stand" (appui sur les épaules). Aucune de ces appellations n'est satisfaisante, aussi préférons-nous garder le nom sanskrit.
Sarvangasana est une posture inversée type. Les yogis lui attribuent une telle importance qu'ils l'appellent la "mère" des postures, le "père" étant la posture sur la tête. Elle pourrait à elle seule faire l'objet d'une bonne partie de cet ouvrage... Avec l'expérience, vous découvrirez par vous-même les innombrables qualités de cette remarquable position qui peut, soit faire partie d'une séance, soit être pratiquée isolément (v. photo n° 13).

Technique

Il existe différentes façons de prendre Sarvangasana. Voici celle que nous préconisons car elle oblige à une attention constante.
— Couché sur le dos, nuque bien étirée, bras le long du corps, mains à plat au sol. Pliez les genoux sur le ventre,

soulevez le tête en plaçant le menton dans le creux de la gorge.

— En expirant, prenez appui sur les mains pour soulever les fesses et le dos, les genoux venant se poser sur le front, tandis que la tête retourne au sol, nuque étirée.

Placez les mains sur votre dos. Maintenez les talons près des fesses.

— En inspirant, dressez les genoux. Quand les cuisses sont à la verticale, tendez les jambes (c'est une bonne approche de la posture sur la tête dont la technique est la même). Rapprochez le sternum du menton. Vous devez avoir la sensation que votre menton "cale" tout votre corps. Détendez jambes et pieds.

Photo n° 13

— Continuez à respirer calmement (respiration diaphragmatique), sans effort, en restant conscient de votre souffle, équilibré, lent et régulier. Attachez-vous à rester parfaitement immobile.
— Après un temps qui varie, selon que Sarvangasana fait partie d'une séance ou est pratiquée isolément, de trois à vingt minutes, faites le mouvement de retour exactement en sens inverse : pliez les genoux pour les poser sur le front, talons près des fesses, posez les mains au sol et en inspirant, sans modifier la position de vos jambes et de vos pieds, déroulez lentement votre dos jusqu'au sol en laissant le front suivre les genoux.
— Relâchez ensuite en Shavasana.
En Inde, les yogis gardent la posture vingt-quatre minutes, le temps de répéter douze mantras spécifiques, dans le but d'obtenir une parfaite stabilité du mental.

Observations

Au cours d'une série, Halasana : la Charrue, peut valablement s'enchaîner avec Sarvangasana : à partir de cette dernière posture, laissez descendre très lentement les jambes tendues derrière la tête. Après quelques instants, reprenez Sarvangasana, ou revenez vous allonger en suivant les indications données pour Halasana.

Précautions

Si vous pratiquez Sarvangasana isolément, faites-la suivre d'une pose complémentaire : Matsyasana par exemple. Dans les débuts, ne maintenez pas la posture si vous souffrez d'arythmie cardiaque ou de palpitations. Avec le temps, les exercices de yoga diminueront, voire feront disparaître ces troubles et la posture ne posera plus de problème.

Dans les phases dynamiques, soyez attentif à garder les genoux pliés si vous avez des disques lombaires capricieux.

Contre-indications

Hypertension très marquée, artériosclérose, hyperthyroïdie, arthrose cervicale, infections chroniques.
Toute inflammation passagère au niveau de la tête est une contre-indication momentanée.

Bienfaits

Si nombreux que nous ne pouvons les citer tous...
Sarvangasana procure une détente immédiate des jambes, atténue les varices et les hémorroïdes, chez les femmes évite les descentes d'organes (en particulier après un accouchement), stimule la thyroïde dont le bon fonctionnement conditionne la stabilité pondérale, régularise la tension, vient en aide aux asthmatiques par sa respiration diaphragmatique (les yogis conseillent de pratiquer la posture dès les prémices d'une crise), constitue un véritable "rafraîchissement cérébral", donne un joli teint, atténue les rides, etc.

Shalabhasana
La posture de la Sauterelle

Technique

Avec Shalabhasana, vous allez faire connaissance avec les postures à plat ventre (v. photo n° 14).
— Couchez-vous face au sol, jambes allongées jointes. Glissez les poings fermés sous les cuisses ou le bas-ventre, bras tendus. Posez le menton au sol, très en avant. Le menton

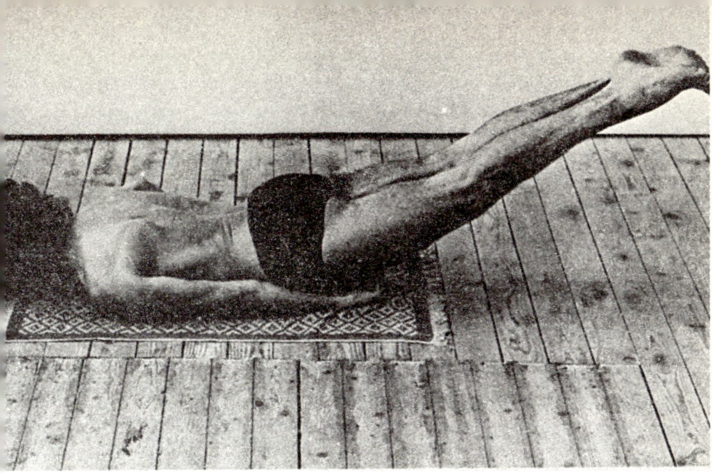

Photo n° 14

et les épaules doivent rester en contact avec le sol pendant toute la posture. Expirez en relâchant tout le corps.

— Inspirez bien à fond, puis soulevez les deux jambes jointes et tendues. Tout l'effort se porte dans les lombaires. Maintenez la position le temps de votre rétention et relâchez lentement. Détendez-vous en restant à plat ventre.

OBSERVATIONS

Shalabhasana peut être également exécutée après une expiration profonde.

CONTRE-INDICATIONS

Cette asana qui demande un effort physique doit être évitée en cas de troubles cardiaques et d'hypertension : lui substituer la "1/2 Sauterelle" où les jambes sont levées l'une après l'autre. C'est d'ailleurs une bonne approche de la posture pour tous les adeptes. Ne pas pratiquer la posture en cas de hernie ou d'ulcère.

Bienfaits

La tonification de toute la musculature dorsale combat les déplacements vertébraux et les élimine à la longue. Shalabhasana soulage la sciatique, stimule tout le système nerveux autonome, qui assure l'équilibre des fonctions organiques, et masse profondément la région abdominale.
Par son action dynamique, elle est sensée "stimuler" les paresseux.

Bhujangasana
La posture du Cobra

Le Cobra, en Inde, est respecté et honoré en tant qu'animal sacré. Il symbolise, entre autres, la Force Subtile Individuelle, la Pureté et l'Intuition. Il figure toujours auprès de Shiva, le dieu Yogin. Le mois d'août est celui de la fête du Cobra.

Technique

Sous une apparence très simple, cette posture est aussi délicate à expliquer qu'à exécuter.
— Couché à plat ventre, jambes jointes et tendues, pieds allongés, talons joints, front au sol, posez les mains paume à plat, doigts en avant, sous l'arrondi de l'épaule, coudes hauts et près du corps. Fermez les yeux.
— Expirez en rentrant et en contractant le ventre pour provoquer une bascule de bassin (le pubis se plaque au sol, le ventre reste rentré).

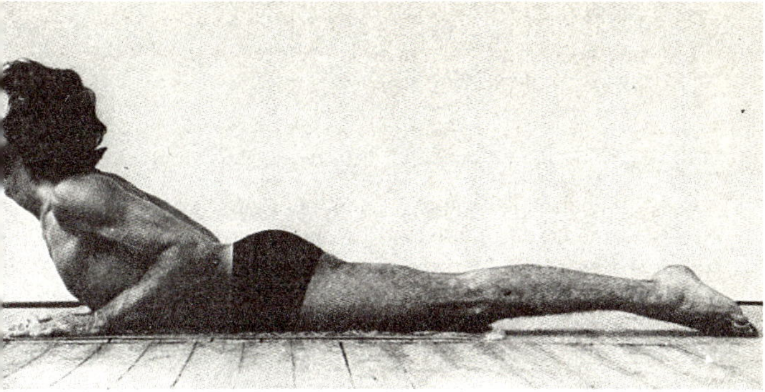

Photo n° 15

— En inspirant lentement, glissez le front en avant, pour étirer la nuque, avant de soulever et relever la tête.
En vous concentrant sur le travail musculaire dorsal, sans prendre appui sur les mains, redressez le buste, vertèbre par vertèbre depuis la nuque. Continuez jusqu'à votre point maximum, ventre toujours rentré, sans l'aide des mains.
— Quand ce point est atteint, prenez appui sur les mains pour ajuster votre posture.
— Tirez le buste vers l'avant, puis redressez-vous encore un peu. Dans la position finale, le nombril doit être en contact avec le sol. Ecartez le thorax. Sortez la poitrine.
— Repoussez et abaissez les épaules en rapprochant les omoplates. Relevez la tête. Relâchez le visage, lèvres légèrement entrouvertes. Tous ces gestes doivent évidemment être très lents et liés (v. photo n° 15).
— Maintenez votre position aussi longtemps que votre rétention est confortable, puis faites le mouvement de retour exactement en sens inverse sur une expiration.

Observations

Les muscles fessiers doivent rester contractés pour maintenir les jambes jointes, talons en contact.

Précautions

En cas d'hyperthyroïdie, ne pas renverser la tête en arrière.

Contre-indications

Ulcère hernie.

Bienfaits

Cette posture est, avec la Charrue, la seule qui produise une automanipulation dorsale. Elle provoque un afflux sanguin considérable au niveau des reins et des surrénales, stimule la thyroïde, améliore la respiration thoracique, masse les organes abdominaux et, comme Shalabhasana, tonifie le système nerveux autonome.

Dhanurasana
La posture de l'Arc

Dhanurasana est une combinaison de la Sauterelle et du Cobra. Ces trois postures forment une "trilogie" et sont inséparables (v. photo n° 16).

Technique

— Couché à plat ventre, prenez les chevilles dans les mains, gardez les genoux écartés, pliez les coudes en rapprochant

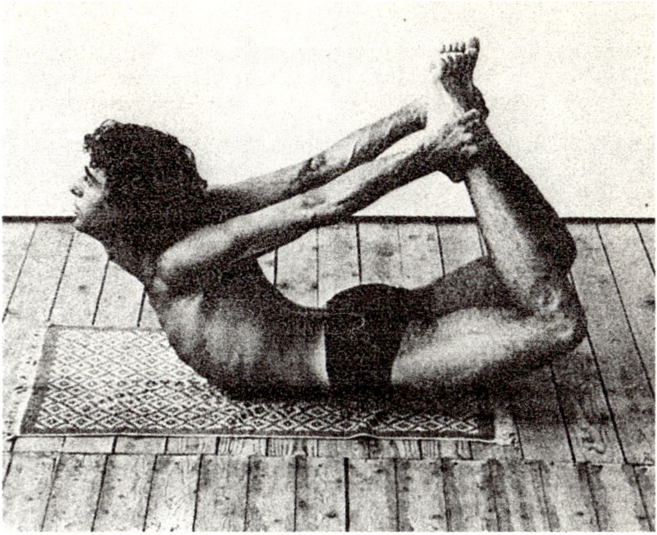

Photo n° 16

les talons des fesses, orteils joints. Posez le front au sol. Fermez les yeux. La prise de posture est ici particulièrement importante. Lisez attentivement les explications dont chaque détail compte.

— Expirez, en creusant bien le ventre.

— En inspirant :

- décollez la tête, sans la relever
- décollez les genoux, talons en place contre les fesses.
- tendez les jambes vers le haut, les orteils restant joints et les genoux écartés. Les bras se trouvent tendus par le mouvement des jambes mais restent passifs.
- relevez la tête, redressez le buste, abaissez les épaules.

Seule la partie "molle" de l'abdomen supporte le poids du corps.

— Maintenez quelques instants la position, et faites le mouvement de retour en sens inverse.

Observations

Les muscles dorsaux, fortement sollicités dans les postures précédentes, sont ici absolument passifs : la cambrure vertébrale est obtenue par la traction des jambes sur les bras.
Dhanurasana est souvent considérée, par les pratiquants, comme une posture très difficile. Si tel est votre cas, ne vous acharnez pas : abordez la posture en travaillant par "1/2" arc, une jambe après l'autre.

Précautions

Eviter cette posture le soir. Très dynamique, elle retarderait votre sommeil.

Contre-indications

Fragilité cardiaque, hypertension, hernie, ulcère gastrique et duodénal, appendicite, colite, d'une façon générale tous les troubles intestinaux.

Bienfaits

Dhanurasana réunit les bénéfices de ses "consœurs", mais accroît davantage la souplesse vertébrale. Son action directe sur le plexus solaire retentit sur tous les organes et leur fonction.
Elle aide à éliminer les calculs rénaux.
— L'Arc est le symbole de l'équilibre, de l'harmonie, de la souplesse et de la finesse : toutes qualités requises pour être un bon tireur —.

Ardha-Matsyendrasana

C'est la posture de Matsyendra, Seigneur des Poissons, dont nous vous avons conté la légende au début de cet ouvrage Ardha signifie demi, moitié. Effectivement nous nous contentons de la demi-posture, car l'asana complète est pratiquement inaccessible. Ardha Matsyendrasana fait partie des torsions.

TECHNIQUE

Après avoir été fléchie vers l'avant puis vers l'arrière, la colonne vertébrale se trouve en torsion sur toute sa hauteur. Nous vous conseillons de vous référer à la photo, tandis que vous lisez les explications.

— Asseyez-vous jambes allongées, repliez la jambe droite de façon à placer le talon au périnée, genou au sol. Repliez ensuite la jambe gauche et placez le pied, plante au sol, à l'extérieur du genou, cheville au niveau de la rotule droite. Le genou gauche se trouve ainsi au niveau de l'aisselle droite.

— Passez le bras droit devant ce genou pour le repousser sous l'aisselle. Tendez ensuite le bras, saignée du coude en avant et, par un mouvement de torsion interne du poignet, saisissez le bord externe du pied gauche.

— Posez la main gauche au sol derrière vous. Rentrez le ventre et redressez-vous.

C'est la position de départ, mais la posture est déjà pratiquement réalisée. Le dos doit rester passif pendant le mouvement et subir la torsion qui lui est imposée par les bras.

— Expirez en rentrant le ventre.

— Inspirez pour bien dégager le thorax et redresser le dos.

— Expirez à nouveau en commençant votre torsion vers la gauche : taille, poitrine, épaule, tête en dernier, menton légèrement rentré. Gardez les yeux fermés ou fixez un point au loin. Les épaules doivent se trouver au même niveau (v. photo n° 17).

— Maintenez la posture le temps d'une rétention confortable, puis relâchez doucement en inspirant. Attendez quelques instants avant d'inverser la position.

Observations

La posture peut être gardée plus longtemps en respiration thoracique, mais doit en principe être prise sur une expiration.

Photo n° 17

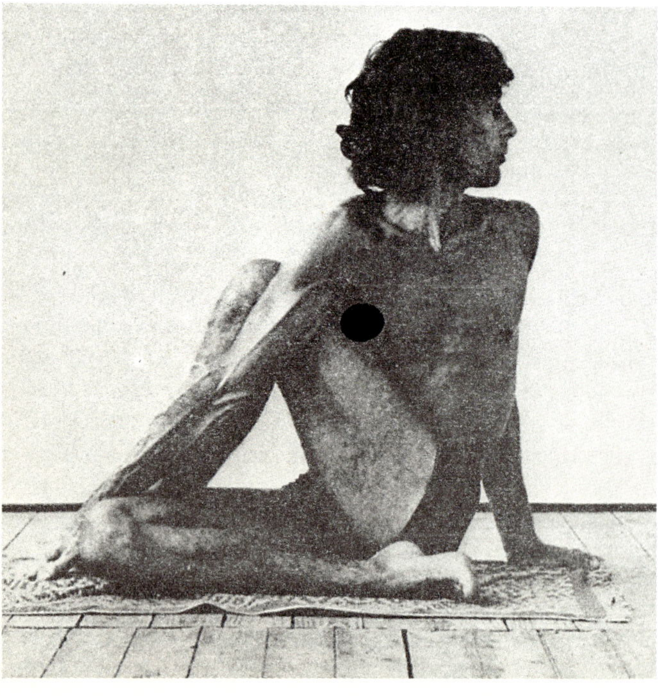

SUBSTITUTION

Vakrasana, la posture "tordue". C'est presque la même position, la jambe droite restant tendue et le bassin bien fixe (v. photo n° 18).

PRÉCAUTIONS

Cette torsion, pratiquée avec prudence, peut vous être d'un grand secours en cas de sciatique.

Photo n° 18

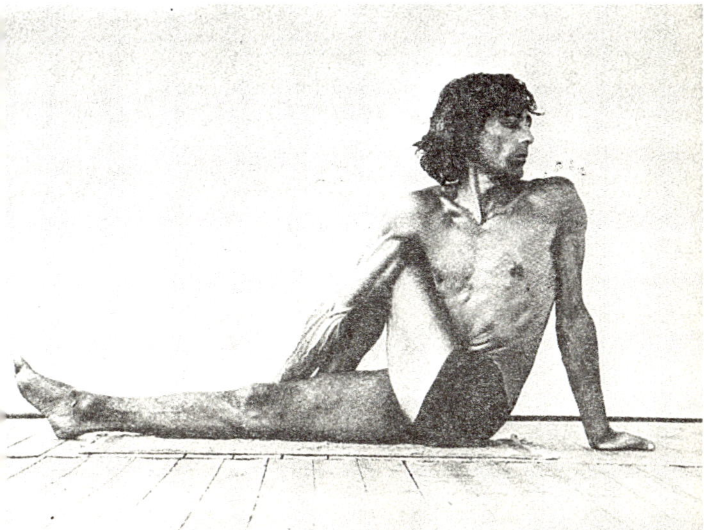

Bienfaits

Ardha Matsyendrasana agit efficacement :

— Sur la colonne vertébrale et, par son intermédiaire, sur tous les organes afférents : muscles, nerfs, glandes.

— Sur l'abdomen et, par la puissante pression exercée sur les viscères, sur toutes les fonctions organiques.

C'est une posture particulièrement apaisante dans laquelle, dit-on, le grand yogi Matsyendra trouva le Samadhi.

Shirshasana
La posture sur la tête

Shirshasana est la posture inversée par excellence. Les yogis lui attribuent une valeur spirituelle et mystique exceptionnelle car elle est en relation avec "Sahasrara", le lotus aux mille pétales. Mais il nous faut d'emblée souligner que, sur le plan physique, ce n'est pas une posture sans danger. Elle doit être abordée avec une grande prudence et seulement après une bonne pratique de Sarvangasana. Ses contre-indications sont nombreuses, et nous vous conseillons de les observer scrupuleusement.

Technique

La préparation de la posture est très importante pour la suite de l'équilibre.

Préparation

A. Mettez-vous à genoux. Placez les avant-bras au sol, à une "coudée" de distance l'un de l'autre, le plus près possible des genoux.

Photo A.

Photo B.

— Croisez les doigts en maintenant les mains ouvertes, en appui sur le bord de la paume et du petit doigt.

— Dans le triangle ainsi obtenu, placez le sommet de la tête au sol.
C'est par tatonnement que vous trouverez votre point d'appui. L'arrière du crâne en contact avec les mains.

— Fléchissez les pieds, pulpe des orteils au sol.

B. Ajustez bien votre position, puis tendez les jambes.
Le poids du corps est alors réparti sur la tête, les coudes et les pieds. “Marchez” au besoin vers vous jusqu'au moment où le poids du corps est uniquement réparti sur la tête et les coudes, jambes toujours tendues.

MOUVEMENT

C. Pliez alors les jambes, ensemble ou l'une après l'autre, de façon à approcher les talons des fesses (évitez l'élan).
D. Sans déplacer les talons, dressez les genoux à la verticale.
Lorsque les genoux sont dans le prolongement du corps, tendez les jambes.
Sans déplacer la tête, rentrez le menton, puis éloignez les épaules du sol pour dégager les cervicales.
Contractez légèrement le ventre, relâchez jambes et pieds, Shirshasana est réalisée. Avec la pratique vous arriverez à trouver votre équilibre et à contrôler le déroulement de la posture d'un bout à l'autre.
Pendant le maintien de la posture, respirez légèrement sans bruit. Lorsque vous serez à l'aise, vous pourrez faire “Drishti”: regardez de haut en bas, de droite à gauche, du proche au lointain, dirigez le regard sur le bout du nez puis entre les sourcils.

Le retour au sol s'exécute exactement en sens inverse.

Photo C.

Photo D.

PRÉCAUTIONS

Ne bloquez pas la respiration, vous perdriez l'équilibre.
Ne respirez pas non plus comme un soufflet de forge, le résultat serait le même .
Malgré tout le plaisir que vous y prenez, n'exagérez pas la durée de la posture : trois minutes représentent une bonne moyenne, quinze minutes un grand maximum. Ne pratiquez pas si vous avez la migraine : vous l'accentueriez.
Ne pratiquez pas non plus immédiatement après un sport violent. Attendez au moins une demi-heure (pour que les toxines soient éliminées).
N'insistez pas si vous vous sentez étourdi, "en nage", ou si vous avez des palpitations. Les inflammations passagères au niveau de la tête sont une contre-indication momentanée. Mesdames, évitez Shirshasana les deux premiers jours de vos règles.

CONTRE-INDICATIONS

Elles sont impératives : arthrose cervicale, hyper et hypotension, thrombrose cérébrale et coronaire, troubles cardiaques, artériosclérose, conjonctivite, glaucome, toutes infections chroniques, empoisonnement du sang.

BIENFAITS

Shirshasana apporte tous les avantages de Sarvangasana, auxquels s'ajoutent ceux d'une irrigation sanguine intensifiée dans la tête, dont sont bénéficiaires le cerveau, les yeux, les oreilles, etc. Shirshasana et Sarvangasana sont complémentaires, tant au niveau physiologique, mental, spirituel qu'au niveau énergétique, l'une étant considérée comme le "Père", énergie positive, l'autre comme la "Mère", énergie négative. Ce qui explique l'importance que les yogis leur attribuent.

Pada Hastasana

Pada signifie pieds, Hasta mains. Cette posture des "mains aux pieds" est communément appelée la "pince debout" ou plus joliment la "Cigogne". Avec cette posture, nous abordons les exercices debout.

TECHNIQUE

— Debout, pieds à peine écartés, le corps droit, sans tension, tête droite, bras le long du corps, ventre rentré.
— Baissez la tête et, en expirant, laissez le poids de la tête entraîner votre buste vers le sol, bras passifs, ballants. A la fin de l'expiration, prenez les chevilles, puis pliez et écartez les coudes pour rapprocher la tête des genoux (v. photo n° 19).
— Maintenez la position ventre rentré, jambes tendues, avant de relâcher dans cet ordre : tête, mains, bras.
— En commençant par le bas du dos, redressez-vous très lentement sur une inspiration.

OBSERVATIONS

Pendant le déroulement et le maintien de la posture, le dos doit demeurer complètement passif et détendu.

CONTRE-INDICATIONS

Hernie discale, sciatique aiguë, hypertension.

BIENFAITS

Identiques à ceux de la "pince assise", mais, de plus, accélère la circulation sanguine dans la tête.

Photo n° 19

Konasana
La posture de l'Angle

Nombreux sont les angles et triangles parmi les postures de Hatha-Yoga. Ils se pratiquent généralement par séries de trois ou quatre. Les variantes concernent la position des bras ou l'écartement des jambes.

TECHNIQUE

— Position debout, pieds écartés de deux "coudées". Croisez les doigts derrière le dos, bras tendus.

— Faites pivoter le pied droit, vers la droite, à 90° et le pied gauche à 45°. Expirez.

— En inspirant, redressez et creusez légèrement le dos pour provoquer une bascule de bassin. Tournez le buste vers la droite.

— En expirant, penchez-vous vers le genou, tête levée, regard de face, en maintenant la bascule de bassin pour que le mouvement se déroule depuis le sacrum.

— Quand vous avez atteint le maximum de flexion, baissez la tête vers le genou et levez les bras tendus. Maintenez la position, ventre rentré, pendant quelques instants (v. photo n° 20).

— Redressez-vous en inspirant, exactement en sens inverse : la tête d'abord, puis les épaules et le dos. Revenez de face et relâchez sans dénouer les mains. Changez de côté.

Photo n° 20

OBSERVATIONS

Les yogis utilisent toujours des mesures qui correspondent à la morphologie exacte de chacun: doigt, main, travers de main, coudée, pied...

BIFNFAITS

Les mêmes que ceux de la "Pince debout", mais de plus Konasana étire et assouplit les articulations des hanches.
Dans cette variante, les épaules sont mobilisées de façon inhabituelle.

Vrikshasana
La posture de l'Arbre

Vrikshasana fait partie des postures d'équilibre.
La lenteur qui caractérise la plupart des postures de yoga est accentuée pour les équilibres: tout effort de volonté doit être exclu, la décontraction étant le seul facteur de réussite (v. photo n° 21).

TECHNIQUE

A l'aide des mains, placez un pied en "½ lotus" sur la face antérieure de la cuisse opposée.
Joignez les mains en "prière" devant la poitrine.
Fixez un point au sol ou au niveau des yeux.
Relâchez tout le corps. Détendez en particulier les orteils du pied en appui: plus les orteils sont relâchés, plus l'équilibre est aisé.
Maintenez la posture en respirant naturellement. Puis inversez la position des jambes.

Bienfaits

Par l'attention qu'ils exigent, les équilibres favorisent le développement de la concentration et préparent à la méditation.

Photo n° 21

Kakasana
La posture du Corbeau

C'est le nom couramment utilisée pour cette posture qui porte cependant un nom plus évocateur: Baka Dyanasana. Baka signifie grue; Dyana signifie méditation. C'est "la posture de la grue en méditation" en référence à ce volatile qui, posté dans l'eau des rivières, apparemment assoupi, est prêt à "foncer" dès qu'un poisson passe à sa portée...
N'est-ce pas l'illustration même de l'état de méditation où, sous une apparente immobilité, l'esprit reste toujours en éveil?
Corbeau ou grue, la posture est assez difficile, surtout pour les dames, car elle exige une certaine force dans les bras et les poignets.

Technique

— En position accroupie, pieds écartés d'une "coudée", placez les mains paumes à plat devant les pieds, à deux travers de main.
— Soulevez-vous sur la pointe des pieds. Pliez légèrement les coudes et placez les genoux sur la face externe du bras, le plus près possible de l'aisselle. Levez la tête. Fixez un point devant vous.
— Gardez la tête levée et, en expirant, penchez-vous en avant de façon à faire passer le poids du corps sur les mains. C'est ainsi que les orteils se détachent du sol. Quand ils se trouvent à un ou deux centimètres, le poids du corps est complètement sur le talon des mains.
— Rapprochez alors les pieds le plus près possible des fesses en mettant les gros orteils en contact (v. photo n° 22).
— Maintenez la posture, soit en rétention, soit en respiration naturelle.

Bienfaits

Cette asana fortifie les muscles des bras, développe le sens de l'équilibre et le pouvoir de concentration.

Photo n° 22

DEROULEMENT DE VOTRE SEANCE DE YOGA

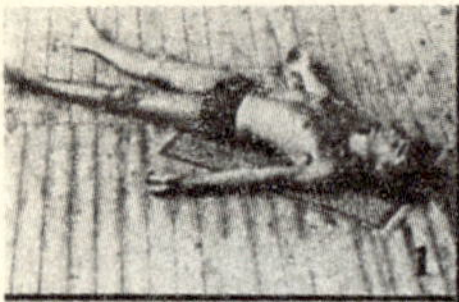

1. SHAVASANA - La détente
2. SURYANAMASKAR - La Salutation au Soleil
3. PADMASANA - La posture du Lotus
4. YOGA MUDRA - Le Geste du Yoga
5. JANU SHIRSHASANA - La tête au genou
6. PASCHIMATTANASANA - La "pince"
7. VAJRASANA - La posture de la Foudre
8. DHRITYASANA - La Fermeté
9. HALASANA - La Charrue
10. MATSYASANA - Le Poisson

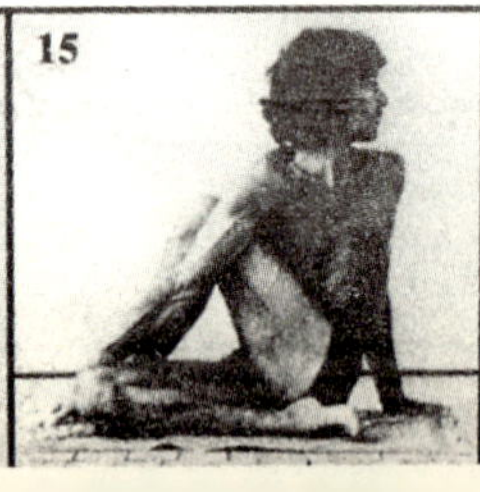

5

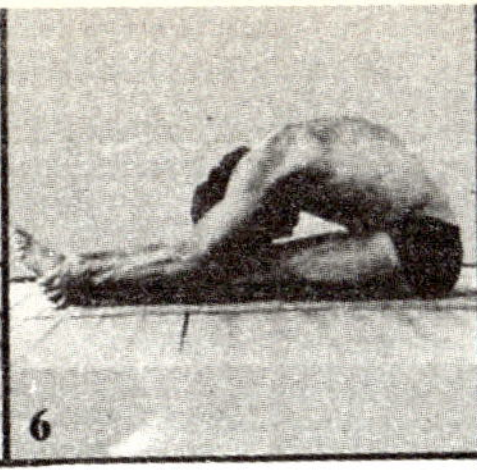

6

7

11. SARVANGASANA - La posture du corps tout entier

12. SHALABHASANA - La Sauterelle

13. BUJHANGASANA - Le Cobra

14. DHANURASANA - L'Arc

15. ARDHA MATSYENDRASANA - Torsion

16. SHIRSHASANA - La posture sur la tête

17. PADA HASTASANA - La Cicogne

18. KONASANA - L'angle

19. VRIKSHASANA - L'Arbre

20. KAKASANA - Le Corbeau

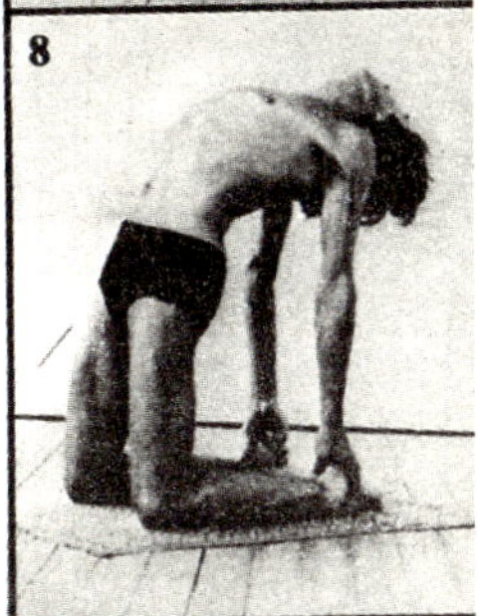

8

9

10

11

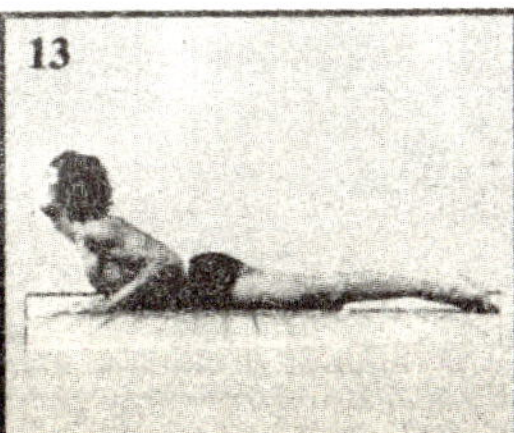

13

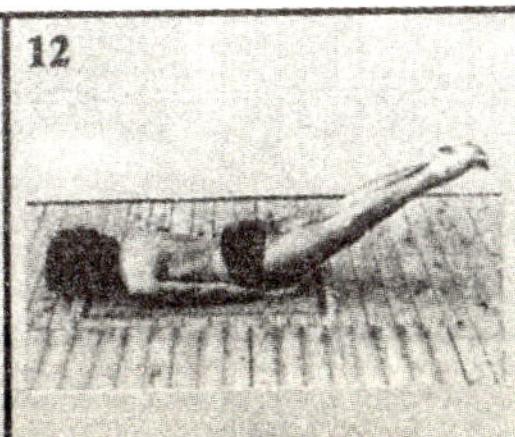

12

Les Kriyas
Techniques de nettoyage

Les yogis, dans leur souci de pureté corporelle, ont poussé à l'extrême l'art des nettoyages et particulièrement celui des purifications internes dont les techniques laissent stupéfaits les Occidentaux.
En Inde pourtant, ces techniques sont couramment utilisées. Les multiples ablutions externes et internes font partie intégrante de la vie quotidienne des yogis et même des Indiens en général.
Pour les yogis, la peau joue un rôle important dans la capture de l'énergie et ils s'emploient à la purifier fréquemment. De fait, la peau n'est pas une simple enveloppe : elle respire, absorbe, élimine, traduit les tensions, est le reflet de la santé physique et mentale.
Sa fonction d'élimination est facilement admise, sa fonction d'absorption, par contre, demeure assez méconnue. Cependant, la peau absorbe le Prana solaire indispensable à la vie. Notons au passage qu'ici encore, par le contrôle qu'ils savent exercer, les yogis peuvent influencer et accroître cette absorption d'énergie.
Quant aux techniques de nettoyages internes, elles ont pour but de chasser les toxines, les énergies usées et de préparer le corps aux disciplines du yoga.
Les yogis commencent la journée par ces purifications, afin que les énergies neuves puissent circuler et agir avec le ma-

ximum d'efficacité, tant au niveau physique qu'au niveau mental et spirituel. Ces techniques, au nombre de six, sont établies et appliquées avec une rigueur toute scientifique. Nous ne pouvons, hormis la première, les détailler toutes dans cet ouvrage et nous les citons simplement à titre indicatif puisqu'elles font partie du Hatha-Yoga.

— Neti : nettoyage du nez par différentes méthodes
— Dhauti : lavage de l'appareil digestif
— Basti : lavage et massage de l'intestin
— Nauli : massage du ventre
— Kapa Lbhati : "rafraîchissement" du cerveau, à l'aide d'une respiration spécifique
— Tratak : nettoyage des yeux — consiste à fixer un objet intensément jusqu'à obtention des larmes.

Jala Neti

Attardons-nous sur une des manœuvres de Neti que vous pouvez pratiquer efficacement en faisant votre toilette matinale : Jala Neti, nettoyage du nez avec de l'eau salée.
En Inde, Jala Neti se pratique à l'aide d'un "Lota" (sorte de théière à long bec) remplie d'eau salée dont on introduit l'embout dans une narine. En penchant doucement la tête vers le côté opposé, l'eau ressort par l'autre narine.
A défaut de Lota, vous pouvez utiliser la technique suivante, simple et efficace : placez-vous au-dessus d'un lavabo, remplissez un bol avec de l'eau salée (une pincée de bon sel marin). Posez le nez au ras de l'eau, déglutissez : cela peut suffire à faire monter l'eau dans les narines. Sinon, inspirez très légèrement (pour que l'eau ne s'introduise pas dans les sinus, ce qui n'a rien de grave, mais provoque parfois un picotement désagréable). Cette eau doit couler jusque dans la gorge, d'où vous la recrachez par la bouche.

Répétez l'opération plusieurs fois puis, en appuyant à tour de rôle sur chaque narine, "mouchez"-vous pour rejeter les mucosités et l'eau qui pourraient rester.

Bienfaits

Jala Neti évite tous les inconvénients d'un nez obstrué, prévient les rhumes et les troubles rhinopharyngés. Comme pour tout autre exercice, soyez mesuré, agissez avec bon sens. Si possible, demandez à ce qu'une personne expérimentée vous fasse une démonstration et guide votre premier essai.

Pranayama
Quatrième étape du yoga

Outre leurs effets physiologiques appréciables, les postures et les Kriyas contribuent à purifier le corps et à en équilibrer les énergies.

Il faut un certain temps de pratique, qui varie d'un sujet à l'autre selon les aptitudes et la cadence de travail, pour obtenir ces résultats.

Mais cette préparation est indispensable pour aborder la quatrième étape du yoga: Pranayama, étape capitale puisqu'elle constitue la charnière, le lien, entre Hatha-Yoga et Raja-Yoga, entre le plan physique et le plan mental.

Ainsi que nous vous l'avons déjà fait remarquer, les yogis ont mis au point un grand nombre de techniques respiratoires ayant chacune un but défini, mais dont l'ensemble représente une maîtrise complète de la force vitale.

On peut en effet considérer que si le premier résultat des exercices respiratoires est d'obtenir un certain contrôle des émotions parasites, le grand, le seul objectif du Pranayama reste l'éveil des centres psychiques et la “montée” de la Kundalini. Mais nous insistons fortement sur le fait que cet objectif, même entrevu, est hors de portée de tout un chacun: il est l'apanage de quelques grands sages, véritables phares dans la nuit, vers lesquels se tournent nos regards et qui, selon les textes sacrés, peuvent nous guider vers la lumière à travers les “ténèbres de notre ignorance”...

Qu'est-ce que le Pranayama?

Vous avez jusqu'ici pratiqué la respiration profonde en deux phases: inspiration, expiration, séparées par une courte pause.

Ce qui caractérise la respiration du Pranayama, c'est l'extension, l'allongement de cette pause qui devient rétention, c'est-à-dire retenue, suspension volontaire du souffle pendant un temps choisi. Les yogis appellent l'inspiration Puraka, c'est-à-dire remplir, l'expiration Rechaka, c'est-à-dire vider, et la rétention Kumbhaka, c'est-à-dire "Calice". Ce "calice" pouvant être plein, c'est Antar Kumbhaka (après l'inspiration) ou vide, c'est Bahir Kumbhaka (après l'expiration).

Ne trouvez-vous pas qu'il passe aussitôt un souffle poétique sur l'acte respiratoire?

Selon Patanjali: "Pranayama est la cessation du mouvement de Puraka et de Rechaka", sous-entendu: pour laisser la place à Kumbhaka. Prana prend ici le sens de "souffle". Ayama signifie étirement, expansion à travers le contrôle. Pranayama se définit comme une respiration contrôlée de façon telle, que le souffle puisse être suspendu à volonté.

Par extension, ce nom est appliqué aux différents modes respiratoires du yoga qui permettent de contrôler le souffle.

La "suspension" de souffle permet aux yogis d'être plus réceptifs aux vibrations cosmiques qui les traversent et qu'ils peuvent capter, manipuler et diriger. Il va sans dire que ceci est également hors de notre portée. Plus que jamais la modération s'impose dans la pratique de Pranayama. Les yogis considèrent d'ailleurs que le Prana, tel un "éléphant sauvage" doit être apprivoisé, dompté avec les plus grandes précautions alliées à la patience et à la persévérance...

Donc, certaines règles doivent être respectées, y compris pour les techniques respiratoires apparemment simples.

Dans le cadre de cet ouvrage, nous vous présentons quelques exercices que vous pouvez pratiquer seul, mais nous soulignons cependant qu'il est préférable de travailler sous la conduite d'un professeur qui prend la responsabilité de vous diriger.

Généralités

— Les conditions atmosphériques, la condition physique, la façon de se nourrir et bien d'autres facteurs conditionnent la pratique du Pranayama.
— Sauf indications précises, ce contrôle du souffle ne doit pas être observé pendant les postures dynamiques.

L'inspiration donne la cadence de la respiration. Plus elle est lente, contrôlée, plus la respiration est de qualité, à condition toutefois que les autres phases puissent être assumées avec la même aisance.
C'est là qu'intervient la notion de valeur. Dans la respiration couramment pratiquée, si l'inspiration vaut un temps, la rétention en vaut quatre, l'expiration en vaut deux, la rétention à vide en vaut deux. L'ensemble formant le rythme classique du Pranayama.
En apparence, cela ne présente aucune difficulté: c'est vrai tant que le souffle reste modéré. Néanmoins, les rétentions doivent être abordées avec une extrême prudence, le critère étant la facilité, l'aisance avec laquelle elles sont maintenues.
Pour évaluer vos possibilités, commencez simplement par compter votre temps d'inspiration, puis le temps pendant lequel vous pouvez garder l'air sans effort, le temps de votre expiration et le temps “à vide”.
C'est à partir de cette base que très progressivement vous modifierez votre rythme initial pour arriver à la formule

classique 1.4.2.2., ce qui revient à dire que, graduellement, vous pourrez obtenir :

inspiration	2 - 3 - 4	temps
rétention	8 - 12 - 16	temps
expiration	4 - 6 - 8	temps
rétention	4 - 6 - 8	temps

Si vous travaillez seul, ne vous hasardez jamais au-delà de 4.16.8.8.

REMARQUES

- Quand vous pratiquez, portez des vêtements légers et chauds qui ne risquent pas d'entraver les mouvements respiratoires.
- Ne vous placez pas dans les courants d'air : les exercices provoquent souvent une certaine transpiration que les yogis jugent indispensable à la purification du corps. C'est pourquoi ils recommandent de se couvrir les épaules avec un châle ou une légère couverture de laine.
- La concentration est essentielle pour réussir les exercices de Pranayama mais, en revanche, les exercices de Pranayama contribuent à accroître la concentration. Vous devez, sans relâche, rester conscient du processus respiratoire pour qu'il ne devienne pas automatique. Ne cherchez pas à refouler les pensées parasites mais, dès que vous devenez conscient de votre "évasion", admettez-la simplement. Demandez-vous : "pourquoi est-ce que je pense à autre chose?" Ce sera suffisant pour ramener votre attention sur votre pratique.
- Si vous ressentez le moindre trouble, ou même un sentiment d'inconfort, cessez immédiatement. Il est probable que vous n'êtes pas prêt, ou pas en forme, ou que vous vous y prenez mal.

- Votre respiration ne doit jamais être saccadée ou violente. Les poumons ne sont pas de vulgaires "pompes à air"... Ils sont robustes, certes, mais hypersensibles et les techniques respiratoires doivent les respecter.
  Un Pranayama exécuté en force est un Pranayama mal fait.
- Admettez une fois pour toutes qu'il faut du temps pour dompter "l'éléphant sauvage", pour comprendre et assimiler les techniques respiratoires. Si vous voulez tout "avaler" en une ou deux semaines, vous risquez de léser gravement votre appareil respiratoire et de compromettre votre progression.
- Par contre, si, après quelque temps de pratique, vous constatez un ralentissement de votre rythme cardiaque, vous êtes sur la bonne voie. Continuez avec la même modération, sans jamais chercher à vous surpasser. Il y a une corrélation étroite entre le rythme cardiaque et l'état psychique.
- Outre Kumbhaka (la suspension de souffle), une autre caractéristique des exercices de Pranayama est leur rythme très particulier, conditionné d'une part par la cadence, d'autre part par la valeur de chaque phase respiratoire.
- L'idéal serait de pratiquer le matin, après les postures, à l'heure où l'énergie solaire se déploie. Il n'y a cependant aucun inconvénient à travailler dans le courant de la journée, à condition que la digestion soit terminée.
- Ces exercices peuvent être pratiqués indépendamment des postures.
- Faites <u>Jala-Nati</u> si votre nez est obstrué.

TECHNIQUE

— Asseyez-vous dans une position confortable : en <u>lotus</u>, ou à défaut en "tailleur", avec au besoin un coussin ou une couverture pliée sous les fesses, ce qui vous permet d'avoir les genoux au sol et une position correcte du bassin et du dos.

Le corps doit être détendu, le dos droit sans raideur, la tête bien en équilibre, menton légèrement rentré. Placez les mains à plat sur les genoux. Fermez les yeux. Expirez profondément.

— Inspirez calmement avec Ujjay, sans forcer en déployant bien la cage thoracique.

— Déglutissez et gardez l'air en maintenant le ventre légèrement rentré.

— Expirez en freinant votre souffle.

— Restez à vide en contractant l'abdomen.

Relâchez celui-ci avant de reprendre l'inspiration suivante. Au début, ces exercices sont quelque peu fatigants. C'est pourquoi il faut travailler modérément. Peu à peu, vous augmenterez la durée de votre "entraînement", qui dépend étroitement du rythme et de l'aisance que vous acquerrez. Ne dépassez cependant pas une dizaine de minutes. A l'issue de la pratique, vous devez vous sentir parfaitement calme et votre visage doit être le reflet de votre paix mentale. Par contre, si vous êtes essoufflé, si vous suffoquez un tant soit peu, si vous êtes congestionné, c'est que vous avez outrepassé vos possibilités présentes. Vous ne parvenez donc pas à vous contrôler et, de ce fait, vous allez à l'encontre du but que vous poursuivez...

Les Bandha

Lorsque vous aurez maîtrisé cette technique de Pranayama, vous pourrez vous initier aux Bandha, bien qu'ici encore, il soit préférable de vous faire guider par un professeur. *Bandha* signifie tenir, resserrer, nouer.
Les Bandha sont des contractions musculaires internes sans lesquelles les yogis ne sauraient envisager un véritable contrôle de souffle.
Elles complètent les techniques de Pranayama et en augmentent la puissance.

Généralités

Il existe deux sortes de muscles :
— les muscles striés, soumis à la volonté (muscles de la locomotion, de la déglutition, de la mastication...)
— les muscles lisses, qui ne subissent pas l'action de la volonté (muscles des viscères, de l'œsophage, de l'estomac)
Le cœur bien que muscle strié n'est pas sous le contrôle de la volonté.
Il est aisé de dominer les premiers par les postures, mais les yogis qui exigent d'avoir la maîtrise totale de leur corps, ne peuvent admettre que les seconds échappent à leur contrôle...
Ils vont donc, une fois encore, faire appel à la respiration,

seule fonction réflexe pouvant devenir consciente et être soumise à la volonté. C'est ainsi qu'ils pourront atteindre le cœur et le commander; c'est ainsi qu'avec l'aide des bandha jointes à la respiration, ils pourront agir sur la musculature lisse et, à travers elle, sur le système nerveux autonome dont dépendent nos fonctions réflexes. L'aide des bandha est également indispensable pour obtenir "l'éveil" des chakras, manipuler et diriger l'énergie latente. Les bandha, au nombre de trois, se situent à trois niveaux du corps. La traduction de leur nom ne vous avancerait guère, aussi préférons-nous utiliser le sanskrit.

Ce sont:

Jalandhara Bandha - au niveau du cou.

Uddiyana Bandha - au niveau de l'abdomen.

Mula Bandha - au niveau du périnée.

Ces trois bandha doivent être apprises séparément avant d'être jointes aux exercices respiratoires.

Jalandhara Bandha

TECHNIQUE

— Dans votre position assise habituelle, dos bien droit, mains à plat sur les genoux, fermez les yeux.

— Inspirez profondément et gardez l'air.

— Simultanément, déglutissez (pour fermer le passage de la glotte), baissez la tête en étirant la nuque pour "caler" le menton dans le creux de la gorge, tendez bien les bras en haussant et en avançant les épaules.

— Restez dans cette position aussi longtemps que vous pouvez garder l'air sans effort, puis relâchez doucement épaules, bras et cou. Relevez la tête.

— Expirez lentement.

Observations

Jalandhara Bandha peut se pratiquer également sur une rétention à vide, c'est-à-dire après avoir expiré.
Cette contraction permet un blocage total du souffle tout en évitant la congestion du visage.

Précautions

Ne jamais respirer avant d'avoir relâché la contraction et relevé la tête.

Contre-indications

Hypertension.

Bienfaits

Détente cardiaque et mentale, par le ralentissement des battements du cœur et de la circulation sanguine (sans Jalandhara Bandha, les rétentions accélèrent le rythme cardiaque).

Uddiyana Bandha

Peut se pratiquer debout ou assis. Pour l'apprendre, la position debout semble préférable mais la technique reste la même. Cette contraction se fait toujours après une expiration. L'explication en est délicate.

Technique

— Debout, jambes moyennement écartées, genoux légèrement pliés, penchez-vous en avant, sans trop.

— Placez les mains sur les cuisses, doigts en dedans, coudes fléchis; rentrez le menton, le regard est dirigé vers vous.
— Expirez à fond rapidement. Bloquez le souffle. Faites Jalandhara Bandha.
— Puis sans inspirer, relâchez un instant le ventre avant d'écarter et de soulever les côtes: le ventre et l'estomac semblent littéralement aspirés, avalés passivement par le vide thoracique, la paroi de l'abdomen allant se plaquer contre la colonne vertébrale (v. photo n° 23).
— Gardez Uddiyana aussi longtemps que possible, puis relâchez l'abdomen et la contraction du cou avant d'inspirer avec douceur.

Photo n° 23

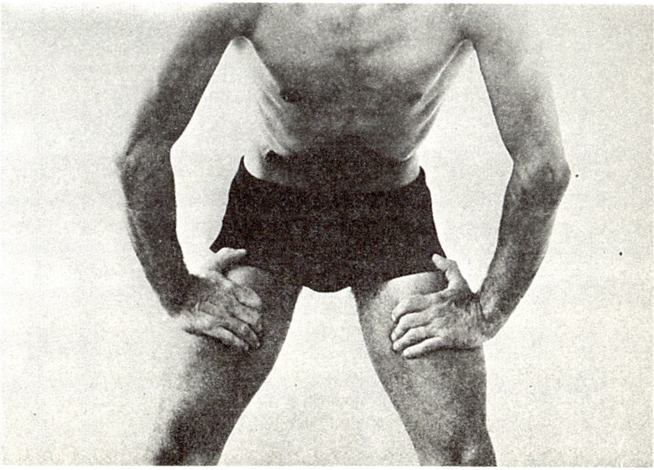

PRÉCAUTIONS

Ne pratiquez jamais avec l'estomac plein. L'intestin et la vessie doivent être libérés auparavant.
Ne pratiquez pas en cas de troubles cardiaques, gastriques ou intestinaux. Cessez à la moindre douleur.
Mesdames, Uddiyana est interdite juste avant ou pendant les règles.

BIENFAITS

Les yogis considèrent cette bandha comme une véritable panacée qui, hors des exercices respiratoires, devrait être systématiquement pratiquée tous les matins, à jeun, une dizaine de fois. Elle produit un massage profond de toute la masse abdominale, stimule les glandes surrénales, dont dépend le tonus général, et le système nerveux autonome qui régit toutes nos fonctions. Elle "active" Manipura Chakra, centre de rencontre de toutes les énergies du corps.

Mula Bandha

TECHNIQUE

— Dans votre position assise habituelle, les genoux fermement maintenus au sol, les mains posées à plat, fermez les yeux et relâchez tout le corps.
— Expirez profondément. Bloquez le souffle. Faites Jalandhara Bandha.
— Contractez, en les "remontant", tous les muscles de la région du périnée dont l'anus.
— Maintenez la contraction aussi longtemps que possible.
— Relâchez. Relevez la tête et inspirez doucement.

OBSERVATIONS

Cette bandha peut se pratiquer également, soit pendant une rétention pleine, qu'elle aide à soutenir, soit continuellement pendant les exercices respiratoires — avec des relâchements rythmiques — mais sans Jalandhara.

BIENFAITS

Mula Bandha fortifie tous les muscles du bas ventre, stimule le péristaltisme intestinal et est très efficace en cas d'hémorroïdes. Les yogis considèrent que, par son action au niveau sexuel, elle permet une "jeunesse" quasi éternelle... Elle jou un rôle primordial dans les techniques d'éveil de Muladhara Chakra, siège de Kundalini.

Maha Bandha

Quand vous aurez maîtrisé séparément les trois bandha, vous pourrez les pratiquer simultanément pendant les rétentions à vide. Cette combinaison des trois bandha est appelée Maha Bandha, la Grande Contraction.

TECHNIQUE

— Toujours en position assise, mains sur les genoux, corps droit, détendu, les yeux fermés, expirez à fond, puis prenez successivement, en les enchaînant, Jalandhara, Uddiyana et Mula Bandha.
— Maintenez la triple contraction aussi longtemps que possible sans forcer. Faites "tourner" votre attention de point en point pour vérifier le maintien des bandha.
— Relâchez sans violence, d'abord Mula, puis Uddiyana

et enfin Jalandhara. Inspirez doucement. Détendez-vous un instant et reprenez l'exercice quatre à cinq fois.

Précautions

Les mêmes que précédemment.

Bienfaits

Maha Bandha regroupe les avantages de chaque bandha : toutes les fonctions du corps sont régénérées, harmonisées. Elle stimule puissamment les échanges d'énergie. Par l'attention soutenue qu'elle exige, elle prépare aux techniques plus poussées de concentration.

Les Mudras
"Gestes"

Les Mudras sont l'expression physique d'une attitude intérieure, mais peuvent également susciter cette même attitude. Ces "gestes", encore appelés "sceaux", ont pour but de renforcer la fixité du mental et de "sceller" l'énergie sur un point déterminé du corps. Leur action sur le psychisme est particulièrement importante.

Il existe des Mudras des yeux, des mains, des pieds et même du corps tout entier. Ils se pratiquent isolément ou combinés avec des postures et des bandhas. Ils peuvent aussi accompagner certaines techniques de Pranayama. Les Mudras sont donc très complexes et il semble vraiment inutile de les pratiquer sans en connaître le sens et la raison d'être. Bien que leur explication sorte du cadre de cet ouvrage, nous développerons, à titre indicatif, une des postures que nous avons déjà décrite : Yoga Mudra, à la fois Asana et Mudra.

Sous une apparente simplicité, elle recèle en effet un symbolisme et une richesse spirituelle exceptionnels. Les yogis la considèrent comme le "sceau" du yoga.

- Dans la variante que nous avons présentée, le cercle de vos bras symbolise l'Unité Cosmique. Celui de vos deux doigts réunis Votre unité avec l'Univers...
- Le fait de vous pencher en avant est éloquent : vous vous inclinez avec humilité, avec respect, devant les Forces de l'univers, ou encore devant le Yoga qui vous prodigue

ses richesses, ou devant Shiva, le dieu Yogin, qui les symbolise.

- Quand vous posez le sommet de la tête au sol — la partie la plus noble de votre corps — la Force Cosmique, positive, et la Force Tellurienne, négative, se rejoignent en vous...
- Enfin, dans l'immobilité de votre corps, la pensée, véhicule que vous pouvez diriger, vous fait prendre conscience de tout ce que vous représentez en cet instant.

Les Hindous pendant cette pause répètent mentalement un Mantra dédié à Shiva.

Les trois bandha (voir page 141) sont traditionnellement ajoutées à la posture pendant la rétention. Leur action est encore renforcée par la concentration.

Yoga Mudra est chargé de bien d'autres significations subtiles. Le temps et l'expérience vous les feront découvrir. Mais, avec cette seule et merveilleuse posture, vous parcourez en raccourci, et sans vous en rendre compte, toutes les étapes du yoga :

- Vous prenez votre position sans vous faire violence : *Ahimsa*
- Dans la vérité de votre être : *Satya*
- Et la pureté de votre pensée : *Brahmacharya*
- Sans esprit de compétition : *Aparigraha* (non-convoitise)
- En trouvant dans la conscience de soi : *Swadyaya*
  le contentement intérieur : *Santosha*
  et un sentiment d'humilité : *Ishwara Pranidhana*
- Vous contrôlez votre corps par l'immobilité : *Asana*
  dans la conscience de votre souffle : *Pranayama*
- Vous faites totalement abstraction du monde extérieur : *Pratyahara* et restez en concentration : *Dyana*
- La satisfaction profonde que vous obtenez n'est-elle pas une parcelle de Samadhi...

Même si votre position n'est pas parfaite, la posture ainsi

exécutée vous délègue ses richesses. Ceci est valable pour toutes les asanas.

Vous voici maintenant à l'orée des ultimes étapes du yoga qui représentent la Voie Royale mais, avant de les aborder, il vous reste à connaître et à pratiquer quelques exercices respiratoires qui contribuent à purifier les Nadis et à développer le pouvoir de concentration.

Différents modes respiratoires

Nous vous avons indiqué un rythme classique de Pranayama. Ce rythme peut connaître des variantes suivant le but poursuivi, mais nous laisserons ces subtilités à des yogis plus avertis. Les respirations suivantes, qui font partie des principaux modes respiratoires, sont déjà suffisantes pour votre progression.

Nadi - Shodhana

Nadi: circuit - *Shodhana*: purification.
Cette respiration consiste à faire passer l'air successivement dans chaque narine de façon à équilibrer les énergies positive et négative du corps pranique et du corps physique. Elle est couramment appelée la respiration alternée.
Ce mode respiratoire, particulièrement important, ne doit pas être négligé. Il se place entre les postures et les exercices plus poussés de Pranayama. Il semble un peu compliqué au début et nous vous suggérons, pour bien l'apprendre, de procéder par étapes, suivant la méthode pratiquée à Bihar School en Inde.

Technique
Asseyez-vous en position confortable, dos droit, sans ten-

sion, mains sur les genoux. Fermez les yeux. Restez quelques instants immobile. Préparez-vous mentalement à l'exercice qui va suivre. Respirez calmement, en conscience.

1er stade: à pratiquer une quinzaine de jours.

Gardez la main gauche sur le genou, placez l'index et le majeur de la main droite entre les deux sourcils, le pouce sur la narine droite, l'annulaire sur la narine gauche.

Pendant tout l'exercice, la main doit rester en place, le pouce et l'annulaire en contact avec les narines, même s'ils ne sont pas utilisés. Ce geste s'appelle *Nasagra Mudra*.

Obturez la narine droite avec le pouce.

Inspirez par la narine gauche, *sans bruit guttural*, avec le minimum de bruit nasal, et expirez par la même narine sur un rythme souple et équilibré.

Respirez 5 fois: c'est ce que nous considérons comme un cycle.

Relâchez la pression du pouce. Appuyez sur la narine gauche pour respirer uniquement par la narine droite 5 fois.

Faites ainsi une dizaine de cycles pour chaque narine.

2e stade: Après une quinzaine de jours, modifiez votre respiration de la façon suivante:

Obturez la narine droite avec le pouce.

Inspirez par la narine gauche puis relâchez la narine droite et expirez par cette narine.

Sans bouger les doigts, inspirez par la même narine.

A la fin de l'inspiration, appuyez sur la narine droite, relâchez la narine gauche et expirez par cette narine.

Ceci représente un cycle. Faites une dizaine de cycles.

Comptez maintenant votre "temps" d'inspiration de façon à égaliser votre expiration, sans forcer.

Les yogis comptent des "om". Vous pouvez le faire ou simplement compter 1,2,3...

Essayez, au fur et à mesure de vos progrès, d'augmenter la longueur de votre souffle. Au moindre signe de fatigue, réduisez vos temps : c'est que vous n'êtes pas encore prêt pour ce "temps" ou pas assez bien disposé au moment de votre pratique.

3ᵉ stade : Après encore une quinzaine de jours, ajoutez, après votre inspiration, une rétention pleine : Antar Kumbhaka.

Obturez la narine droite.

Inspirez par la gauche.

A la fin de l'inspiration obturez les deux narines. Gardez l'air pendant 5 temps.

Lâchez la narine droite; expirez par cette narine. Inspirez par la même. Gardez l'air 5 temps en appuyant sur les deux narines. Lâchez la narine gauche, expirez par cette narine. Cet ensemble représente un cycle. Faites une dizaine de cycles. Augmentez peu à peu votre temps de rétention d'expiration pour atteindre le rythme classique que vous connaissez : 1,4,2...

4ᵉ stade : Quand vous aurez maîtrisé le 3ᵉ stade, ajoutez après l'expiration une rétention à vide Bahir Kumbhaya pour obtenir le temps 1,4,2,2.

5ᵉ stade : Pratiquez en plus Mula Bandha et Jalandhara Bandha sur les deux rétentions.

Ne forcez jamais. Ne passez au stade supérieur que lorsque vous aurez maîtrisé le précédent; surtout si vous travaillez seul. Si vous savez rester dans les limites de vos possibilités, votre pouvoir de concentration se trouve accru : le calme et la sensation de rafraîchissement mental que vous obtenez sont la preuve de votre efficacité.

La respiration alternée de la détente

Bien que cette variante puisse faire partie des exercices de Pranayama, elle est surtout utilisée pour son efficacité au cours de la détente prolongée. La technique reste la même, mais étant donné que vous devez rester immobile et relaxé:

1 - Vous n'utilisez pas vos doigts
2 - Vous ne faites ni les rétentions, ni les bandhas
3 - Vous n'observez pas le temps classique mais pratiquez simplement une respiration paisible et équilibrée

Que reste-t-il? Eh bien, une prise de conscience importante de la circulation du souffle dans les narines et en vous. Rappelez-vous que la pensée peut diriger et charger ce souffle:

— Inspirez par la narine droite: fraîcheur
— Expirez par la narine gauche: chaleur
— Inspirez par la même narine: fraîcheur
— Expirez par la narine droite: chaleur

Restez constamment concentré sur ce processus tout en comptant mentalement pour équilibrer votre souffle.
Maintenez cette respiration suivant le temps dont vous disposez puis laissez reprendre la respiration naturelle.
Continuez suivant les indications données au chapitre de la détente.

Surya Bheda Pranayama

Surya: soleil; *Bheda*: percevoir, éveiller.
Ainsi que nous vous l'avons expliqué précédemment, le *Prana*, à son arrivée dans les narines se différencie:
1) en énergie positive solaire reliée au système nerveux sympathique (Pingala) - narine droite.
2) en énergie négative lunaire reliée au système nerveux parasympatique (Ida) - narine gauche.
Le soleil est donc associé à la narine droite et à l'énergie positive qui circule dans le corps par le Nadi "Pingala".
Surya Bheda Pranayama a pour but de stimuler et d'éveiller l'énergie positive à la fois dans le corps pranique et dans le corps physique.

Cette puissante recharge énergétique peut vous rendre de grands services.
Il existe quelques variantes de cette technique mais nous vous proposons celle qui est pratiquée couramment à Bihar School en Inde.

Technique

En posture assise confortable, dos et tête droits sans tension, les mains sur les genoux, fermez les yeux et détendez tout le corps.
Respirez doucement quelques instants, en conscience.
Placez les doigts de la main droite ainsi que nous l'avons indiqué pour la respiration alternée : Nasagra Mudra "Geste du nez".
Obturez la narine gauche avec l'annulaire.
Inspirez lentement et profondément par la narine droite.
A la fin de l'inspiration, obturez les deux narines.
Et tandis que vous gardez l'air, faites Mula et Jalandhara Bandha.
Maintenez la rétention et les contractions sans forcer.
Puis relâchez les bandha, relevez la tête.
Expirez par la narine droite, c'est-à-dire par la même narine.
Maintenez toujours la narine gauche fermée. Cette respiration concerne uniquement la narine droite.

Continuez pendant 5 à 10 minutes en restant concentré sans relâche sur la circulation du Prana.
Il est aisé de comprendre que cette respiration tonifiante doit être pratiquée le matin (et non le soir, à moins que vous ayez besoin de veiller).
Elle est tout particulièrement recommandée aux tempéraments lymphatiques qui sont sous l'influence prédominante du système nerveux parasympathique.

Ujjayi Pranayama

Cette respiration que vous devez maintenant pratiquer avec aisance est la seule technique qui puisse être utilisée pendant les postures et pendant la respiration classique de Pranayama (ainsi qu'à tout moment de la journée en cas de besoin).

- Cependant, bien que Shavasana soit une posture, vous ne devez pas l'accompagner de Ujjayi, puisque la détente implique une respiration naturelle.
- La respiration alternée et la respiration solaire qui concernent les nadis ne doivent pas non plus être accompagnées par Ujjayi.

Technique
Vous allez ajouter Ujjayi à la respiration classique 1.4.2.2. en y joignant les Bandha.

Inspiration avec Ujjayi	1 temps
Rétention avec Jalandhara et Mula Bandha	4 temps
Expiration lente avec Ujjayi	2 temps
Rétention avec les 3 bandha	2 temps

Relâchez le ventre avant de reprendre.

Vous remarquerez que Ujjayi facilite le dosage de l'air inspiré et expiré.
Avec l'expérience vous pourrez étirer, allonger votre souffle de façon étonnante. Mais pour commencer, soyez modeste. Travaillez sur un rythme très modéré en allongeant progressivement les temps de rétention.
Pour vous exercer, prenez votre position assise habituelle; le souffle calme, soutenu, doit émettre un bruissement doux, léger, continu : un "chuchotement" sur lequel vous vous absorbez et qui suffit à apaiser toute tension.
Si, au cours de la journée, vous vous sentez las, déprimé,

fatigué, nerveux, tendu, n'hésitez pas à "grignoter" 4 à 5 minutes sur votre emploi du temps et à pratiquer Ujjayi — sans rétention — dans un mouvement respiratoire lent, aisé, régulier, équilibré, en vous concentrant sur la source du son au creux de la forge.
La vibration du souffle exerce à la base du crâne, au niveau du bulbe un micro-massage qui se décèle fort bien avec l'expérience et sur lequel vous pouvez également vous concentrer pour en accentuer les effets.
Cette vibration-massage a une action souveraine sur tout le système nerveux.

Comment pratiquer et terminer votre séance de Pranayama

Avant de vous donner ces quelques indications, il nous semble judicieux de vous faire connaître une technique de concentration qui s'ajoute à la respiration et que les yogis considèrent comme particulièrement efficace.
Il s'agit de Anushtana qui signifie "vœu".
Anushtana est en quelque sorte un Mantra, c'est-à-dire une formule rituelle bénéfique que l'on répète constamment (v. page 169).
Dans le cas présent c'est un vœu que vous présentez sous forme d'une phrase de votre choix : courte, précise, qui ne comporte aucune négation et que vous affirmez avec le sentiment du vécu, sans rien changer jusqu'à sa réalisation.
La pensée est une onde d'énergie que vous propulsez dans l'espace : une pensée positive ne peut qu'engendrer des réactions positives et inversement. Eliminez donc toute pensée pessimiste, sceptique, dubitative. Avant de faire vos prochains exercices de Pranayama, pensez à choisir cette formulation qui accompagnera mentalement une partie de vos respirations et que vous pourrez même utiliser à tout

moment pour vous venir en aide (jamais cependant dans des moments de colère ou d'agressivité).
Le but de Anushtana est de fortifier une résolution, d'acquérir un certain climat intérieur, d'affirmer une qualité, d'améliorer un état de santé, etc...
Exemple : *je suis calme... je suis tolérant... je suis en pleine forme...*

Technique
Après Shavasana, asseyez-vous lentement, sans vous déconcentrer, dans une posture confortable.
Restez quelques instants les yeux fermés, conscient de votre corps et de la régularité de votre souffle. Pratiquez ensuite de la façon suivante :
— respiration alternée et Nadi Shodana pendant 5 à 10 minutes
— quelques respirations naturelles
— respirations profondes avec Ujjayi ou respirations solaires Surya Bheda pendant 5 à 10 minutes
— respirations naturelles en observant le retour au calme de votre souffle.

Quand celui-ci est redevenu lent, calme, régulier, dans la paix et le silence de votre espace intérieur, formulez mentalement votre Anushtana que vous modulez, cadencez, sur le rythme de votre respiration, avec la certitude de sa réalisation...
Puis cessez; laissez votre pensée prendre son envol et œuvrer pour vous. Après quelques instants, terminez votre séance par un dernier Yoga Mudra. Si vous deviez faire des exercices de concentration ou de méditation, ils prendraient place avant Yoga Mudra.

Observations

Vous n'êtes pas tenu de faire systématiquement les rétentions. Laissez-vous guider par votre inspiration du moment : des respirations longues et profondes peuvent vous satisfaire tout autant et être aussi efficaces.

S'il est préférable de faire les exercices de Pranamaya après une séance d'asanas, rien ne vous empêche de les faire à la place de votre séance ou à la demande.

Ne faites jamais de rétentions prolongées en cas d'hypertension, de troubles cardiaques ou cérébraux.

Quatrième Partie

La Voie Royale

Il faut que l'homme habite avec lui-même.
Il lui faut le calme et l'intériorité au
moyen desquels seuls il peut se connaître,
découvrir les lois de la nature visible et
les règles de ses devoirs.
Kant

Le Guru

Au cours de cet ouvrage nous vous avons souvent conseillé de travailler sous la conduite d'un professeur.
Pour aborder la Voie Royale constituée par les quatre dernières étapes du Yoga, il est indispensable d'être dirigé par un Guru ou un Maître.
Vous pourrez faire seul quelques pas sur cette Voie, mais vous vous apercevrez que vous piétinez et que vous avez besoin d'un guide pour progresser sans vous "fourvoyer".
Une question se pose alors: Où trouver ce guide?
"Ne vous en inquiétez pas, répondent les yogis, quand l'élève est prêt, le Maître arrive..."
Mais il semble, d'après nos observations, que cette notion de Maître, de Guru (prononcez Gourou) reste obscure pour la plupart des gens et que ce titre de Guru soit particulièrement galvaudé en Occident.
Essayons de faire une mise au point et une distinction entre Guru - Maître - Professeur.

Le Guru

Le mot Guru signifie "qui dissipe, qui écarte les ténèbres".
Le Guru est un Sage, un "Saint Homme" qui s'est réalisé pleinement à travers une ascèse rigoureuse et dirigée. Ensuite,

selon sa vocation, il vit dans un isolement total ou bien, ce qui est le plus fréquent, demeure dans un Ashram (ermitage) entouré de disciples et de visiteurs venus de tous les horizons. Ces sages sont les guides spirituels, les "phares dans la nuit" aux pieds desquels viennent se grouper tous ceux qui cherchent la Lumière.

Quand un élève pense avoir trouvé son Guru il lui demande de l'accepter comme disciple. Après l'avoir mis à l'épreuve pendant un temps, le Guru accepte ou refuse sa candidature. Si l'aspirant est accepté comme disciple, le Guru lui donne un nom, un Mantra personnel (formule sacrée) et lui remet un Mala béni (rosaire), gages du lien spirituel qui l'unit à son Guru. Ces éléments sont une initiation sur la Voie.

Dès cet instant, le Guru a la charge morale et spirituelle de son disciple. Il le guidera et lui donnera une instruction personnalisée aussi longtemps qu'il le jugera nécessaire, de façon directe ou occulte, avant de le renvoyer à lui-même et à la mission qui lui est assignée. Car, en définitive, *chacun doit être son propre Maître.*

De son côté, dès qu'il est accepté, le disciple doit servir son Guru et contribuer de près ou de loin à la vie de l'Ashram dans la mesure de ses moyens.

L'histoire du Yoga est jalonnée de Sages qui, au cours des siècles, ont laissé un souvenir impérissable. Bien qu'ils aient disparu, leur influence se perpétue d'une façon extraordinaire. De nos jours, certains Gurus ont un rayonnement mondial. Ils sont moins sédentaires et acceptent de se déplacer dans les contrées les plus lointaines s'ils le jugent nécessaire.

Le Maître

Ne prenant nullement la charge spirituelle ou morale de ses élèves, le Maître accepte de partager sa connaissance avec ceux qu'il juge capables de la recevoir. L'Occident peut nous offrir de tels Maîtres.

Le Professeur

Le Professeur fait, par définition, une "profession". La plupart du temps il enseigne le Hatha-Yoga en continuant à parfaire sa propre Connaissance. Les professeurs sont de plus en plus nombreux en Occident. Comme dans toutes les professions, il y a les bons et... les moins bons.
A vous de chercher, de trouver celui qui vous convient; mais dites-vous bien que, aussi qualifié soit-il, un professeur, s'il peut vous guider dans votre pratique, ne peut Rien faire à Votre place. Il peut vous faire part de son expérience, mais non vivre la vôtre. Il peut vous montrer une posture mais non la faire pour vous. Il peut vous indiquer le chemin qui mène à un Guru mais non vous assigner à un Guru.
Ayez toujours en mémoire que le Yoga est une recherche personnelle au cours de laquelle vous ne pourrez avancer que selon la Voie qui est la Vôtre.

Il est malheureusement évident que de nos jours, bon nombre de charlatans se sont institués *Gurus*, *Maîtres* ou *Professeurs*. Le danger qu'ils représentent est proportionnel au titre dont ils s'affublent. Soyez prudent dans votre choix. Un professeur se trouve par relations ou par l'intermédiaire d'une Fédération.
Renseignez-vous sérieusement avant de commencer à pratiquer faute de quoi vous risqueriez de faire une expérience qui pourrait vous détourner à jamais du yoga. Ce serait dommage. Quant au Guru et au Maître...

Prathyahara
Cinquième étape

Ainsi que nous vous l'avons maintes fois précisé, ce petit ouvrage ne peut que vous donner un aperçu des étapes ultimes du Yoga. Des ouvrages plus qualifiés existent, pour parfaire votre connaissance théorique, mais nous insistons une fois de plus sur le fait que la présence d'un guide est indispensable si l'on désire aborder la partie ésotérique du Yoga dite "Voie Royale".

A travers les asanas et les exercices de pranayama, vous avez appris à connaître votre corps et à équilibrer vos énergies. Par le contrôle de votre mental et l'introspection, vous allez tenter d'éliminer les obstacles sur le chemin qui mène à la Connaissance de Soi.

Certes, au cours de votre pratique vous avez déjà fait quelques brèves incursions sur cette Voie; mais avec Pratyahara, vous allez pénétrer dans un domaine dont les chemins vous sont peu familiers, mais un domaine capital dont dépend l'équilibre de votre vie : le psychisme.

A pas comptés vous allez avancer et peu à peu débroussailler des sentiers qui, ensuite, vont vous mener à la découverte de la Voie Royale. Elle vous conduira à la clairière.

Pratyahara signifie "retrait-contrôle des sens".

Selon le Bhagavad Gita : "Le Yogi retire ses sens des objets sensoriels comme une tortue rentre sa tête et ses pattes sous sa carapace."

En d'autres termes, également imagés, c'est fermer les fenêtres qui donnent sur la rue pour ouvrir celles qui donnent sur votre jardin intérieur.
Se retirer dans son jardin c'est écouter la vibration subtile du souffle de vie, c'est regarder dans l'espace de son cœur, c'est observer toutes les pensées avec vigilance et détachement.
Quand, par l'obervation et l'application des étapes précédentes, quand par les Sadhanas (pratiques) choisies pour vous par votre Guide vous saurez "cultiver votre jardin", vous serez prêt pour aborder la sixième étape.

Dharana
Sixième étape

"Dharana est la fixation du mental sur un seul point". Patanjali.

Par un filtrage attentif et minutieux, le yogi arrive à sélectionner une seule pensée sur laquelle il fixe toute son attention et qui lui apparaît alors dans toute sa clarté.
De nombreux exercices sont prévus pour aider le pratiquant à maintenir sa concentration sur un seul objet.
L'un deux Trataka, développe cette faculté de façon particulièrement efficace.
Trataka signifie "fixer intensément". Sous la forme simple que nous vous présentons, elle ne présente aucun danger, mais là encore, la présence d'un Guide est toujours préférable.

Asseyez-vous dans une position confortable, à 50 ou 60 cm d'une bougie allumée, placée au niveau des yeux.
Fermez les yeux et détendez tout votre corps. Attachez-vous à rester absolument immobile.
Après quelques instants, ouvrez les yeux et fixez intensément le point le plus brillant de la flamme, juste au bout de la mèche.
Votre attention doit être telle que vous devez perdre la notion de votre corps et de tout ce qui vous entoure.
Fixez la flamme jusqu'à ce que vous sentiez des picotements dans vos yeux.

Fermez alors les paupières et observez l'image rémanente de la flamme (image qui demeure imprimée sur la rétine). Observez sans commenter, en spectateur...
Lorsque l'image s'évanouit, ouvrez à nouveau les yeux et recommencez votre concentration sur la flamme extérieure. Avec de l'accoutumance vous pourrez pratiquer une quinzaine de minutes, mais c'est un maximum.

Trataka est traditionnellement pratiquée aussi bien sur une boule de cristal, une fleur, une image pieuse, les mouvements de l'eau.
Le moment le plus favorable est le matin, après les postures et les exercices de Pranayama.
Trataka contribuera non seulement à apaiser votre mental mais encore, ce qui n'est point négligeable, à stabiliser votre regard et à améliorer votre vue.
Cet exercice fait également partie du nettoyage des yeux et des mouvements oculaires que nous décrivons plus loin.

Dyana
Septième étape

Selon Patanjali: "Quand la pensée peut se maintenir de façon constante sur un seul point, c'est Dyana, la méditation."

La méditation peut être considérée comme le perfectionnement de la concentration.
Par la méditation, l'homme peut réaliser son potentiel intérieur. Par l'introspection qu'elle implique, il peut éliminer peu à peu les obstacles qui se dressent sur la Voie de la Connaissance.
A l'intérieur même de Dyana, les Yogis considèrent 3 degrés qui représentent des plans de plus en plus subtils de méditation.
Le dernier se confond avec Samadhi, ultime étape du Raja-Yoga. C'est le niveau atteint par les Sages, les Saints, les Prophètes qui ont existé de tout temps dans toutes les sociétés.
Quant au premier plan, dit "plan grossier" ou "matériel", il serait, nous dit-on, plus accessible...
Ici, une mise au point s'impose: il ne faut pas commettre l'erreur courante de confondre état de méditation et *techniques* de méditation.
De même que personne ne peut enseigner le bonheur, personne ne peut enseigner la méditation. Seul, un Guru, par le pouvoir occulte dont il dispose, peut placer son disciple en état de méditation, mais exceptionnellement, pour lui mon-

trer ce qu'il doit atteindre à travers les techniques appropriées. Le moins qu'on puisse dire est que cette grâce n'est pas monnaie courante. La connaissance intellectuelle est inutile. Si vous avez le bonheur d'accéder un jour à l'état de méditation, vous saurez, c'est tout.
Les techniques de méditation, comme celles de concentration s'appuient sur des supports concrets ou intérieurs. Elles sont nombreuses et ont pour but d'établir le silence intérieur par la fixation puis la suspension de la pensée afin d'amener graduellement le pratiquant à expérimenter des plans de conscience de plus en plus profonds.
Une des techniques les plus courantes, Japa, utilise le support d'un Mantra répété continuellement (comme les litanies) mentalement, à mi-voix ou à pleine voix.

Le Mantra

C'est une formule mystique, rituelle, sacrée, composée par les Rishis, Sages de l'Inde ancienne, qui possédaient la connaissance des sons. Les lettres de cette formule étaient soigneusement assemblées selon leur pouvoir vibratoire et leur sens ésotérique. Chaque Mantra doit en effet trouver sa propre résonance dans l'inconscient du Yogi et induire chez celui-ci une attitude mentale et psychique correspondante. Idéalement le Mantra est remis par le Guru à son disciple lors de l'initiation. Faute de Mantra personnalisé, les Maîtres conseillent d'utiliser le Mantra Aum, Mantra Universel, à partir duquel a été formé le mot amen.
Pour les Indiens, et pour bien d'autres peuples d'ailleurs, le Mantra Aum représente la graine, la semence, le Son primordial, le "Verbe". C'est le "bruit de la mer" qu'on entend lorsqu'on place un coquillage contre l'oreille. La "conque" figure parmi les symboles du Yoga.

Chanter Aum c'est s'unir à la Vibration Première, à la Source de Vie.
Outre son rôle dans les techniques de méditation, le Mantra peut être répété partout mentalement, en toutes circonstances. C'est un véritable bain de pureté pour le mental qui se trouve ainsi pacifié et rafraîchi.
Par extension, le Mantra désigne une formule, hermétique ou non, pouvant agir efficacement sur l'état d'esprit. Ce peut être une courte prière, une petite phrase bénéfique. Anushtana le vœu, est considéré comme un Mantra (v. page 156).

Samadhi
Huitième étape

Le mot Samadhi est difficilement traduisible. Selon les textes, nous trouvons : identification, supra-conscience, extase. Ce dernier terme semble cependant injustifié car il implique une idée d'exaltation incontrôlée. Or, le Yogi atteint l'état de Samadhi par un cheminement intérieur méthodique.
L'état de Samadhi confondu avec le plan le plus subtil de la méditation n'est encore pas le but final de la recherche spirituelle... Il n'est à son tour que la première phase d'une longue progression qui comporte plusieurs niveaux de conscience. Le Yogi doit les maîtriser l'un après l'autre pour découvrir enfin l'état "sans différenciation", état de perfection. La racine sanskrite *Sam* signifie perfection.
C'est-à-dire que, réalisant son Identification avec le Soi Universel — pour les croyants avec l'Essence Divine — le Yogi tout en continuant à vivre dans le monde, demeure en état de méditation permanente qui se traduit par une joie intérieure indestructible.

Nous avons tenté de décrire brièvement le point culminant d'une expérience dont beaucoup affirment qu'elle est le but de la vie humaine. Sommes-nous tous habilités à la connaître? Qui le sait!... Les Maîtres nous disent qu'une loi non écrite guide nos pas. Si le moment est venu, nous escaladons le pic dont le sommet semblait se perdre dans les nuages. Essayons modestement de gravir la pente...

Cinquième Partie

Vous et le Yoga

Dans la vie quotidienne

Vous croyez de bonne foi avoir pris par vous-même la décision de venir au Yoga. Erreur... vous découvrirez un jour que, par un cheminement mystérieux, vous avez été conduit jusqu'à lui.

- Vous constaterez que le Yoga s'est insidieusement glissé dans votre existence et a modifié tout votre comportement.
- Vous vous apercevrez que vos habitudes ont changé, que vous avez pris un certain recul par rapport aux événements; que les contacts avec votre entourage sont plus harmonieux.
- Vous verrez que votre mental s'est, en quelque sorte, "reprogrammé" progressivement.
- Vous vous surprendrez à accepter les autres tels qu'ils sont avec leur conditionnement et leur degré d'évolution car, en définitive, ils font partie au même titre que vous de l'Univers dans lequel vous vivez.
- Vous serez surpris d'arriver plus facilement à vous admettre tel que vous êtes, avec vos propres réactions, qui sont le résultat de votre hérédité et de votre structure mentale.
- Vous réaliserez que vous vivez davantage "Ici et Maintenant". C'est le conseil des Sages de tous les temps... c'est le *carpe diem* (cueille le jour) d'Horace.

- Vous vous trouverez plus disponible, plus ouvert aux demandes d'autrui et vous vous rendrez compte que, sans le chercher, vous exercerez par le seul effet de votre présence, une influence apaisante sur le milieu où vous vous trouvez.

Outre ces avantages inestimables, vous vous sentirez "en forme", en bonne santé, avec une résistance physique et nerveuse qui vous étonneront. Certes, vous ne serez pas à l'abri des maladies, mais vous serez moins vulnérable et vous bénéficierez d'une faculté de récupération accrue.

Car chaque séance de Yoga rafraîchit votre corps et le recharge en énergie vitale.

Si le but du Yoga ne consistait qu'à maintenir le corps en bonne santé, svelte et actif jusqu'au bout, eh bien... ce serait déjà un cadeau de prix. Il ne tient qu'à vous d'en être le bénéficiaire.

Ne vous contentez pas de vos séances... *Aide-toi le ciel t'aidera...*

Voici encore quelques conseils utiles pour votre bien-être.

Pensez à vos yeux

La série d'exercices qui va suivre — enseignée à Bihar School en Inde — ne prend que quelques minutes par jour.

Ces techniques amélioreront la plupart des troubles de la vue dus à une faiblesse optique ou musculaire. Elles effaceront la fatigue causée à nos yeux par notre civilisation d'images, télévision, cinéma.

Elles peuvent être pratiquées à n'importe quel moment de la journée.

Entre chaque exercice les yeux doivent être maintenus clos pendant environ 30 secondes.

1. *Palming*

En position assise et, dans l'idéal, face au soleil levant, fermez les yeux.

Frottez activement les paumes des mains l'une contre l'autre jusqu'à ce qu'elles deviennent chaudes (cela attire le magnétisme) et placez vos mains en "coque" sur les yeux fermés. Sentez la chaleur, l'énergie qui passe de vos mains à vos yeux Maintenez la position pendant 1 à 2 minutes. Relâchez sans ouvrir les yeux et répétez l'exercice encore 3 ou 5 fois.

Le Palming détend et revitalise le nerf optique.

2. *Vision latérale*

En position assise, jambes allongées, soulevez les deux bras au niveau des épaules, ouverts à 45°, mains fermées, "pouces en l'air".

Sans bouger la tête, diriger successivement le regard :

— sur le pouce gauche,
— entre les 2 sourcils
— sur le pouce droit
— entre les deux sourcils

Répétez de 10 à 15 fois puis relâchez.

3. *Vision latérale et antérieure*

Dans la même position, le bras droit ouvert à 45°, posez la main gauche "pouce en l'air", sur le genou gauche.

Sans bouger la tête, dirigez le regard :

— sur le pouce gauche
— sur le pouce droit
— entre les 2 sourcils

Répétez de 10 à 15 fois.

Puis fermez les yeux et répétez *mentalement* les mouvements.

Inversez la position des bras et reprenez l'exercice.

4. *Rotation des yeux*
Toujours dans la même position, posez la main gauche détendue à plat sur le genou, et la main droite fermée "pouce en l'air" sur le genou droit, bras tendu.
Faites un large mouvement circulaire avec le bras droit en partant de la droite, puis vers le haut et vers la gauche pour revenir au point de départ.
Suivez votre main des yeux, le regard fixé sur le pouce, sans bouger la tête.
Répétez 5 fois dans un sens, 5 fois dans l'autre.
Puis inversez la position des mains et suivez des yeux le pouce gauche.

5. *Vision de bas en haut*
Placez les deux poings fermés, pouces en l'air sur les genoux, bras tendus. Soulevez lentement le bras droit à la verticale en suivant le pouce des yeux, puis abaissez le bras aussi lentement, le regard toujours fixé sur le pouce. Répétez 5 fois.
Faites la même chose avec le bras gauche.

6. *Vision proche et lointaine*
Fixez le bout de votre nez, puis un objet très lointain, à nouveau le bout du nez, etc.

Répétez plusieurs fois puis fermez les yeux et relâchez.
Pendant les exercices respirez naturellement ou accordez vos mouvements avec le souffle. Faites également Trataka si vous en avez le temps sous forme de nettoyage.

Vos soins journaliers

A votre toilette matinale, ajoutez Jala Neti et Uddiyana Bandha.

Vous aurez peut-être plaisir à connaître et à utiliser les quelques méthodes de nettoyage journalier que les Yogis, véritables techniciens de la purification, ont mis au point dans le but d'entretenir les organes des sens dont l'état retentit sur la qualité des perceptions sensorielles afférentes.
L'ensemble de ces règles d'hygiène qui nous sont familières sous une autre forme, se nomme Danta Dhauti.
Chacune comporte plusieurs variantes dont nous avons extrait les plus accessibles.

Danta Mula Dhauti: nettoyage des dents et des gencives. Les Yogis préconisent d'utiliser comme dentifrice de la cendre de bois ou du jus de citron appliqué sur une brosse dure ou mieux, sur une écorce de citron, et d'en frotter dents et gencives.

Jiva Mula Dhauti: nettoyage de la langue. Une langue nette évite que des impuretés soient mêlées aux aliments et contribue donc à la santé générale.
Frottez le dessus et le dessous de la langue avec une brosse dure ou encore utilisez une "râclette" en bois. Les Yogis se servent d'un "tongue-scrapper" (grattoir à langue) ou plus simplement de leurs ongles préalablement brossés, ce qui leur permet une action plus précise et profonde.

Kapal Randhra Dhauti: Kapal Randhra c'est exactement "le creux" du sommet de la tête, c'est-à-dire l'emplacement de la fontanelle visible chez le nouveau-né.
Cette technique consiste à provoquer un rafraîchissement cérébral en s'inondant le dessus de la tête d'eau froide. C'est très certainement une mise en forme immédiate mais difficilement praticable, surtout pour les femmes.
Il existe une variante qui consiste à masser les tempes avec les pouces en faisant des mouvements circulaires dans les deux

sens. Vous connaissez bien ce geste instinctif qui détend et apaise en cas de fatigue et de migraine.

Karna Dhauti: Nettoyage des oreilles avec le petit doigt d'abord, avec l'index ensuite en tournant puis en faisant pression pour éliminer le cérumen en excès.
Notez que Jala Neti aide également à purifier les trompes d'Eustache qui relient les oreilles au fond de la gorge.

Chakshoo Dhauti: Nettoyage des yeux avec de l'eau tiède pure, accompagné de Trataka: la fixation du regard, jusqu'à obtention des larmes.

Votre alimentation

Nous avons remarqué qu'après un certain temps, les adeptes éprouvent le besoin de modifier leur alimentation. Par une meilleure connaissance de leur corps, ils prennent conscience d'un certain désaccord, mal formulé mais perceptible, entre leur alimentation et leur nouveau mode de vie.
Il est vrai qu'en dehors de l'air, notre principale source d'énergie reste la nourriture, base de l'équilibre physique et psychique. Il semble aberrant de purifier son corps d'une part et d'y introduire n'importe quoi d'autre part.
Le mélange de produits chimiques que le "progrès" nous oblige à absorber à travers des aliments trop raffinés, falsifiés, dévitalisés, produit à l'intérieur de notre corps une alchimie explosive que nos organes ne peuvent pas supporter sans réactions ni dommages.
Les Yogis, gens modérés, n'imposent aucun régime strict. Ils conseillent de tenir compte des habitudes, du climat, des ressources d'un pays, des activités de chacun (un Lapon ne peut vivre comme un Indien).

Les Tibétains, qui sont de grands Yogis, mangent de la viande car les conditions climatiques et les ressources de leur pays ne leur laissent pas le choix.
Les Shivaïstes, en Inde, sont végétariens. En ce qui vous concerne, laissez faire le temps et le yoga. Il se peut que celui-ci vous amène à devenir végétarien. Mais surtout, ne tombez pas d'un esclavage dans un autre. Ne devenez ni sectaire ni exclusif, ne vous imposez pas un régime qui contrarie vos besoins profonds.
Nous connaissons un grand Maître, un Guru, végétarien, qui a accepté sans broncher les sardines qu'on lui présentait pour ne pas mettre dans l'embarras les hôtes qui le recevaient. Ne soyez pas plus royaliste que le roi. Si vous vous trouvez dans une situation identique, pensez à ce Maître. Attachez-vous à l'esprit et non à la lettre.

Voici quelques règles de base que nous vous conseillons d'observer :
Consommez des céréales complètes ainsi que des noix et des fromages. Ils contiennent des protéines comme la viande ou le poisson.
Consommez aussi des laitages, des fruits, des légumes naturels — observez bien le rythme des saisons : si la nature donne des choux verts au printemps c'est pour compenser les féculents absorbés en hiver et purifier l'organisme.
Mâchez longuement. Prenez votre temps. Les Yogis considèrent que tant qu'il reste du goût dans une bouchée de nourriture, c'est qu'elle contient encore du Prana — La saveur n'est pas le Prana, mais atteste de sa présence —.
A ce propos, il nous reste à dire quelques mots de la langue, cet autre organe d'absorption de Prana. Les Yogis pensent que celle-ci capte directement le Prana, sans qu'intervienne la digestion proprement dite.
Il vous est certainement arrivé d'avoir "un petit coup de

pompe". N'avez-vous pas remarqué que le seul fait de prendre une bouchée de nourriture suffit à vous revigorer — alors que la digestion demande de 2 à 3 heures.

C'est ce phénomène qui justifierait la conception des Yogis. Mangez donc lentement, insalivez vos aliments pour extraire tout le Prana de votre nourriture.

- Eliminez progressivement : tabac, alcool. Réduisez le café, le thé, les sucreries.
- Buvez le moins possible en mangeant pour ne pas diluer les sucs digestifs et ralentir la digestion.
- Essayez de remplacer la viande un jour sur deux par des céréales complètes; cela permet une mise au repos de vos organes qui fournissent un gros effort pour digérer les protéines animales et éliminer les toxines qu'elles produisent.
- Ayez toujours en mémoire le proverbe hindou :

"Que la nourriture soit ta médecine
Et que la médecine soit ta nourriture"

Mais, à moins que vous ne fassiez du yoga une véritable ascèse, rappelez-vous qu'un petit "extra" ne vous fera jamais de mal. Souvenez-vous que Santosha (le contentement) fait partie des règles morales du yoga : le sourire et la bonne humeur sont un des signes de votre équilibre et d'une pratique bien comprise du yoga.

EN CONCLUSION

Nous espérons avoir montré que les techniques de Hatha-Yoga sont accessibles et même nécessaires aux Occidentaux. Elles fournissent une antidote inespérée aux multiples maux engendrés par notre civilisation contemporaine. Tout ce que nous avons expliqué relève d'une science millénaire.

Nous sommes toujours restés fidèles à nos sources et nous tenons à exprimer ici notre reconnaissance envers les Maîtres hautement qualifiés de qui nous avons reçu tout ce qui vous est transmis dans cet ouvrage.

C'est à vous maintenant de vous "prendre en mains" et d'accomplir la démarche qui, soyez-en persuadé, vous conduira à tirer le meilleur de vous-même.

"Le Yoga, c'est l'efficacité dans les œuvres".
PATANJALI

Lexique

Ahimsa : non nuisance
Anusthana : vœux
Aparigraha : non possession
Asana : posture
Ashram : ermitage
Asteya : ne pas voler - ne pas convoiter
Aum-om : son primordial
Bandha : contraction interne
Bhagavadgita : Livre sacré : “Le chant du bienheureux”
Bhakti yoga : yoga de la dévotion
Brahmacharya : pureté de l'esprit
Chakra : foyer d'énergie
Dharana : concentration
Dharma : ordre cosmique
Dhauti : nettoyage interne
Dhyana : méditation
Guru : Maître spirituel
Hatha yoga : yoga des énergies opposées
Ida : canal subtil
Ishwara pranidhana : dévotion
Japa : répétition d'une formule sacrée
Jnana yoga : yoga de la connaissance
Karma yoga : yoga de l'action désintéressée
Kriyas : techniques de nettoyage interne

Kumbaka: rétention de souffle
Kundalini: énergie individuelle
Mantra: formule mystique sacrée
Mudra: geste
Nadi: canal subtil
Nauli: technique de nettoyage interne
Neti: nettoyage du nez
Nyama: disciples-règles de vie
Pingala: canal subtil
Puraka: inspiration
Prana: souffle-énergie vitale
Pranayama: exercice de maîtrise de la respiration
Pratyahara: abstraction des sens
Raja yoga: yoga royal
Rechaka: expiration
Rishis: sages
Sadhana: méthode et pratique de yoga
Samadhi: état de super-conscience
Satya: vérité
Santosha: contentement
Shaucha: purification-pureté
Shiva: Dieu du Yoga
Tapas: ascèse
Swadyaya: développement de soi
Trataka: fixation oculaire
Viveka: discernement
Yama: abstinences, refrènements
Yoga: union-état

Quelques livres pour vous informer davantage

CORBETT M.D. - *Yoga des yeux* - Paris - M.C.L. 1962

DECHANET J.M. - *Yoga chrétien en 10 leçons* - Bruges-Desclée de Brouwer 1964

DESJARDINS Arnaud - *Ashram* - *Les Yogis et les Sages* - La Palatine 1962

DE MERIC Ph. - *Yoga pour chacun* - Paris - Livre de Poche 1968

ELIADE Mircea - *Patanjali et le Yoga* - Paris - Seuil 1962

RUCHPAUL Eva - *Hatha Yoga* - Paris - Denoël 1965

TONDRIAU et DEVONDEL - *Le Guide Marabout du Yoga* - 1968

VAN LYSBETH André - *J'apprends le Yoga* - Paris - Flammarion 1968

VARENNE Jean - *Le Yoga et la Tradition hindoue* - Paris - Denoël 1973

WOOD Ernest - *La pratique du Yoga* - Payot 1962

YESUDIAN S. et HAICH E. - *Sport et Yoga* - Lausanne Foma 1958

Sans oublier le *Bhagavad Gita* dont il existe plusieurs traductions.

Table des matières

Troisième partie - Les postures

LE CAPITAINE FANTÔME

MARCHIALY

FINNISH LITERATURE EXCHANGE

Éditeur original : Like, Helsinki
Titre original : *Merireittejä Menneisyyteen*

Éditions Marchialy,
Une maison créée et dirigée par Clémence Billault et Cyril Gay
8, rue Léon-Jouhaux
75010 Paris
www.editions-marchialy.fr